走向职业化——高职高专“十三五”规划教材

【经济管理类专业基础课系列】

公共关系基础与实务

第 3 版

主　编　朱　权

副主编　张春秋　费水蓉

参　编　肖丽平　车丽莉

机械工业出版社
China Machine Press

图书在版编目（CIP）数据

公共关系基础与实务 / 朱权主编．—3 版．—北京：机械工业出版社，2016.11（2019.1 重印）
（走向职业化—— 高职高专“十三五”规划教材 · 经济管理类专业基础课系列）

ISBN 978-7-111-55254-3

I. 公…　II. 朱…　III. 公共关系学 – 高等职业教育 – 教材　IV. C912.3

中国版本图书馆 CIP 数据核字（2016）第 249490 号

本书的编写，是从高职院校的人才培养模式改革需要出发，紧紧围绕着高职院校经济类、管理类人才的培养目标，针对用人单位对人才素质需求的现状，吸收了当前国内外在公共关系领域的最新研究成果，理论的阐述简洁而清晰，突出了实践技能的提高与运用，可操作性非常强。本书主要内容包括公共关系的基本理论，公共关系主体、客体与手段，公共关系的调研、策划、实施与评估，公共关系礼仪等，内容精简而实用。全书构思新颖，针对性强，体系清晰，内容简练，具有很强的操作性。在章节编排上，有一个完整的体系，开篇由案例导入，正文部分穿插了大量的小案例及思考与练习，每章结尾部分提出本章的学习指导，并附有实训应用，体现了公共关系的实践性、实用性和有效性。

本书既可作为高职院校经济类、管理类及相关专业的教材，也可作为成人高校以及各类企事业单位从事公共关系工作人员的培训教材和参考书。

出版发行：机械工业出版社（北京市西城区百万庄大街 22 号　邮政编码：100037）

责任编辑：程　琨　　　　责任校对：董纪丽

印　　刷：中国电影出版社印刷厂　　　　版　　次：2019 年 1 月第 3 版第 3 次印刷

开　　本：170mm × 242mm　1/16　　　　印　　张：16.75

标准书号：ISBN 978-7-111-55254-3　　　　定　　价：32.00 元

凡购本书，如有缺页、倒页、脱页，由本社发行部调换

客服热线：（010）88379210　88361066　　　　投稿热线：（010）88379007

购书热线：（010）68326294　88379649　68995259　　　　读者信箱：hzjg@hzbook.com

高职高专经管类、旅游类规划教材
总编委会名单

高职高专经管类、旅游类规划教材
经管专业基础课分编委会名单

走向职业化高职高专经管类、旅游类规划教材联编院校名单

（排名不分先后）

1．深圳职业技术学院
2．顺德职业技术学院
3．广东轻工职业技术学院
4．广东工贸职业技术学院
5．四川烹饪高等专科学校［四川旅游学院（筹）］
6．广东交通职业技术学院
7．中山职业技术学院
8．广东白云学院管理系
9．广东农工商职业技术学院
10．广东邮电职业技术学院
11．广东铁路职业技术学院
12．广州航海高等专科学校
13．黄河水利职业技术学院
14．佛山职业技术学院
15．珠海城市职业技术学院
16．广东女子职业技术学院
17．广东培正学院
18．广东教育学院
19．内蒙古财经学院职业学院商贸系
20．山西金融职业学校
21．中山火炬职业技术学院

Preface 前言

进入 21 世纪，中国经济社会发展速度不断加快，科技信息化的程度不断提高，国力不断增强，各方面建设事业都取得了骄人的成绩。与此相适应，社会对专业公共关系人才或具有公共关系素质人才的需求越来越多，各种不同的组织都在充分利用公共关系的职能来开拓自己的资源，公共关系备受关注，公共关系的职业化、专业化、普及化、公众化越来越明显。从某种意义上来说，缺少公共关系人员的组织或组织人员缺少公共关系意识，都是很难融入和适应市场经济发展要求的。

本书的编写就是紧紧围绕高职院校经济管理类学生培养的实际，体现高职院校人才模式改革的需要，从社会发展的视角和学生适应社会需要的层面，以全新的体系来编写的。本书的编写具有以下几个方面的特点和特色。

1. 系统性

本书内容结构安排合理，体系完善，结构严谨。在内容的选择上，既保证了体系的完整，同时又针对高职院校学生的特点和社会的需求进行取舍，既是一门独立的课程，又是一门符合培养目标需要的课程。

2. 新颖性

在每章的结构编排上，都是由学习目标、案例引入、正文、学习指导、课后思考与练习、案例分析、实训应用等部分组成，保证了学习者学习的全面性、明确性和目的性。

3. 实用性和可操作性

本书的理论讲授简洁而清晰，通俗易懂，案例的选择紧紧贴近主题。本书精选了大量的案例，特别是近几年的典型案例，对学习者理解学习内容和进行社会实践都具有很好的借鉴作用。另外，每章都附有实训应用，体现出了较强的应用性。

4. 针对性

本书的编写是从高职院校的人才培养模式改革出发，紧紧围绕着高职院校经济类、管理类人才的培养目标，针对用人单位对人才素质需求的现状而进行的，目的是培养出能够适应岗位需求并具有一定公共关系意识和素质的人才。

本书第 3 版更新，对部分章节内容重新进行了梳理，使知识点更加明确和容易掌握。在保留原有经典案例的基础上，增加了近几年社会中具有代表性的案例，对知识点的理解更有针对性和可操作性。

本书由中山火炬职业技术学院、广东文艺职业学院、广东工商职业学院等院校具有丰富经验的从事本书教学的老师共同完成。全书由中山火炬职业技术学院朱权教授拟订大纲，总纂定稿，具体分工为：主编朱权教授，副主编张春秋副教授、费水蓉讲师，参编肖丽平老师、车丽莉老师。各章节撰写者是：第1、2章，张春秋副教授（广东文艺职业学院）；第3、5、6、10章，朱权教授（中山火炬职业技术学院）；第4、7章，费水蓉讲师（广东工商职业学院）；第8、9章，肖丽平、车丽莉老师（中山火炬职业技术学院）。

本书由中山火炬职业技术学院王春旭教授、院长主审。

本书在编写中引用了众多参考文献和参考资料，在此向参考文献和参考资料的作者表示衷心的感谢。同时，在本书编写的过程中，我们得到了机械工业出版社华章公司高伟编辑的大力支持，在此也深表谢意。

限于编写者水平有限，书中难免有不妥和疏漏之处，敬请广大读者和专家给予批评指正。

朱权

2016年8月

Suggestion | 教学建议

教学目的

本书通过系统的公共关系理论和实务的学习，让学生掌握公共关系的基本原理和实务，培养公共关系意识，掌握组织形象的定位、建立、矫正、巩固的技巧与方法，学会CIS与CS的运用，培养进行公共关系调研、公共关系方案制订、公共关系模式选择、公共关系评估的有效行动能力，培养各种公共关系的协调能力，掌握公共关系传播和沟通技能，掌握公共关系各类组织管理模式的选择技巧和基本管理技能，掌握各种公关礼仪规范。

前期需要掌握的知识

管理学、市场营销学、消费心理学、管理心理学、大众传播学、人际关系学等课程相关知识。

课时分布建议

教学内容	学习要点	课时安排	
		理论课时	实训课时
第1章 公共关系导论	（1）认识公共关系的本质特征 （2）了解公共关系发展的四个阶段 （3）明确公共关系的定义和内涵 （4）掌握公共关系的核心概念	2	1
第2章 公共关系主体：社会组织	（1）理解和掌握社会组织的含义与特点 （2）了解公共关系的机构及其设置 （3）明确公共关系从业人员的素质要求	2	1
第3章 公共关系客体：公众	（1）掌握公众的概念和特征 （2）理解和把握公众分类的方法 （3）理解和掌握组织与不同公众关系的处理	4	2
第4章 公共关系手段：传播	（1）掌握公关传播的概念、特征、要素和类型 （2）了解和把握传播的基础理论 （3）掌握公关传播媒介的特点	4	2
第5章 公共关系调研	（1）把握公共关系调研的含义，了解公共关系调研的意义 （2）理解和掌握公共关系调查的基本程序，掌握调研报告的撰写 （3）理解公共关系调研的原则 （4）掌握各种调查方法，把握各种调研方法的优缺点	4	2

（续）

教学内容	学习要点	课时安排	
		理论课时	实训课时
第6章 公共关系策划	（1）理解和把握公共关系策划的含义 （2）掌握公共关系策划的内容与程序 （3）理解公共关系策划的基本原则 （4）掌握公共关系策划的基本方法	4	2
第7章 公共关系活动的实施	（1）了解正确选择公共关系模式的意义，把握公共关系活动模式分类 （2）理解和掌握公共关系计划实施的原则与方法 （3）掌握公共关系计划的实施过程 （4）理解危机公共关系的含义，了解公共关系危机的类型 （5）掌握危机公共关系的实施	4	2
第8章 公共关系活动效果的评估	（1）理解和把握公共关系效果评估的内容 （2）掌握公共关系评估的程序 （3）理解和掌握公共关系活动实施效果的评估标准和方法 （4）理解和把握公共关系年度总结报告的撰写、新闻舆论分析报告的撰写	4	2
第9章 企业与非营利组织公共关系	（1）了解企业公共关系的特点，把握企业公共关系工作的内容 （2）理解和掌握企业CI战略 （3）掌握企业文化建设的重要性和主要内容 （4）掌握非营利性组织公共关系工作的特点和主要内容	4	2
第10章 公共关系礼仪	（1）了解公共关系礼仪在公共关系活动中的作用 （2）掌握公共关系个人仪表礼仪 （3）掌握公共关系日常社交礼仪 （4）了解和把握日常外事礼仪	4	2
课时总计		36	18

说明：本书教学设计以54学时为标准，各不同院校可根据自己的实际情况进行调整。突出理论课与实训课的有机结合，其中实训课的内容可参照每章课后的“实训应用”部分来进行。

Contents | 目 录

Chapter1

第1章

公共关系导论

学习目标

1. 认识公共关系的本质特征
2. 了解公共关系发展的四个阶段
3. 明确公共关系的定义和内涵
4. 掌握公共关系的核心概念

案例导入

一杯豆浆的沉浮

2011年8月3日，媒体曝光：永和豆浆号称现场磨制的豆浆，实为豆浆粉冲制，指责其欺骗消费者。随后多家媒体跟进追踪报道，有店员否认。2011年8月5日，永和豆浆首次承认存在冲制豆浆。2011年8月9日，永和豆浆召开发布会，董事长林炳生和总裁林建雄坦承部分门店确实有冲制豆浆，宣布冲制豆浆将在店内显著位置明示，保障消费者知情权。同时，永和豆浆保证豆浆粉不含任何添加剂，如果检出，重金赔偿100万元；永和还邀请有关专家在发布会上，对媒体和公众解释了现磨和冲制的区别。随后，尽管仍有部分媒体和批评家对该事件的处理进行质疑，但该事件对消费者的影响已经迅速化解，永和豆浆的经营在遭受轻微影响后，很快恢复正常。没有选择隐瞒事实、堵截真相的老方法，也没有痛苦道歉、严肃追责的新套路，永和豆浆安然过关确实令人惊奇。

【问题引入】

1. 永和豆浆是如何化解危机的？
2. 永和豆浆这次公关活动的启示是什么？

1.1 公共关系的含义

公共关系是一个地道的舶来品，公共关系一词也是外来词，它是英语“public relations”的中文翻译，简称“PR”。从公共关系的内涵来看，译为“公众关系”更为贴切，但数十年来，公共关系已被人们广泛接受和使用，成为一个约定俗成的概念，因此，我们仍沿用“公共关系”，简称“公关”。

1.1.1 国内外有代表性的公共关系定义介绍

1. 管理说 公共关系是一种独特的管理职能，帮助组织建立并维持与公众之间的双向交流、理解、认可与合作；参与处理各种问题与事件；帮助管理者及时了解公众舆论，并对之做出反应；明确强调管理部门为公众利益服务的责任；它作为社会发展趋势的监视系统，帮助管理者掌握并有效地利用社会变化，保持与社会变化同步；它运用健全的、正当的传播技能和研究方法作为主要的工具。美国著名公关权威卡特里普和森特认为：“公共关系是一种管理功能，它确定、建立和维持一个组织与决定其成败的各类公众之间的互益关系。”

2. 传播说 公共关系是组织为达到与它的公众之间互相了解的确定目标，采用的一切向内和向外传播沟通方式的总和。

3. 传播管理说 公共关系是一个组织与其相关公众之间的传播管理。

4. 咨询说 公共关系是一门艺术和社会科学，分析趋势，预测后果，向组织领导人提供咨询意见，履行一系列有计划的行动以服务于本组织和公众的共同利益。

5. 关系说 美国普林斯顿大学蔡尔兹教授认为，“公共关系是我们所从事的各种活动、所发生的各种关系的统称——这些活动与关系都是公众性的，并且都有其社会意义”“公共关系是为了公众的利益，协调和修正个人和企业那些具有社会意义的行为”。

6. 协调说 它是对“关系说”的深化，公共关系主要是协调组织与公众之间的社会关系。

7. 形象说 公共关系的宗旨是为组织塑造良好的形象。

1.1.2 对公共关系通俗的解释

（1）公共关系是“90%靠自己做得对，10%靠宣传”。

（2）公共关系是“要大家爱我”。

（3）公共关系是“信与爱的结合”。

（4）公共关系是“争取对你有用的朋友”。

（5）公共关系是“一门研究如何建立信誉，从而使事业获得成功的学问”。

（6）公共关系是“博得好感的技术”。

（7）公共关系是“讨公众喜欢”。

（8）公共关系是“一个建立公众信任，增进公众了解的计划方案”。

1.1.3　公共关系的一词多义

1. 公关状态　公关状态是指一个社会组织所处的社会关系和社会舆论状态。任何社会组织都是存在于一定的公关状态之中。

2. 公关活动　公关活动是指一个组织为创造良好的社会环境，争取公众舆论支持而采取的政策、行动和活动，是以创造良好的公关状态为目的的一种信息的沟通活动，表现为日常公共关系活动和专门性的公共关系活动。

3. 公关观念　公关观念是指人们在公关实践中形成的、影响人们思想和行为倾向的、深层的思想意识。它主要包括：

第一，形象观念，就是高度重视自身的声誉和形象，自觉地进行形象投资、形象管理、形象塑造，将塑造和维护良好的组织形象作为重要的战略目标。

第二，公众观念，就是重视公众利益，将公众的意愿作为决策和行动的依据，将满足公众的要求作为重要的经营方针和政策。

第三，传播观念，就是有强烈的沟通意识，自觉地利用一切传播的机会去影响公众、引导公众和争取公众，运用双向沟通的方法去获得理解、信任和支持。

第四，协调观念，就是要善于调节、平衡不同关系、不同利益、不同要素，努力在矛盾中求得平衡与和谐。

第五，互惠观念，在交往与合作中将平等互利作为处理各种关系的行为准则，将自身的发展与对方的发展联系起来，争取共同利益。

第六，全员公关观念，组织形象的塑造与维护必须依靠全体员工的努力，所以全体员工都要加入到公关工作中来。

第七，社会责任观念，任何社会组织都是社会的重要组成部分，它对社会有不可推卸的责任，必须关心社会福利、公益事业，以此获得良好的声誉。

第八，创新观念，强调要用创新的方式和手段开展公关活动，以获得社会公众的关注，达到提高知名度与美誉度的目的。

4. 公共关系学　公共关系学是以公共关系状态与活动规律为研究对象的一门综合性应用学科，研究组织与公众之间传播和沟通的行为规律与方法的学科。

5. 公关职业　专门提供公关方面的服务而获得报酬的职业。

1.1.4　公共关系的含义

公共关系作为一门职业从 1903 年开始在美国出现，至今已有 100 多年的历史。公共关系学作为一门学科在 20 世纪 20 年代出现，已有 90 多年的历史，到目前为止，还不能找到一个统一的定义，但比较趋向于认为公共关系是一个组织与其公众之间的关系，是现代组织独立的管理职能。信息的传播与沟通就是协调组织与公众关系，塑造组织良好社会形象的重要手段。公共关系以塑造和维护社会组织的良好社会形象作为重要目标，是对组织的形象管理。

公共关系是社会组织为了塑造良好的社会形象，运用传播、沟通手段影响公众，使组织与公众互相适应的思想、策略和管理职能。公共关系是一种以塑造组织形象为己任的传播管理艺术。

公共关系的核心是组织的社会形象。组织形象是组织在公众心目中留下的印象和公众对它的评价，是公众对社会组织及其行为的概括性认识，是社会组织总体特征在公众心目中的反映。要正确理解社会形象，首先要理解“舆论”与“形象”两个基本概念。“舆论”是指社会公众对组织的政策、行为、人员或产品所形成的看法和意见的总和，是社会上大多数人对组织的看法和意见的公开表达。“形象”是指组织的总体特征和实际表现在社会公众中获得的认知和评价。

组织形象包括内在总体特征与外在总体特征两个方面，是内在形象与外在形象的统一，它具有抽象、概括、稳定及适用面广的特点。

社会组织的内在总体特征是“软件”，包括内在的精神面貌、风格、凝聚力、实力（资金、技术、人才）、管理效率、企业文化等。

社会组织的外在总体特征是“硬件”，包括建筑物、设备、卫生及美化环境、员工仪表与行为、办公用品、商标、标准字、标准色、标准图形和吉祥物。

社会组织形象具有主观与客观的两重性：它作为组织在公众心目中的形象，必然会受到公众自身价值观、思维方式、道德标准、审美取向及性格差异等主观因素的影响，所以一个社会组织在不同的公众心目中会产生有差别的形象。但是，以公众对组织的总体评价看，还是具有客观性。

评价社会组织形象有两个基本指标，就是知名度与美誉度。知名度是一个组织被公众知晓、了解的程度，是评价组织“名气大小”的客观尺度。美誉度是一个组织获得公众信任、赞许的程度，是评价组织社会影响好坏程度的指标。知名度与美誉度分别从量与质两个方面来评价社会组织的公关状态，一般来说有四种状态：第一种是高知名度、高美誉度，这是最理想的状态；第二种是高知名度、低美誉度，这是最不理想的状态；第三种是低知名度、低美誉度，这是组织的原始状态；第四种是低知名度、高美誉度，这是组织的一种较为稳定和安全的状态。

公共关系所借用的“形象”则不局限于个别的、具体的、直观的范畴，而是有着更为深层的意义，其本质是信誉。公共关系将建设和完善组织形象的内涵放在第一位，塑造的是组织的整体形象。公关“形象”是通过组织的传播活动去影响公众的观念和态度而形成的。

1.1.5　公共关系的甄别

1. 公共关系与庸俗关系　公共关系与庸俗关系有本质的区别：首先，两者产生的基础不同，公共关系是以商品经济、民主政治和大众传播媒介高度发达为特征的开放社会的产物，庸俗关系则是以自然经济、集权政治和信息闭塞为特征的封闭社会的产物。其次，目的不同，公共关系追求社会组织利益与公众利益的一致，争取公众的理解和支持，而庸俗关系则通过损害国家、公众利益，来谋取个人或小集团的利益。最后，使用的手段和方式不同，公共关系利用各种传播媒介开展各种活动，而庸俗关系则是利用职权、人情和物质手段，用不正当的方式取得利益。

2. 公共关系与社交　公共关系与社交是有联系的，社交活动是公关活动的一部分，公关人员通过各种社交手段与公众建立密切关系，通过广交朋友的方式来达到消除误会和加强合作的目的。但两者又有区别：公共关系的主体是社会组织，是处理社会组织与公众的关系；社交的主体是个人，是考虑人与人之间的关系；公共关系利用大众传播媒介与公众进行信息的交流和沟通，社交则主要是个人与个人之间信息的交流和情感的沟通；公共关系处理的是社会组织与社会公众的关系，以公众为对象，处理和协调与公众的关系，社交主要处理的是人与人之间的关系。

3. 公共关系与宣传　公共关系与宣传有共同之处，就是运用传播媒介开展劝说活动，但是公共关系与宣传又有区别，公共关系的目的是通过传播活动争取公众的理解和支持，而宣传的目的只在于影响和控制他人的思想。公共关系是双向性的沟通，而宣传是单向性的信息沟通，目的在于向人们灌输思想，改变人们的思想、态度和行为。

4. 公共关系与推销　首先，两者的目标不同，公共关系推销的是整个社会组织，它追求组织的社会效益和长远利益，推销则是通过各种方式促使消费者购买产品或服务，它追求经济效益和近期利益。其次，适用的范围不同，作为一种管理职能，公共关系不但适用于工商企业，还适用于其他领域，而推销则只适用于工商企业。最后，公共关系除了沟通之外，还有咨询、建议、协调、教育及引导等职能，而推销就是促进销售产品或服务的活动，为市场营销服务。

1.1.6　公共关系学

公共关系学是研究组织与其公众之间关系的一门科学，包括了公共关系的历史、理论和应用技术三个部分。

公共关系学是一门应用性很强的边缘性学科，它是综合管理学、经济学、传播学、人际关系学、新闻学、心理学、市场营销学、社会学、民俗学及广告学等许多现代学科的知识和理论，并在此基础上形成的应用性学科。

小案例

“松下”产品的奥运推广

在过去的25年里，松下公司一直都是奥运会的影音设备赞助商，2012年，松下首次将3D技术运用于奥运会。

松下为伦敦奥运会提供了30架高清3D摄像机以及大量液晶显示器。其中，不少显示器摆放在了奥运会场馆中，其他显示器都摆放在奥运会视频广播中心。松下一共向视频广播中心提供了1 000台监视器、12 000台电视机以及47台103英寸的超大液晶显示器。此外，松下还向伦敦奥运会提供了安保用的监控摄像头，总计25 000个，安放在了伦敦奥运赛场和城市的各个角落。松下首席技术官露崎英介介绍说，能有机会成为奥运会合作伙伴是松下的荣幸，奥运会是国际性的事件，可以借此宣传松下的品牌。2012年，松下借奥运会合作伙伴的机会向世界传达“松下将品牌定位由消费者科技公司转为商业科技公司”。松下通过在伦敦奥运会的宣传，尤其是监控摄像头，提高公司在商用设备领域的地位。

训练与练习

1. 请上网查找一两个公关案例。
2. 为什么公共关系不是拉关系？

1.2 公共关系的要素与特征

1.2.1 公共关系的基本要素

公共关系的结构由社会组织、公众、传播三种基本要素构成，公关主体是社会组织，客体是社会公众，连接主体与客体的中间环节是信息传播。

1. 社会组织是公共关系的主体 主体就是活动的发动者、组织者、控制者和实施者，它在公关活动过程中处于主动与主导地位。社会组织指由一定的社会成员，按照一定的规范，围绕一定的目标组合起来的社会群体。它有以下几个特点：第一，它由一群人按照一定目标组合起来；第二，组织成员按照一定的统属结构关系组合起来；第三，组织成员互相协助、互相制约；第四，现代组织是开放的，是社会大系统中的子系统。

2. 社会公众是公共关系的客体 客体就是对象，公关对象就是公众，公共关系就是社会组织与社会公众的关系。公众就是对某社会组织具有现实或潜在的利益关系，并对组织的目标与政策具有相当影响力的个人和团体。它有几个特点：第一，它是一个集合体，是个人、社会组织与团体的总和；第二，它与公关主体社会组织有相互影响、相互作用的关系；第三，公众的组成随社会组织的发展变化而相应发生变化。

公众是广泛而复杂的群体，必须对公众进行分类，以便有针对性地制定方针政策满足公众的需求。按照不同的划分标准，公众有不同的类型。

第一，按照归属关系可以将公众分为内部公众与外部公众两大类。内部公众指归属于社会组织，与社会组织具有切身相关的利益。如员工与股东，员工是社会组织的构成，员工的利益与社会组织的利益息息相关；股东是社会组织的投资者，与社会组织具有直接的利益关系，社会组织的经济收益直接影响他们的利益。外部公众指除内部公众以外的所有与社会组织相关的公众。如顾客（消费者）、社区、政府、新闻界等。

第二，按照与社会组织形成关系的顺序，公众可以分为非公众、潜在公众、知晓公众与行动公众。非公众是指尚未与社会组织有相互影响作用的，不受社会组织方针政策影响的公众；潜在公众是指尚未与社会组织发生直接的关系，或者尚未意识到存在问题，但将来有可能与组织发生关系的公众；知晓公众由潜在公众发展而来，他们已经意识到问题的存在，并对社会组织的有关信息非常关注的公众；行动公众由知晓公众发展而来，对社会组织的影响做出反应，并付诸行动的公众。

第三，按照公众对社会组织所持有的态度可以分为顺意公众、独立公众和逆意公众。顺意公众对社会组织的政策与行为持积极支持的态度，他们的态度和行为对社会组织有重要的意义；独立公众对社会组织的政策与行为持不确定的态度，他们可能支持，也可能反对；逆意公众对社会组织的政策与行为持否定态度，站在社会组织的对立面，他们的存在对社会组织的形象构成威胁。

第四，按照公众对社会组织的重要程度可以分为首要公众、次要公众、边缘公众。首要公众对社会组织的生存发展起决定性作用；次要公众对社会组织的生存发展有影响但不起决定性作用；边缘公众与社会组织虽然有联系，但联系较少，影响也较小的一类公众。

3. 传播是公共关系的中介 传播有广义与狭义之分。广义的传播指一切的信息传播行为，狭义的传播指借助一定传播媒介进行信息的双向交流活动。传播（communication）一词在中文里既可译作“传播”，又可译作“沟通”，其含义是人类社会中信息的传递、接收、交流和分享，即运用一定的符号，通过一定的媒介，将信息传递给对方；对方接收到信息后引起一定的反应，也以一定的信息形式反馈回来。通过这种双向的交流，双方逐渐达到分享信息、相互了解、形成共识的目的。

从传播学的角度研究，传播有几个基本要素：第一，信源，就是信息的传播者，它作为传播的主体承担起信息的筛选、制作和发送的责任；第二，信宿，就是信息的接收者，它是传播的对象；第三，信息符号，它是信息的外在形式或物质载体，任何信息内容都要通过一定的符号传播出去；第四，信息通道，它是信息在传播过程中必须经过的传播途径。

公共关系的传播是根据公共关系的目标对传播内容加以选择，对传播过程进行有意识的策划和控制的双向沟通。公共关系运用的传播媒介主要是大众传播媒介（报纸、电视、广播、杂志），也有人际传播媒介（礼品、产品、象征物等），还有人体媒介，就是人的规范行为，同样可以传递信息，如微笑服务。

4. 公共关系三个要素之间的关系 社会组织作为主体决定着公共关系的状态。公众在公共关系的活动中具有权威性，公众的支持是社会组织无形的财富，决定着社会组织的成功与否，公众利益至上已成为共识。社会组织必须依靠传播才能影响公众，才能提高知名度与美誉度，有效的传播才能实现公共关系的目标。三个要素在公共关系活动中缺一不可，有效的公共关系是这三个要素的最优组合。

1.2.2 公共关系的基本特征

1. 以公众为对象 公众是社会组织的“上帝”，公众利益高于一切，处理与公众的关系是公关工作的中心。

2. 以美誉为目标 树立美好的社会形象是公共关系的根本目标，要以高知名度和高美誉度为目标。

3. 以互惠为原则 公共关系是以利益关系为特征，既要实现组织利益，又要使公众得益。

4. 以长远为方针 美好形象的塑造与维护要靠长期的努力，公关注重长远的效果。

5. 以真诚为信条 社会组织必须为自己塑造一个诚实的形象才能取信于公众，才能赢得合作的机会。

6. 以沟通为手段 通过组织沟通、人际沟通、群体沟通才能实现公关的所有目标。

小案例

绝味鸭脖致歉信

中新网2015年10月15日电 今日凌晨15分，绝味鸭脖在其官方微博发布致歉信，称对于《江西政法》关于绝味鸭脖南昌广场东路店的有关报道，绝味向广大消费者致以最诚挚的歉意。绝味鸭脖在微博中表示，通过此次事件，我们将进行全面审查、监督和管理全国鸭脖连锁体系，加强食品安全卫生工作，确保消费者放心享用绝味食品。以下是致歉信全文内容：

致歉信

对于《江西政法》关于绝味鸭脖南昌广场东路店的有关报道，绝味集团高度重视。在此，绝味向广大消费者致以最诚挚的歉意！

食品安全是“绝味鸭脖”品牌的重中之重，为确保消费者放心、安心食用，绝味以第一时间应对并果断采取相关措施如下：

（1）曝光门店因加盟商管理不善，导致店员违规操作，其门店卫生、产品储存及售卖不符合《绝味终端门店营运管理制度》要求、《门店食品安全管理制度》，造成食品安全隐患，且严重违反了《绝味品牌连锁特许加盟合同书》相关条例，现绝味管理总部决定对其处以无限期停业整改。

（2）针对绝味在个别加盟商管理方面存在的漏洞，绝味表示诚挚的歉意，并将借此个案对公司加盟管理体系进行自查并完善，绝味始终严格遵守国家法律法规和相关标准，绝不允许发生违法违规行为。

（3）通过此次事件，我们将进行全面审查、监督和管理全国鸭脖连锁体系，加强食品安全卫生工作，确保消费者放心享用绝味食品。

最后，感谢媒体的监督及广大消费者的支持！

绝味食品

2015年10月14日夜

训练与练习

1．你是如何理解“公共关系是持久的努力”这一观点的？

2．请举例说明互利互惠原则在处理企业与消费者关系中的重要性。

3．为什么诚信要成为公共关系的信条？它与传统文化有什么关系？

1.3 公共关系的功能

1.3.1 公共关系的职责

1. 监测组织环境 监测组织环境是指观察和预测影响组织目标实现的公众情况和其他社会环境的变化发展情况。组织环境由它的公众以及其他影响组织生存发展的社会、政治、经济及文化等因素构成。组织环境是不断变化的，组织要适应这种变化，就必须先严密地观察环境，对环境变化做出科学的预测，公共关系就担负起这种任务。

广泛地收集信息才能监测环境变化，主要有：①公众需求。公众需求是多方面的，既有物质需求也有精神需求，既有当前需求也有将来需求。②公众对产品的评价。产品形象是组织实现目标的关键，因此每个社会组织都要重视公众对产品的认识与评价，珍惜产品的声誉。公众对产品的评价就是用户对产品的质量、性能、包装、商标及售后服务等方面的评价。③公众对组织的评价。组织形象包括产品形象、经营形象、员工形象、环境形象及文化形象等，是对组织整体综合的评价。④社会信息。社会信息包括政治、经济、文化及科技方面的信息。

2. 参与组织决策 组织决策是组织针对存在的问题，选择解决问题的行动方案，以顺利实现组织目标和行为。由于组织环境与公众在实现组织目标中所起的作用加强，公共关系部门必须就组织有关的环境问题、公众关系问题向组织提供决策咨询，参与组织决策的全过程。①帮助组织获取决策信息。一方面利用广泛的社会关系，给决策层提供第一手准确的信息，另一方面利用组织内部的沟通，向决策层提供内部员工的信息，促进决策科学化、民主化。②帮助组织确定决策目标。公关人员要站在公众的立场上，对各职能部门的决策目标提出综合评价，依据公众需求和社会价值及时修正可能导致不良后果的决策目标。③帮助组织制订决策方案。公关人员应促进公关目标在方案中得到落实，保证公众的利益，在选择方案时应当将公关原则放进选择标准，将公众当作最有权威的评议者。④帮助组织实施方案。一方面帮助员工理解和接受方案，另一方面则将实施效果及时地反馈给组织。

3. 扩大组织的知名度和美誉度 知名度是一个组织被公众知晓、了解的程度，扩大知名度就是要扩大产品的知名度、扩大组织的知名度、扩大组织领导者的知名度。美誉度是一个组织获得公众接受、赞许的程度，是评价组织社会影响好坏程度的指标，通过提供优质产品和优质服务，提高组织整体美誉度，及时消除形象危机。①塑造形象，突出个性和风格。准确定位组织形象，根据竞争者现有产品在市场上所处的地位和顾客对产品某些属性的重视程度，塑造出本组织产品与众不同的鲜明形象并传递给目标顾客，以形成对顾客的强烈吸引力。②维护形象，开展形式多样的宣传活动，维护组织的良好形象。

4. 沟通协调关系 ①对外的沟通。对外的交往可以使组织广泛地交朋友，消除敌意，创造一个“人和”的环境。②对内的沟通。可以像润滑剂一样，增进组织内部各部门之间和人员之间的理解和信任，增强凝聚力。③处理公众的纠纷。以沟通的方式解决已经出现的摩擦和冲突，协调组织内外关系。

5. 促使组织成员增强公关意识 ①全员公关。对全体员工进行公关知识的教育和公关技能的培训，使公关意识深入人心，使员工珍惜组织的声誉。②消费教育与引导。以教育和引导的方式，向消费者灌输新的观念，正确地引导消费。

小案例

花旗银行的全员公关意识

花旗银行是世界上最大的银行之一，每天的营业额高达数亿美元，业务十分繁忙。一天，一位顾客走进豪华的美国花旗银行营业大厅，仅要求兑换一张崭新的100美元钞票，准备当天下午作为礼品用。银行职员微笑着听完他的要求之后，立即先在一沓沓钞票中寻找，又拨了两次电话询问，15分钟后该职员终于找到了一张符合顾客要求的钞票，并把它放进一个小盒子里递给了这位陌生顾客，同时附上一张名片，上面写道：谢谢您想到了我们银行。事隔不久，这位偶然光顾的陌生顾客又来了，并在这家银行开设了账户。在随后的几个月中，这位顾客所在的那家律师事务所在花旗银行的存款达25万美元。

1.3.2 公共关系的直接功能

公共关系的功能指公共关系对社会组织、个人及社会所发挥的积极独特的作用与影响。公共关系的直接功能是树立组织形象和协调组织与公众的关系。

1. 树立组织形象 组织形象的基本要素有：①产品形象。产品形象指产品的质量、性能、包装及商标等方面形象，是组织形象的基本要素和客观基础，是公众认识组织最主要的中介。②经营形象。经营形象指通过组织的经营管理活动所展示的形象，与组织方面的行为有关，如经营管理作风、管理效率、财务资信、技术开发、市场开拓业绩、认识制度、就业条件、价格策略及售后服务等。③员工形象。员工形象包括人才阵容，以及各类人员的文化素质、技术水平、工作态度、道德风貌、社会行为及仪表仪态等。④环境形象。环境形象包括门面、招牌、生产场地、橱窗陈设等。⑤文化形象。文化形象包括组织的价值观念和管理哲学、历史和传统、榜样人物、职业意识和道德以及组织的口号、训诫、厂旗、厂歌、厂服和宣传品等。

现代社会的竞争是一种形象竞争，组织形象作为一种无形资产在竞争中显得重要起来，公共关系是社会组织的“形象设计师”。一个社会组织在公众心目中树立了良好的形象，就意味着积累了“无形资产”，具有了良好的社会声誉，可以获得公众的信任和支持，也能得到员工的拥护、政府的支持、社区的关注和新闻媒介的重视，进而形成良好的投资环境，在市场中占据重要的地位，并获得丰厚的利润回报。

组织形象符号化是现代社会的重要发展趋势。为了使组织形象得到更好的传播，便于公众的理解和记忆，设计简洁、鲜明、个性化的组织形象十分重要。如许多企业形象设计的重点是厂名和商标，它们的设计既要反映出企业的经营宗旨和时代特色，又要符合内外公众的审美情趣，还要以简洁的形式和鲜明的风格引起关注，直观地引起公众对产品和企业文化精神的联想。

2. 协调与公众的关系　公共关系的公众是多方面的，公关人员就是社会组织的“关系协调员”，他们的努力就是使社会组织处理好与各类公众的关系，为社会组织建立广泛的社会关系网络，营造良好的“人和”环境。①协调好社会组织与员工关系。造就员工良好的价值观念，将员工利益融入组织的政策，建构“员工第一”的公共关系哲学。②协调社会组织与股东关系。将股东视作“上帝”去服务，对股东一视同仁，为股东提供充分、正确的投资信息和投资效益分析，让股东及时了解企业经营状况，鼓励和吸引股东参加企业的生产和销售活动。③协调社会组织与顾客关系。顾客是组织外部最大的公众，顾客的需求是组织一切活动的中心和出发点。顾客是组织的生命线，要全面推行顾客至上的公关哲学。④协调组织与新闻媒介关系。增加组织领导人和公共关系人员与媒介的直接联系，了解各种传播媒体的性质、种类和特殊需要，正确对待新闻媒介关于本组织信息的传播，主动配合新闻媒介的工作，争取新闻媒介的支持。⑤协调社会组织与政府关系。把国家利益摆在首位，自觉接受政府的管理和指导，熟知和恪守国家的政策和法令，及时、准确和真实地向政府通报情况。⑥协调社会组织与社区公众关系。使社区成为组织的受益者，尊重当地风俗习惯，增进组织与社区的相互了解，保护和完善社区环境。

小案例

麦当劳的经营宗旨

麦当劳将自己的企业理念和经营方针浓缩为“Q、S、C、V”，意即麦当劳为世人提供“品质上乘、服务周到、环境清洁、物有所值”的产品和服务。

Q，即质量。麦当劳制定了一整套严格的质量标准和管理制度，以保证在任何情况下都向顾客提供品质一流的食品。比如，严格要求牛肉原料必须挑选精瘦肉，脂肪含量不得超过 19%，绞碎后，一律按规定做成直径为 98.5 毫米，厚为 5.65 毫米，重为 47.32 克的肉饼。麦当劳的食品要求标准化，要做到无论国内国外所有分店的食品质量和配料都相同，并制定了各种操作规程和细节，如“煎汉堡包时必须翻动，切勿抛转”等。同时，麦当劳还竭尽全力提高服务效率，缩短服务时间，如要在 50 秒内制出一份牛肉饼，一份炸薯条及一杯饮料；烧好的牛肉饼出炉后 10 分钟内、法式炸薯条炸好后 7 分钟内若卖不出去就必须扔掉。

S，即服务。提供周到、细致的服务，是麦当劳成功的法宝之一。为了给日益增多的驱车顾客提供休息和进餐的场所，麦当劳在美国四通八达的高速公路两旁和郊区开设了许多分店，并在距店铺不远的地方装上许多通话器，上面标有醒目的食品名称和价格，使乘客经过时只需打开车门，向通话器报上所需的食品，当车开到店侧小窗口时，就能一手交钱一手取货，并马上驱车上路。同时，在美国只要连锁店和住宅区相邻，麦当劳就会设置小型游乐园，让孩子和家人在此休息，感受麦当劳的关怀。如此周到的服务，自然使麦当劳生意兴隆。

C，即清洁。提供幽雅清洁的环境，是麦当劳追求的目标。麦当劳在对员工的行为规范中明文规定，“男士必须每天刮胡须、修指甲、随时保持口腔清洁、经常洗澡、不留长发，女士要带发网”“餐馆内不许出售香烟和报纸”“器具全部都是不锈钢的”。所有员工必须遵守这样一条规定：“与其背墙休息，不如起身打扫”，要使店内始终保持窗明、地洁、桌面净。顾客一进入这样的就餐环境，也都习惯于自觉清除垃圾，同服务人员一起保持一个幽雅清洁的环境。

V，即价值。麦当劳强调“提供更有价值的物质商品给顾客”。现代消费者的需求不仅趋向高品质化和高品位化，而且也趋于多样化。如果企业只提供单一模式的商品，消费者就会很快失去新鲜感。麦当劳不沉醉于已有的成功，而是努力适应社会环境和公众需求的变化，重视商品新价值的开发，即不断给商品附加新价值。不仅如此，为了忠实地推行这一经营理念和方针，麦当劳从芝加哥总部派出“巡回地区督察团”，每月不定期到各地经销店巡视多次，对全世界 13 000 家连锁店一视同仁。

1.3.3 公共关系的间接功能

公共关系对于个人和社会的间接功能是提高员工素质和优化社会环境。

1. 提高员工素质 员工素质是指员工的知识技能、情感态度、价值观及道德、法律观念等方面的综合素质，员工素质决定着社会组织的整体质量。开展全员公关教育，可以全面提高员工的个人素质和整体素质。经过公共关系的知识与技能教育，员工增强了尊重公众意识、交往合作意识、沟通交流意识、个人形象意识、社会责任意识、互利互惠意识和创新意识等公关意识，提高了员工的创造能力、交际能力、自我调节能力和应变能力，提高了服务技能和工作能力。

2. 优化社会环境 公共关系的直接目的是为组织营造良好的关系网络，公共关系通过参与社会性、公益性的社会活动，提高组织知名度与美誉度，如赞助各种公益事业，关心福利事业，参与各种社会服务，这些都间接地推动了社会环境的改善。①优化社会的经济环境。公共关系活动是一种组织与公众之间的互惠行为，赞助是社会组织为了建立良好的信誉而进行的形象投资，从经济的角度看这种行为具有调节经济利益的功能，如企业对贫困地区的赞助，一定程度上改善了社会经济差距过大的情况，推动了经济的协调发展。②优化社会的政治环境。公共关系的许多方式被政府采纳，成为政府实现自己管理目标的重要手段，这样使得民主意识更加深入人心，政府与民众之间的信息沟通渠道更加畅通，政府的政策与方针更加能够得到民众的支持和拥护，有利于民主政治的发展。③优化社会的文化环境。公共关系以诚信为信条，它通过大量的宣传沟通活动，引导社会形成公正、透明、诚信以及和谐的社会风尚，净化社会风气。④公共关系的信息沟通与情感沟通，可以创造良好的人际关系，使人们摆脱孤独与寂寞，减少矛盾与冲突，在获得尊重的基础上肯定自身价值，使社会心理更加健康。

训练与练习

1. 如何理解社会组织形象的价值？
2. 上网找出一些倡导弘扬传统文化的企业公关广告。
3. 公共关系如何营造良好的社会关系网络？

1.4 公共关系的范畴与体系

作为一门综合性的学科，公共关系涉及了许多不同的学科领域和实践范畴，长期以来被人们误解和混淆，因此辨析公共关系与相关学科的关系就显得非常必要。

1.4.1 公共关系与人际关系

人际关系这个概念属于社会心理学范畴，主要指在社会交往中形成的人与人之间的相互作用与相互影响。公共关系与人际关系有密切联系：在内容上，公共关系包括了部分的人际关系，公众对象中包括了许多个体对象；从公关实务的角度看，公关工作离不开各种人际传播的方法，要求公关人员具备很强的人际沟通能力，良好的人际关系有助于公共关系的开展。

公共关系与人际关系也有区别：①公共关系的行为主体是社会组织，人际关系的行为主体则是个人。②公共关系的对象是与社会组织相关的公众，人际关系则包括大量与社会组织无关的私人关系。③公共关系是社会组织的一种管理活动与职能，人际关系主要是个人的交际技巧和能力。④公共关系强调运用大众传播和组织传播的方式与公众进行大面积的沟通，人际关系更多的是运用人际传播方式进行小范围、面对面的沟通。

1.4.2 公共关系与宣传

宣传是社会组织有意识地将某种观念、意见、态度等传播于社会，是一种有意识地控制社会心理的活动。公共关系与宣传都属于传播过程，它们都是以一定的传播对象为活动指向，都需要借助各种新闻媒介做工具，都是以影响人的思想和情感为目的，但是它们之间也有区别：①传统的宣传属于政治思想工作的范畴，目的是为了改变和强化人们的心理状态和精神状态，获取人们对某种主张和信仰的支持，宣传的主要内容是国家的方针政策、伦理道德、法制教育等；公共关系作为一种特殊的管理职能，其目的在于塑造社会组织的形象，建立组织与公众的良好关系，通过双向的沟通与交流，向公众传递信息，了解公众的意愿和要求，工作的主要内容是信息沟通、关系协调、决策咨询和危机处理等。②宣传工作通常是单向传播的过程，带有一定的强制性，以社会组织既定的目标来控制公众的心理；公共关系是一种双向传播过程，必须尊重事实，及时、准确、有效地向公众传递组织的信息，以真诚换取公众对社会组织的信任。

1.4.3 公共关系与广告

广告就是广而告之，一般指商业广告，广告主以付费的方式，通过一定的媒介向公众传递有关商品或服务的信息。公共关系与广告的区别在于：①传播的目标不同。公共关系的目标是赢得公众的信任、好感、合作与支持，树立良好的社会组织形象，让公众“喜欢我”；广告的目的在于激发人们的购买欲望，对产品产生好感，让人“买我”。②传播的原则不同。广告的原则是引人注目，只有引人注目，激发人们的购买欲望，才能达到扩大销售的目的；公共关系的传播首先是真实可信，强调真实性，才能取得长久的市场效应。③传播的方式不同。广告为了引人注目，激发购买欲望，可以采取一些夸张的方式；公关传播主要用事实说话，运用新闻稿、发布会等方式向公众宣传社会组织的有关信息。④效果不同。广告的效果是直接的、可测的，它能产生直接的市场效应；公共关系的效果是间接的，它要获得的是长期的市场效应。

1.4.4 公共关系与市场营销

市场营销是指企业在市场上经营活动的总称，包括市场调查、新产品开发、价格制定、销售渠道选择、促销手段选择以及开展售后服务等一系列的活动。公共关系在企业中与市场营销融合在一起，正如杰夫金斯所说："销售的每一个因素都需要公关人员来加强和完善。"公共关系与市场营销的区别在于：①范围不同。市场营销仅限于企业生产流通领域，公共关系的范围更加广泛，涉及政府、事业单位以及社会团体，一切的社会组织都需要开展公共关系。②目的不同。市场营销的直接目的就是推销商品，公共关系的目的是塑造良好的社会组织形象，扩大知名度与美誉度。③手段不同。市场营销主要采取价格、推销、包装、产品设计及广告等方式，公共关系采取社会赞助、记者招待会、典礼仪式及公关广告等方式达到扩大社会影响的目的。

训练与练习

1．有人说"公共关系就是市场营销"，你是怎么看的？

2．公共关系与人际关系有什么联系、有什么区别？

1.5 公共关系的产生与发展

1.5.1 公共关系的产生

1. 巴纳姆时期：现代公共关系的发端 19 世纪中叶在美国风行的报刊宣传活动，被认为是现代公共关系业的"前身"。当时最有名的代表人物叫巴纳姆，故将公共关系发展史的这一段时期称为巴纳姆时期。19 世纪 30 年代，美国报界掀起了一场便士报运动。由于这种报纸售价低，一般普通劳动者都买得起，因此报纸发行量大增，随即广告费也迅速上涨。有些公司、组织为了省下广告费，便雇用专门的人员来制造煽动性新闻，制造关于自己的神话，以此来扩大影响。报纸则为了迎合下层读者的阅读心理，也乐于发表，这样两相配合，就出现了美国历史上有名的"便士报运动"。

当时最有代表性的就是巴纳姆，他是美国最善于创新和最受人赞赏的游艺节目演出经理人之一，他的信条是“凡宣传皆好事”。为了使自己和公司扬名，置公众利益于不顾，任意编造谎言和神话，利用新闻媒介“愚弄公众”，是该时期的显著特点。

2. 艾维·李时期：现代公共关系职业化的开始 20 世纪初，公司或组织把新闻媒介视为异己，或利用新闻媒介“愚弄公众”的现象，引起了新闻媒介的不满，报纸杂志率先刊载揭露实业界那些“强盗大王”的恶劣丑闻，形成了美国近代史上著名的“揭丑运动”。

在“揭丑运动”的冲击下，工商企业意识到了取悦舆论的重要性。许多企业开始聘请懂行的人专门从事改善与新闻界关系的工作，这种人被称为“新闻代理人”，为其委托人做宣传。他们在新闻媒介之间进行游说，经常与报界联系，邀请记者到企业参观采访，或为公司的政策做解释和辩护等。从此，企业和外界的隔绝消除了，“象牙塔”被“玻璃屋”取代，企业的透明度大大增加。不过，早期的新闻代理活动仍然免不了存在大吹大擂、搪塞了事、混淆视听和隐瞒欺骗的弊端。此时有一个人开始致力于改变这种状况，他就是被后人誉为公共关系之父的艾维·李。

艾维·李早期是《纽约世界报》的记者，1903 年，他开办了第一家宣传顾问事务所，成为向客户提供劳务而收取费用的第一个职业公共关系人，现代公共关系职业化由此发端。1906 年，他向新闻界发表了著名的具有里程碑性质的《原则宣言》，全面阐明了他的事务所的宗旨：“我们的计划是代表企业单位及公众组织，对与公众有影响且公众喜闻乐见的课题，向报界和公众提供迅速而准确的消息。”这就是所谓企业管理的“门户开放原则”，它反映了艾维·李的信条：公众必须被告知。艾维·李作为公共关系之父，不仅首创了“公共关系”这一专门职业，而且他提出的“说真话”“公众必须被告知”的命题将“公共利益与诚实”带进了公共关系领域，使公共关系这门学科从对一些简单问题的探讨上升为探求带有某些规律性的原则和方法，大大推动了这门学科的发展。但由于时代的局限，艾维·李的咨询指导主要还是凭经验和直感来进行的，缺乏对公众舆论严密和大量的科学调查。因此，有人批评艾维·李的公关咨询只有艺术性而无科学性。

小案例

艾维·李处理交通事故危机

1906 年，美国宾夕法尼亚铁路公司发生一次严重的交通事故，造成了重大伤亡，铁路当局寻求艾维·李的帮助。当时，对此类事件的处理，有关方面总是遮遮掩掩，不愿透露全部真相，公众也无法了解真情。面对惊恐万分的铁路公司董事们，艾维·李坚持要改变传统的做法。他立即做出采取行动的安排，首先提出亡羊补牢的措施，系统检查路基以保证不再发生类似事故，并向死者家属支付赔偿，为受伤者治疗和提供赔偿；其次，派出专列使记者能尽快抵达事故现场，并为采访提供一切方便，主动向记者提供事故资料、照片，回答记者提出的一切合理的问题等。事件处理的结果使董事们惊讶，艾维·李把惨案变成改善以往形象的时机，变成一场积极的公共关系活动。事后新闻媒介提供给社会的翔实报道，不但降低了公众的不满情绪，而且增进了公司与公众的相互理解，特别是公司与新闻界建立起良好的合作关系，使公司得到前所未有的最佳形象。

3. 爱德华·伯尼斯时期：现代公共关系学科化的成熟 公共关系职业化的发展，促进了公共关系由简单零碎的活动上升为具有规律性且较系统的原则与方法的探索，使公共关系自立于学科之林、成为一门独立的学科的条件已经成熟。美国学者爱德华·伯尼斯就是公共关系学科化的一名旗手。

1923年，伯尼斯以教授的身份首次在纽约大学讲授公共关系课程，同年出版了被称为公共关系理论发展史“第一个里程碑”的专著——《公众舆论的形成》。在书中，伯尼斯首先详尽阐述了“公共关系咨询”这一概念，并且提出了公共关系的原则、实务方法和职业道德守则等。1928年，他出版《舆论》一书；1952年，他又出版了《公共关系学》教科书。

伯尼斯的主要贡献在于，他把公共关系学理论从新闻传播领域中分离出来，并对公共关系的原理与方法进行了较系统的研究，使之系统化、完整化，最终成为一门独立完整的新兴学科。伯尼斯在理论上做出的贡献，对于公共关系学科的形成和进一步发展具有划时代的意义和里程碑的作用。伯尼斯公共关系思想的一个重要组成部分，就是他提出的“投公众所好”的主张。

4. 现代时期：卡特里普和森特提出双向对称的公共关系模式 1952年，美国的卡特里普和森特两人合作出版了权威性的公共关系专著《有效的公共关系》，论述了“双向对称”的公共关系模式，在公关的目标上将组织和公众的利益置于同等重要的位置上，在方法上坚持组织与公众之间的双向传播与沟通。此书不断再版，成为畅销书，被誉为“公共关系的圣经”。至此，公共关系正式进入学科化阶段。

训练与练习

公共关系的产生与“便士报运动”有什么关系？

1.5.2　公共关系的发展

1. 公共关系产生和发展的条件

（1）社会组织的高度分化以及在此基础上形成的相互协调和整合的发展趋势，是公共关系赖以产生和发展的社会基础。

（2）在商品经济的发展过程中，市场形成了由“卖方市场”向“买方市场”的逐步转变。在市场经济的背景下，能否争取市场、争取顾客、争取公众支持成了组织生死攸关的关键。商品生产者与消费者之间的沟通更加迫切和必要，这是公共关系产生和发展的社会经济条件。

（3）社会政治生活的民主化，是公关产生和发展的社会政治条件。民主政治取代专制政治，必然促进公共关系的产生。在民主政治的社会氛围中，政府机关、社会公共组织与其公众之间，除了服从外，还有民主协商、民主对话、民主监督。政府必须了解民情民意，通过宣传媒介向民众宣传自己的意图，获得民众的支持和理解。

（4）传播手段和通信的进步，是现代公关产生和发展的技术条件。随着社会经济的飞速发展，各种大众传媒得到迅速而广泛的发展，使运用现代的传播手段对内对外协调沟通，扩大组织的社会影响成为可能，“地球村”的出现为人们进行大规模交往提供了便利条件，并为公共关系的产生和发展提供了必要的技术与方法。

（5）人性化经营管理思想的确立，尊重人性的、个人感情和尊严的、人文的、开放的文化，正是公共关系得以滋生及成长的土壤。人们意识到在社会组织与公众之间建立良好的关系，满足公众物质和精神文化的需要，是公共关系产生和发展的社会文化心理条件。

2. 公共关系在西方　1920年至第二次世界大战期间，随着世界科技进步、商品经济的发展，发达国家“市场中心论”取代“生产中心论”，“卖方市场”转向“买方市场”，以消费者为导向的市场观念日益为企业的经营管理者所重视。在这种情况下，公共关系作为一种现代经营思想迅速传播开来。1924年，美国《芝加哥论坛报》社论强调：“公共关系已经成为一种专门职业、一种艺术和一门科学。”1948年，美国全国公共关系协会（PRSA）宣告成立，同时制定了作为行为法规的“公共关系人员职业规范守则”。1955年，国际公共关系联合会（IPRA）在英国伦敦正式宣告成立。1978年8月，世界公共关系协会在墨西哥城召开大会，一致同意公共关系的定义为：“分析趋势，预测后果，向领导机构提供意见，履行一连串有计划的行动，以服务于本机构和公众利益的艺术和社会科学。”美国是世界公共关系事业最发达的国家之一，在企业界、政界、文化教育界、宗教界、军界和各种社团组织内，都有大量的公关从业人员。在美国文化的影响下，英国、法国、原联邦德国、意大利等西欧国家，以及加拿大、墨西哥、秘鲁以至整个拉丁美洲，都开始开展多方面的公关工作。

小案例

法国白兰地的精彩“亮相”：寻找时机的名人效应策划

20 世纪 50 年代，白兰地在法国国内已享盛誉，畅销不衰。厂商的目光开始瞄向美国市场。为此，他们邀集了几位公共关系专家，慎重研讨公共关系方案。

受聘请的专家通过调查，搜集了有关美国的大量信息，并经仔细斟酌，提出了一项颇具新意的设计，其要点如下：

公共关系宣传的基点是法美人民的友谊，整个规划的主题是“礼轻情义重，酒少情意浓”，要求公共关系活动尽可能广泛地利用法美两国的新闻媒介。择定的宣传时机是美国前总统艾森豪威尔 67 岁寿辰，届时，赠送两桶窖藏长达 67 年的白兰地酒。贺礼由专机送往美国，酒桶特邀法国著名艺术家特别设计制作。然后于总统寿辰日，在白宫的花园举行隆重的赠送仪式，由四名英俊的法国青年身穿法兰西传统的宫廷侍卫服装抬着这两桶白兰地正步前行，进入白宫。

这项公共关系策划立即得到公司最高决策者的批准，并且获得法国政府的赞赏和支持，外交渠道的绿灯也亮了。

于是，美国公众在总统寿辰一个月之前就分别从不同的传播媒介获得了上述信息。一时间，法国白兰地成了新闻报道、街谈巷议的热门话题。千百万人都翘盼着这两桶名贵的白兰地的光临。

当这两桶仪态不凡的美酒亮相时，群情沸腾，欢声四起，有些人甚至大声唱起了法国国歌《马赛曲》。

此刻，美国公众似乎已经闻到了清醇芬芳的酒香，更由此品尝到了友谊佳酿的美味。从此，法国白兰地就昂首阔步地迈进了美国市场，国家宴会和家庭餐桌上几乎都少不了它的倩影！

3. 公共关系在中国 公共关系作为一种全新的思想理论和社会职业，是伴随着我国对外开放大门的打开而步入中国大地的。在此之前，大约 20 世纪 60 年代之后，随着我国台湾和香港地区经济的迅速发展，现代公共关系也开始传入台湾和香港，并得到较快的发展。

20 世纪 80 年代初，公共关系首先作为一种新的经营管理方法和技术，由南向北，从东到西，在中国的大江南北迅速传播。80 年代中期以后，不仅一大批大型企业先后设立了公共关系部，而且一些较先进的中小企业也设立了自己的公共关系机构，开展了卓有成效的公共关系工作，这为寻求中国公共关系实务活动开展的最佳途径和方法积累了宝贵的经验。

1987 年 5 月，经国家有关部门批准，中国公共关系协会在北京成立。此后，各省及各大中城市相继成立了公共关系学术团体。1991 年 4 月，中国国际公共关系协会在北京成立。到目前为止，从事公关的实体已遍及全国，其从业人员已达十万以上，省市级公关协会已有上百家，加上在高等院校从事公关教学和研究的人员，中国的公关事业呈现出一派欣欣向荣的景象，而且这一发展势头还将随着我国市场经济的发展而日益增强。

1997 年 11 月 15 日，我国成立了全国公共关系职业审定委员会。1999 年年初，经国家劳动和社会保障部正式批示，我国成立了国家职业资格工作委员会公关专业委员会。1999 年 12 月 26 日上午，在广州举行了“1999 年公关员职业资格全国统一鉴定广东分考场”试点统考。它标志着我国公共关系已开始走向行业化道路。

小案例

白云山制药厂的“信誉投资”

1984 年，广州的白云山制药厂——一家国有大型企业率先挂出了国内第一块国有企业公共关系部的招牌，并注资 120 万元，开展公共关系活动。实际上在 1983 年，广州的白云山制药厂已拨出年产值的 1%作为“信誉投资”。这是一个敢为人先的大手笔。在世界范围内，人们认为的卓越公共关系管理的“信誉投资”就是 0.8%的概念。

随后，白云山制药厂一发不可收，举办了广州“白云杯”城市国际足球邀请赛，广州歌舞团也收为白云麾下。白云山制药厂的声名也随着足球和歌舞团的南征北战而威名远扬。1984 年 12 月 26 日《经济日报》刊载了题为“如虎添翼”的长篇通信，报道了白云山制药厂的公共关系工作，并编发了“认真研究社会主义公共关系”的社论。接着《文汇报》《北京日报》《世界经济导报》《广州日报》等 35 家报刊先后载文报道或评论公共关系，阐述评析了公共关系在中国兴起发展的必然性和必要性。

训练与练习

简述公共关系产生和发展的条件。

4. 现代公共关系的发展趋势

（1）职业化程度日益提高。公共关系作为一种独特的职业在全世界范围内获得了发展，成了人们向往和尊重的现代职业。

（2）国际化趋势日益增强。由于世界政治、经济、科学文化一体化趋势的加强，国际公关业务增多，并在国际事务中发挥重要作用。

（3）技术手段日益现代化。公关是一种智力密集型的职业，公关人员运用电子技术和现代大众传播媒介进行信息传播，运用电脑进行市场分析与预测，提高了公关工作的科学性和有效性。

（4）社会功能多元化。目前公关已不局限于工商企业等营利性社会组织，而且还在政府、军队、学校等非营利性社会组织发挥着重要的作用。

（5）理论不断走向科学化和系统化。公共关系学科在吸收了管理学、经济学、传播学、人际关系学、新闻学、心理学、市场营销学、社会学、民俗学、广告学等学科知识的基础上，形成了较为完整的理论体系。

（6）公共关系意识普及化和民族化。公共关系的理论与不同的民族文化相结合，形成了具有民族特色的公共关系思想，同时越来越被人们所接受，公关意识成为指导人们行为的重要现代管理思想。

（7）公共关系的事业和规模在不断扩大。公共关系业务需求量越来越大，这使得公关公司数量增多，从事公共关系工作的从业人员规模也不断扩大，对他们的素质要求越来越高，其地位也越来越高。

训练与练习

请举出实例说明现代公共关系的发展趋势。

学习指导

1. 学习建议

本章阐述了公共关系的定义与内涵、公共关系的基本要素，并对公共关系的职能与特点进行了分析，特别是对公共关系与其他学科范畴的区分，加强了我们对公共关系是一个边缘性、综合性学科的认识。学习本章内容要：①认真领会公共关系定义的内容，特别是要对社会形象的概念做深入的思考；②通过案例分析，正确理解公共关系的特征；③正确区别公共关系学与其他学科的关系。

2. 学习重点与难点

（1）学习重点

1）公共关系的核心概念。

2）公共关系的几层含义。

3）公共关系的几个主要特征。

4）公共关系的三个基本要素。

5）公共关系学与其他学科的关系。

（2）学习难点

公共关系的特点与职能。

3. 核心概念

社会形象　社会组织　公众　传播

课后思考与练习

1. 如何理解“公共关系不仅仅是宣传”这句话的含义？
2. 为什么说社会形象是外在与内在的统一？
3. “公共关系就是拉关系”这句话正确吗？为什么？

案例分析

伦敦奥运申办路

在伦敦奥运会大幕开启的时候，许多人注定将会被历史铭记。英国前首相布莱尔是这段旅程中至关重要的一位，没有他对申奥的最终拍板，就没有伦敦奥运会。不过，这样一个重大的决定却源于一次花园里的争执。那天，在唐宁街花园里，布莱尔很坦诚地向时任体育事务大臣特莎·乔韦尔表达了不想申奥的原因，因为他害怕会落败，更糟的是被法国击败。而这位女体育部长却给了布莱尔直言不讳的责备，她对布莱尔说：“真没想到，我以为你会做好冒点风险的准备。当然我们有可能失利，但至少应该有勇气试一试。”正是这句话激起了布莱尔的斗志，他最终拍板申奥。

不只布莱尔，当时英国内阁中的大部分人对申奥的态度也是模棱两可，其中反对声音最大的是财政部。用布莱尔的话说就是，英国人对这一类“形式庞大、费钱而又可能难以掌握的东西总有一点神经质”。当时，角逐2012年奥运会主办权的还有巴黎、马德里、纽约和莫斯科四个城市，被称为是有史以来最豪华的申办阵容。或许，与巴黎的同台竞争，也让英国人心里有种说不清的感受。布莱尔告诉中国央视财经频道记者，英国人和法国人之间那种独特的竞争关系已经延续了几百年，所以伦敦和巴黎之间的输赢和其他两个城市相比总是会有些不同。

终于，在2003年年中，英国成立了第一个申办团队。但在2004年，伦敦奥组委的申办主题“奥林匹克博物馆”根本无法吸引国际奥委会评审团的注意，加上时任伦敦奥申委主席的芭芭拉·卡萨尼在体育场馆建设上的欠佳表现，使得田径锦标赛的主办权落入英国申奥劲敌法国的手中，连英国女王也出面严厉批评芭芭拉·卡萨尼“不懂体育政策”。伦敦在当时五个申办城市中排名一直靠后，民众的支持率只有 20%。如何摆脱这种沮丧的局面？集体坛名宿、成功商人和政治家角色于一身的塞巴斯蒂安·科进入了布莱尔的视线。2004 年 5 月，他被任命为新的伦敦奥申委主席。

如果说布莱尔是打响伦敦申奥发令枪的那个人，那么塞巴斯蒂安·科就是那个冲出起跑线的人，并且一跑就是 7 年。上台 8 个月后，塞巴斯蒂安·科挑选的 150 人团队，彻底改变了伦敦的申办纲领，重点突出伦敦的国际都市形象和深厚的体育文化传统，而对伦敦的弱点，诸如公共交通和体育场馆建设计划避而不谈。特别是他敏感地捕捉到，现代奥运会在 2004 年回归希腊的百年之后，奥运精神如何向年轻一代传播的脉搏，宣扬伦敦这个古老都市，将通过奥运会来激励年轻人的奥运理念，与国际奥委会一直推崇的体育精神不谋而合。塞巴斯蒂安·科同时承诺，英国政府将投入 10 亿英镑来促进年轻一代的体育活动，这为伦敦的胜选增添了筹码。

终于到了揭晓答案的这一天，2005 年 7 月 6 日。因为要赶赴在苏格兰召开的八国峰会，布莱尔提前离开了新加坡，重任完全落到了塞巴斯蒂安·科的身上。塞巴斯蒂安·科声情并茂的陈述，给全场留下了深刻的印象。国际奥委会委员海博格后来表示，很多被伦敦陈述打动的委员，是用心而不是用脑去投的票。第一轮，莫斯科出局，然后，纽约出局，紧接着，马德里被淘汰，最后是伦敦与巴黎的对决。当国际奥委会主席罗格宣布伦敦获胜的时候，全英国都沸腾了。

【案例思考题】

1．为什么说申办奥运是一次成功的公共关系活动？

2．申办奥运活动最突出的特点是什么？

实训应用

1．实训项目

调查一家房地产公司的公关状态。

2．实训目的

了解社会组织的形象构成。

3．实训要求

（1）通过互联网、报纸、杂志等形式收集第一手资料。

（2）拟定调查提纲，用走访的方式了解这家公司在业主心目中的印象和评价。

（3）撰写调查报告。

4．实训组织

（1）将全班同学分成若干小组，每组 5 个人左右，并选出小组长，与组员一起做好分工协作工作。

（2）以小组为单位收集资料，讨论后完成调查方案。

（3）以小组为单位写出调查提纲。

（4）学生完成调查报告，老师做总结指导。

5．实训考核

（1）学生自我总结占 30%。

（2）同学互相评价占 30%。

（3）教师总结指导占 40%。

Chapter2 第2章

公共关系主体：社会组织

学习目标

1．理解和掌握社会组织的含义与特点

2．了解公共关系的机构及其设置

3．明确公共关系从业人员的素质要求

案例导入

可口可乐为北京冬奥会推金罐

在北京与张家口获得 2022 年冬季奥运会和冬季残奥会举办权的同时，可口可乐公司随即推出了金色限量版“可口可乐北京 2022 年冬奥会祝贺纪念罐”。7.2 万罐“可口可乐北京 2022 年冬奥会祝贺纪念罐”开始灌装，并连夜运往北京各大超市卖场。可口可乐在张家口同期推出另一款红色限量版可口可乐纪念罐。该款可口可乐金色纪念罐为 500 毫升的易拉罐，比普通装 330 毫升的易拉罐容量更大，罐身采用代表辉煌的金黄色为主色调，并印有冬季项目运动员的剪影，正前方是可口可乐的红色的弧形与火炬形的图案。

算上 2015 年的动作，可口可乐在历史上曾六次推出过与奥运相关的纪念罐：2001 年首次推出北京申奥成功纪念罐，2003 年推出北京奥运会会徽纪念罐，2005 年推出北京奥运会吉祥物纪念罐，2007 年火炬手选拔和 2008 年奥运会期间推出众多设计独特的可口可乐产品包装。

【问题引入】

1．在此项策划中，体现出了可口可乐公司什么样的特点？

2．可口可乐公司策划公共关系活动的思路是什么？

2.1　公共关系的主体

公共关系的主体即社会组织，它是公共关系活动的发动者、组织者、实施者和获益者，并在公共关系的活动中处于主动和主导的地位。

2.1.1　社会组织的含义与特点

社会组织是指由一定的社会成员，按照一定的规范，围绕一定的目标聚合而成的社会团体。它具有以下特点：①群体性，是由多数人组合在一起的集合体，是团体、群体，而不是个人。②目标导向性，组织的成员是因为一个共同目标聚合在一起，组织的活动是围绕一个共同目标而展开。③系统性，它是按照一定的统属关系构建起来的，组织成员之间有明确的权责关系和上下统属关系。④协作性，社会组织通过一定的规章制度将人、财、物统筹起来，要求社会组织的成员之间互相协作、互相制约。

2.1.2　社会组织的分类

由于社会组织的目标不同，类型也不相同，一般可以分为以下几种类型：①营利性组织，以经济利益为目标，如工商企业、金融机构等。②非营利性组织，以服务对象的利益为目标，如慈善机构、学校医院等社会公用事业机构。③互利性组织，以组织成员之间互相获利为目标，如党派、宗教组织等。④公益性组织，以国家和社会利益为目标，维护公众的利益，如政府、军队等。

2.1.3　社会组织与环境的关系

任何组织都不可能孤立地存在于社会之中，它必须与环境有密切的关系。每个社会组织都是环境的产物，一定环境提供的物质资源、人力资源和信息资源，在很大程度上决定了组织的活动性质和范围，因此社会组织必须适应环境才能生存与发展。同时，社会组织不是被动地接受环境的影响，它反过来也可以对环境施加影响，产生反作用。

每个社会组织都必须具备适应环境的应变能力，正确地认知自己的特点和实力，根据环境的变化及时调整目标和发展方向。

训练与练习

1．是不是只有营利性社会组织才需要公共关系？

2．为什么说社会组织对环境必须保持高度的敏感？

2.2 社会组织中的公关机构：公共关系部

公共关系的组织机构是专门执行公共关系任务，实现公共关系功能的行为主体，是公共关系工作的专业职能机构。公关组织机构包括组织内设公关职能部门、专业的公关公司和独立的公关社团组织。

2.2.1 公共关系部的性质与地位

公共关系部是社会组织内部设立的公关职能部门，由于公共关系的职能具有传播性、沟通性，即统筹管理组织有关传播和沟通的业务，因此其职能目标和业务内容完全不同于其他职能部门。从管理作用上看，公关职能部门在组织总体中扮演一种“边缘”“中介”的角色，即处于决策部门与其他专业职能部门之间、组织与外部环境之间，担负着建立联系、沟通信息、咨询建议、辅助服务、策划组织和协调行动等责任。这可以从以下两个方面来看：①公共关系部门在组织内部管理中的地位。从系统论的观点来看组织的管理结构，公共关系部门作为一个子系统，它的位置介于管理子系统与其他非管理子系统之间，介于高层决策中心与各个执行部门之间，介于各管理、执行部门与基层人员之间。公关部门负责沟通和协调各个职能部门之间的关系，它要向各个子系统提供信息，协助分析、判断和决策。②公共关系部在企业外部经营中的地位。公关部介于组织与公众之间，对外代表组织，对内代表公众，通过传播活动保持组织与公众环境之间的双向沟通。

公关部的地位应当是组织的“信息部”，它组织、建立广泛的社会联系和通畅的信息网络；应当是组织的“决策参谋部”，它是组织的智囊团，在采集、整理、分析信息的基础上，给组织提供可选择的方案，还应当是组织的“宣传部”“外交部”，它向公众宣传组织的政策，解释组织的行为，增加组织的透明度，对外交际和解除各种纠纷。

2.2.2 组织内设公关机构的模式

1. 部门隶属型 部门隶属型即公共关系部附属于组织的某个职能部门，如属于办公室、人力资源部、培训部、市场营销部等职能部门。这种模式极大地局限了公关职能的作用，公共关系处于最低层次，如图 2-1 所示。

2. 部门并列型 部门并列型即公共关系部与组织的其他职能部门平行排列，如与办公室、人力资源部、培训部、市场营销部等职能部门并列，处于同一层次。与第一种类型相比，此类型的公共关系部在组织中的地位和权力比较高，反映了公关业务在组织中的独立性和重要性，如图 2-2 所示。

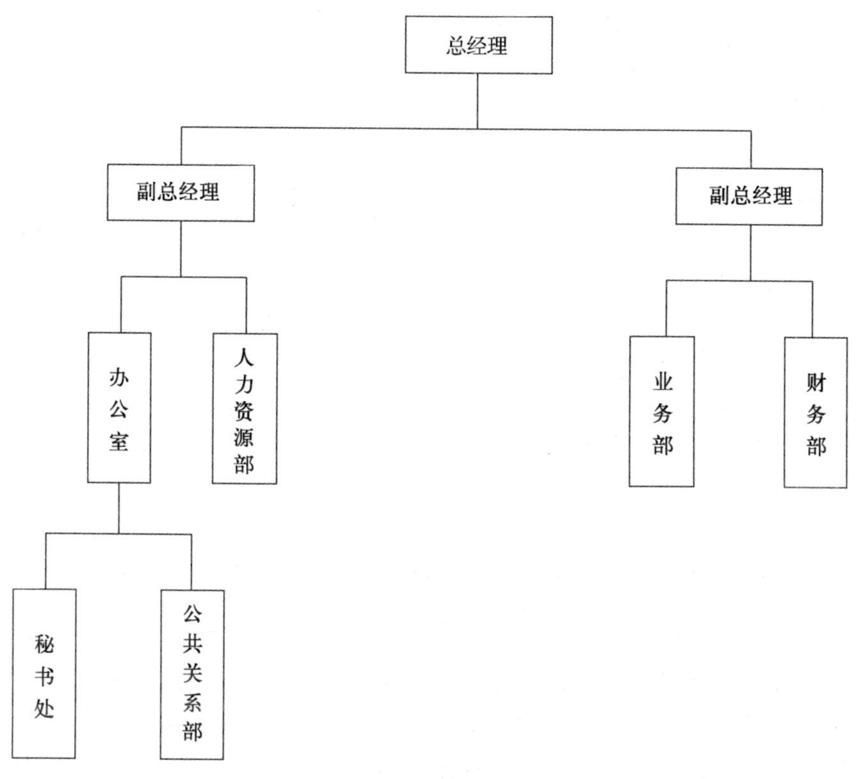

图 2-1　部门隶属型

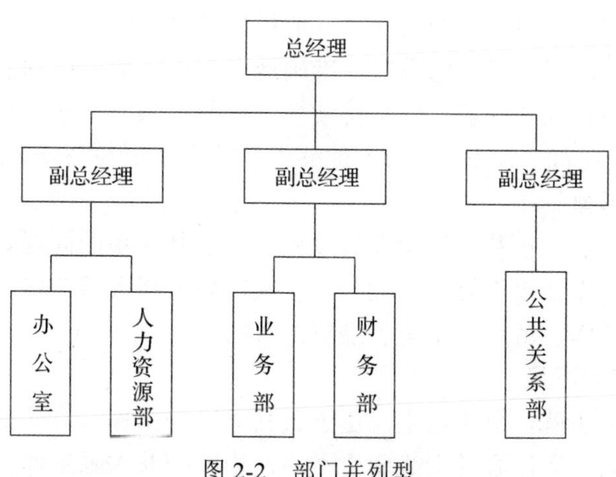

图 2-2　部门并列型

3. **高层领导直属型**　公共关系部处于整个组织系统中的第三个层次，但却不隶属于哪一个二级机构，而是直属于组织的最高层领导，直接向最高决策层和管理层负责，如图 2-3 所示。

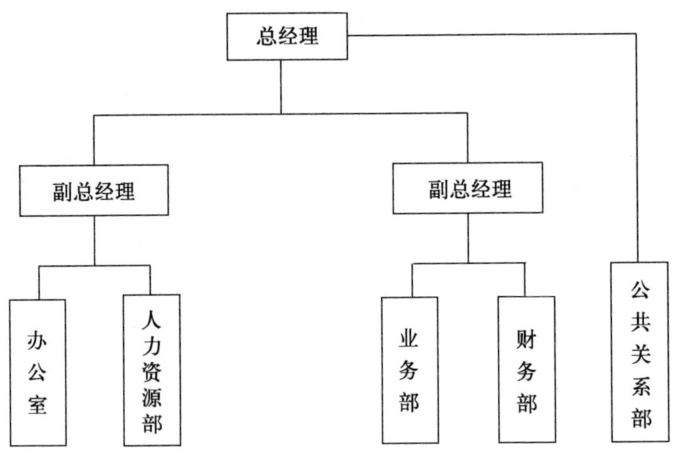

图 2-3 高层领导直属型

2.2.3 组织内设公关部的优势与不足

1. 公关部的优势

（1）了解内情。公关部的工作人员都是组织的成员，对组织的情况比较了解，特别是对组织的运作方式与内部情况了解得比较透彻、准确，同时他们拥有良好的人际关系，能够以较快的速度获得可靠、新的信息，因此在开展工作时能够便于协调，更好地“对症下药”。

（2）处理问题及时。在突发事件或危机出现时，能够及时地对事件做出处理，不至于贻误时机，也能够及时、准确地向管理层提供咨询建议。

（3）能够保持工作的稳定性与持续性。公共关系的工作是长期而持久的工作，公关部门在时间、人力、物力上能够保证社会组织与公众之间关系的稳定，不断完善组织形象。

（4）成本较低。在社会组织发展过程中，公共关系的问题随处可见，大量例行事务性的工作如果都委托公关公司，则需要消耗大量的资金，如果公关部可以承担这些工作，就达到了节省经费的目的。

2. 公关部的不足

（1）职责不明确，负担过重。由于公共关系的工作与许多部门的工作都有一定的交叉关系，所以容易造成职责不清，影响公共关系工作的专业性。

（2）看问题有时不够客观，容易受组织内人际关系的影响。

（3）容易造成资源的浪费。受公共关系人员素质与能力的影响，公共关系工作的效率有高有低，如果不够专业则会造成资源的浪费。

2.2.4 设置公关部的原则与分工

1. 组建公关部的原则 第一，精简，就是在公共关系组织结构、规模符合公共关系工作需要的前提下，将人员减少到最低限度，配备人员与所承担的任务相适应，内部分工权责分明，工作效率高；第二，专业，公关部的工作都是专业性的，公关人员要具有专业水准和能力才能胜任；第三，权力与职责相对应，公共关系人员应该具有在规定的范围内从事某项工作的权力，同时承担一定的责任，在规定的范围内行使其职责。

2. 公关部的分工 主要有：第一，按照对内关系，主要是处理员工关系、部门关系、股东关系等；第二，按照对外关系，主要是处理政府关系、社区关系、媒介关系和顾客关系等；第三，按照专业技术制作的需要，负责编辑印刷、新闻发布、广告制作等。

训练与练习

1．社会组织内设立公关部有什么优势？

2．公关部的设置有几种模式？

2.3 专业公关机构：公共关系公司

公共关系公司是由职业公关专家和各类公关专业人员组成，是专门为社会提供公关咨询或受理委托为客户开展公关活动的信息型、智力型、传播型的服务性机构。

2.3.1 公共关系公司的类型

（1）按业务内容划分为专项业务服务公司、专门业务服务公司和综合性公关咨询公司。

（2）按经营方式划分为与广告公司合作经营的合作型公关公司和坚持自身经营，不论经营单项、专项、多项或综合性业务，都不与广告公司或其他部门合作的独立型公关公司。

2.3.2 公共关系公司的优势与不足

1. 公关公司的优势

（1）看问题比较客观公正。由于公关公司的专家与工作人员不是组织的内部成员，不受组织的各种人事关系影响，所以看问题不带主观色彩，而是以公正的态度、实事求是地处理问题。

（2）技术全面，专业性强，职业水准较高。公关公司聚集了一批有专业理论和丰富实践经验的公关专家，他们能够承担许多复杂的公关业务，能够以比较高的技术水平处理问题，达到客户满意的公关目标。

（3）社会关系广泛，信息灵通。公关公司的公共关系人员活跃于整个社会，他们与政府以及社会各界人士保持密切的关系，采用最现代化的信息收集、储存、处理的设备，以最快的速度处理信息并满足客户的需要。

（4）灵活性强，更具有针对性。公关公司拥有雄厚的人力、财力、物力基础，因此能够有针对性地集中力量为客户解决问题。

（5）提出的建议更容易被接受。因为公关公司的专家具有较高的技术水平，所以他们更容易获得信任，他们提出的计划方案更能够引起重视。

（6）节约经费。在组织内部缺乏专业性很强的公关人员的情况下，聘用公关公司的专家，制订计划方案，更能达到组织的公关目标。

2. 公关公司的不足

（1）对客户情况不够了解。因为商业秘密等问题，所以客户给公关公司的资料都有所保留，这就影响了公关公司对客户情况的全面了解。

（2）工作缺乏连续性和稳定性。客户一般是在遇到公关问题时才会想到聘请公关专家，因此很难保证公关计划执行的持久性。

2.3.3 公共关系公司的业务

1. 咨询性服务 咨询性服务是一种软件服务，因为公关公司具有经验丰富、专业水准高、对问题分析比较客观准确的专家，所以可以为客户提供知名度与美誉度的咨询、公众意向情况的咨询、有关决策及其实施情况的咨询和大众传播媒介选择的咨询等。

2. 专业技术服务 专业技术服务是一种硬件服务，因为许多组织内的公共关系部受财力、物力等限制，不可能拥有齐备的技术设施和专业技能的公共关系人员。所以，在组织开展具体的公关专项活动时会委托公关公司代理，公关公司可以为客户制订和实施传播计划，设计广告，开展产品推销活动，为客户策划大型会议，举办各种展览会，策划赞助活动，为客户制作影像资料、视听资料，提供商标、招牌、门面的设计和装修服务，为客户撰写公文、讲稿、新闻稿等。

3. 职业培训服务 当社会组织在开展公共关系工作和建立公共关系部时，常因缺乏专业人员或因为工作人员经验不足、水平不高，而求助于公共关系公司，请公共关系公司为其培训公共关系人员。公关公司可以利用自己业务水平的优势，采取多种方式为客户进行职业培训。

小案例

“荷兰宫”的公共关系活动

“荷兰宫”是专门生产烹调酒的企业。由于新闻媒介在广泛传播一些权威的食品评论家对烹调酒的“攻击性言论”，致使“荷兰宫”受到致命打击。有的食品评论家指出：“烹调食品时，用上等酒代替烹调专用酒做调料，做出来的菜味道会更好。”有一位食品评论家还干脆地说：“烹调酒只会让食品变质。”

面对舆论界的强大攻击，该公司决定求助于公共关系公司。公共关系专家认为最有效的办法是让权威说话。于是他们邀请了一些名牌大学酒店管理专业的教授进行品味研究，对烹调酒做出了公正的评价，接下来是如何把权威说的话传播开去。他们特地到美国纽约的劳伦特大饭店，举行了一次别开生面的味道品尝新闻招待会。会上同时提供两份同样的菜肴，一份用上等好酒做调料，一份用烹调酒做调料，让记者自已做“味道对比”。在记者品尝时，专家教授当场宣读他们的研究成果以提供“理论指导”，使品尝者真正品尝出“门道”来。在此基础上，他们还安排专家教授与公众对话，直接解答公众的疑问。很快，《烹调酒做菜，味道最佳》《教授们证明烹调酒做菜味道好》等一系列报道出现在全国各大报刊上，公共关系活动使舆论界出现了一百八十度的大转弯，使“荷兰宫”生产的烹调酒家喻户晓。

2.3.4　公共关系公司的工作原则

公共关系公司所从事的工作，一方面涉及客户的形象和信誉，另一方面要对社会公众负责，因此应该遵守以下工作原则。

1. **遵纪守法**　自觉遵守国家法律、法令以及有关方针政策。

2. **讲求真实、准确**　必须保证将真实、准确的信息提供给客户。

3. **不干涉内务**　必须强化自我约束，不干涉客户的内部事务，不损害客户的利益。

4. **保守秘密**　严格为客户保守秘密，不泄露客户提供的秘密材料。

5. **一切为客户着想**　竭尽全力为客户办好事、办实事，站在客户的角度考虑问题，尽可能为客户节约经费。

2.3.5　公共关系公司的收费方式

公共关系公司是以盈利为目的的企业，在客户要求提供公共关系服务时，以劳务的形式为客户提供服务并向客户收取费用，收费方式有以下两种。

1. 项目收费 根据项目的内容及其开支来确定费用，主要有以下几个方面：第一，咨询服务费，包括项目实施期间工作人员的工资以及与项目有关的高级管理人员、专家和文秘人员的报酬等；第二，行政管理费用，包括在项目期间所需的房租、水电费、电话电报费等；第三，项目支出费，包括项目所需的印刷费、邮费、差旅费等；第四，公共关系活动经费，指公关活动各环节的费用支出；第五，项目利润，就是扣除各种税收后公共关系公司应该得到的纯利润。

2. 计时收费 按照参加工作的各级种类人员的不同标准，按照工作时间收费。计时收费的标准还可能受到公司声誉的高低和专家本人声望和资历的影响。

小案例

媒介公关：探求“奥妙”降价的奥妙

“奥妙”是世界知名企业联合利华旗下的重要洗涤产品品牌。1993 年，“奥妙”成为第一个进入中国市场的国际洗衣粉品牌，经过几年的发展，“奥妙”已经是中国高档洗衣粉市场最有影响力的品牌之一。1999 年，联合利华在华资产重组顺利完成，实现了资源共享，使奥妙洗衣粉的生产间接成本大大降低。在内部条件成熟的情况下，联合利华决定推出两种新款奥妙洗衣粉，并对价格进行大幅调整。

中国环球公共关系公司受联合利华委托，处理围绕“奥妙”降价产生的公共关系事宜。环球公关公司制定了详尽的公关措施。

（一）掌握事件的主动

1. 在第一时间召开新闻发布会。1999 年 10 月，分别在上海、广州、北京召开新闻发布会，邀请全国主要的新闻媒介参加，公布“降价”消息，尽可能回答记者感兴趣的问题，形成一定宣传规模和强度，同时以事实来消除有可能产生的主观臆断和猜想。

2. 用心遴选各个地区有影响力的媒介及适合的版面、栏目，做到有的放矢。

（二）制定防患措施

1. 针对不可回避的敏感问题给出合理的答案，以防止负面报道的产生。

2. 指定新闻发言人，保证对外发布统一的信息。

3. 从不同角度撰写新闻稿，引导记者形成有利于“奥妙”的报道思路。

（三）与媒介保持良好的协调

在发布会前后，尽可能充分地与媒介沟通，增加媒介记者对“奥妙”

举措的认同感。

1．敏感问题处理意见。针对在处理“奥妙”降价媒介关系方面不可回避的问题，归纳并准备了将近40个，比如：“奥妙”降价如何保证质量，重组之后如何解决“下岗”问题，冲击中资品牌问题，环保问题等，并都相应地确定了回答要点，确保发言人在答记者问时做到心中有数，可以从容不迫地回答记者的提问。

2．不同角度编写新闻稿。为了引导记者形成有利于“奥妙”的报道思路，从以下四个方面撰写不同的新闻稿：

（1）奥妙闪亮登场。

（2）奥妙降价不降质。

（3）奥妙降价给国有企业的启示。

（4）国内洗衣粉市场的发展与潜力。

以新闻发布会为主体的媒介关系协调工作完成得十分顺利，达到了预定的公关目标，媒介反响强烈。截至发布会结束的一个月内，报道中没有出现有损“奥妙”品牌形象的情况，而且媒体发稿量大，报道篇幅大，短时间内形成了新闻热点。在“奥妙”降价之后的一个月内，其销量大幅度上升。围绕“奥妙”降价展开的媒介关系协调工作最终取得成功。

训练与练习

1．社会的公共关系公司有什么优势？

2．公共关系公司必须遵守哪些原则？

2.4　公关活动的操作者：公共关系从业人员

公共关系从业人员是指专门从事公共关系工作的职业人员，包括在公共关系公司中工作的职业人员和在社会组织中公共关系部门工作的职业人员，他们是组织开展公共关系工作的主要力量。

2.4.1　公共关系人员的基本素质

公共关系人员应该具有现代人的思维方式、现代人的知识和能力结构以及现代人的管理意识，要以公共关系意识为核心，以自信、热情、开放的职业心理为基础，具有公共关系专业知识结构和能力结构的综合职业素质。

1．公关意识

（1）塑造形象的意识。良好的形象是一个社会组织的无价之宝，它必须以良好的产品和服务为基础，要懂得知名度和美誉度对一个组织生存发展的重要价值，像保护自己的眼睛一样保护好形象。

（2）服务公众的意识。着眼于公众利益，将公众利益放在首位，真诚为公众服务。

（3）真诚互惠的意识。公关的功利意识要建立在真诚、透明的基础上，在彼此尊重、平等、合作的基础上追求组织利益与社会利益的统一。

（4）沟通交流的意识。它也可以说是一种信息意识，指建立通畅的信息网络，掌握事物的发展趋势，以保护组织的生存发展。沟通交流意识又是一种民主意识，加强与公众的交流，不但传递信息，而且反馈信息。

（5）创新意识。唯有创新，才能塑造有个性的组织形象，才能使社会组织的良好形象在竞争中立于不败之地。

（6）立足长远的意识。追求长远的社会效益，不急功近利。

小案例

奉送金币

香港一家经营强力胶水的商店，坐落在一条鲜为人知的街道上，生意很不景气。一天，这家商店的店主在门口贴了一张布告：“明天上午9点，在此将用本店出售的强力胶水把一枚价值4 500美元的金币贴在墙上，若有哪位先生、小姐用手把它揭下来，这枚金币就奉送给他，本店绝不食言！”这个消息不胫而走。第二天，人们将这家店铺围得水泄不通，连电视台录像车也来了。到了9点，店主拿出一瓶强力胶水，高声重复广告中的承诺，接着便在那块从金饰店定做的金币背面薄薄涂上一层胶水，将它贴到墙上。人们一个接着一个地上来试运气，结果金币纹丝不动，这一切都被录像机摄入镜头……从此，这家商店的强力胶水销量大增。此案例同样告诉我们，公共关系创新能够取得事半功倍的效果。

2. 职业心理素质

（1）自信的心理。这是对公共关系从业人员最基本的心理要求。充满自信，才能敢于挑战，敢于追求，敢于创新；有自信，才会有勇气和毅力，才能持之以恒地做好公共关系的工作。

（2）热情的心理。热情能使公共关系人员兴趣广泛，对事物的发展变化有敏锐的感受力，能够充满想象力和创造力，使他们热情地与各式各样的人打交道，交朋结友，为社会组织创造良好的关系网络。

（3）开放的心理。公共关系人员一定要以开放的心理，不断接受新事物、新知识、新观念，接受不同文化、不同性格的人，存同求异，与各式各样的人建立良好的人际关系。

3. 能力要求

（1）良好的表达能力。良好的口头表达能力和文字表达能力是公共关系从业人员的最基本要求。因为公关人员要经常向新闻媒介提供新闻稿，要编辑内部刊物，撰写调查报告和计划方案，因此必须有较强的写作能力。在人际沟通中，公关人员还必须有良好的口头表达能力，以便能明确地表达思想，以情感人。

（2）良好的组织能力。公共关系从业人员必须经常开展活动，调动人力、物力、财力，落实计划方案，因此必须有很强的组织能力。

（3）良好的观察能力。公关从业人员要经常开展调查研究、收集信息、监测组织环境的变化，所以他们必须具有敏锐的观察能力，在资料、数据、现象中看到本质性的问题。

小案例

公关小姐的观察力

有一位工作很有成效的公关小姐，不仅善解人意，而且能准确地从对方的动作和情绪中了解对方的心理活动。

她笑着说："只要你留心，你就会发现，虽然对方没有用口说话，可是他浑身都在说话！比如在正常状态下，人坐着的时候脚尖就会自然提高，因此，我只要看对方的脚尖是着地还是提高就可以判断他的心里是平静的还是紧张的了。又比如在正常情况下，吸烟的人熄灭的烟蒂不可能很长，因此，如果你发现对方手中的烟蒂还很长却已放下并熄灭了，你就要做好他打算告辞了的准备。"

"此外，握拳的动作是表现向对方挑战时自我紧张的情绪，握拳时使手指关节发出响声或用拳击掌，均系向对方表示无言的威吓或发出攻击的信号。在交谈中或在开会等场合用手指或铅笔敲桌面或在纸上乱涂乱画，都是利用小幅度的手指动作来表示对对方的话题不感兴趣、不同意或不耐烦。有时候，有的人还手脚并用，在上面手指做各种小动作，在下面抖腿或用脚尖拍打地面，除了表示上面的意思外还表示情绪上的紧张不安，以阻挠对方把话题继续说下去。"

"两腕交叉是常见的一种下意识的腕部动作，交叉的双腕比自然垂下的手臂更显得粗大，因而更易于引人注目。因抚摸腕部（手表），调整袖扣或拿在手里的其他物品而形成的腕部交叉叫假交叉或掩饰性交叉，这类动作多半是为了掩饰自己的紧张、不安或为了安慰自己，有时也是一种自我解嘲的动作。”

公关小姐的这席谈话，说的都是公共关系人员应掌握的基本功。

这位公关小姐之所以能从对方的动作表情中，把握对方的思想情绪，关键是她善于观察，并掌握了一定的形体语言知识。在现实生活中人们用各种方式传递信息，表达感情，作为一个公共关系人员要与公众进行沟通，除了要有礼貌待人的风度，能言善辩的技巧外，还要懂得一些动作语言知识，学会理解非语言信息，才能更好地实现沟通和交流。

（4）良好的策划能力。公共关系从业人员要胜任公共关系的职能，需要他们设计组织形象，策划各种专题性的活动，这都要求必须有良好的策划能力。

（5）良好的自制能力和应变能力。公共关系人员经常要与各式各样的人打交道，如果没有良好的自制能力，就不能理智地处理各种矛盾、纠纷，心平气和地听取意见，忍受各种委屈，以良好的态度获得公众的好感。在公关工作的过程中经常会出现突发事件或者发生危机，公关人员必须具有极强的应变能力，才能机智灵活地解决问题。

（6）良好的交往能力。公关人员必须在掌握社会交往知识和礼仪知识的基础上培养良好的交往能力，懂得社交心理，掌握交往技巧，运用礼仪规范，塑造良好的社交形象，为社会组织广交朋友。

（7）良好的创新能力。公共关系活动是否有效，取决于它能否引起社会的关注，达到提高知名度和美誉度的目的，而只有新颖、特别的形式才能引人注目，所以公关人员必须具有突出的创新才能，敢干别人不敢想的事，打破常规，大胆创新。

小案例

三菱公司周年公关

上海三菱电梯有限公司，在建厂一周年大庆的时候，别出心裁地策划了一场大型歌舞晚会，邀请了国内著名的歌星、舞星、笑星，并通过上海电视台现场直播。在晚会演出中间，公司总经理宣布了一个轰动性新闻：“凡与三菱电梯有限公司同年同月同日出生的上海小公民，可以得到一份三菱赠送的生日礼物。”晚会结束的第二天，该新闻一下子成为街谈巷议的热门话题，各大新闻媒介竞相刊载，社会各界人士也大发议论，“三菱能花大价钱搞公共关系活动，足见其实力雄厚”“三菱能为祖国的未来投资，有战略眼光”。孩子的家长高兴地说：“三菱竟然能想起我们的宝贝，真好！”正如三菱公司总经理所说：“我要让三菱的同龄人在他们还不懂事的时候就知道有一个关心他们的三菱公司，而这些人中间的栋梁很可能就是未来的三菱人。”

4．知识结构

（1）基本理论。基本理论包括公共关系的基本概念、公共关系的职能、公共关系的观念、公共关系的三要素及其分析等。

（2）基本实务知识。公共关系的四步工作法以及开展公共关系的日常性工作和专项性公关工作的开展等。

（3）与公关相关的学科知识。公共关系学是一门边缘性学科，要了解管理学、市场营销学、传播学、心理学、广告学及社会学等与公关学相关学科的知识。

（4）社会综合知识。公共关系工作人员要同各种各样的人打交道，因此社会知识面越宽越好，要对各国各地的风土人情、政策法令有所了解，对文学、历史、美术等艺术领域有所涉猎，对名胜古迹、饮食文化有所知晓。

小案例

“你会坐吗”：一次公关部长聘任考试

一家公司准备聘用一名公关部长，经笔试筛选后，只剩八名应试者等待面试。面试限定他们每人在两分钟内对主考官的提问做出回答。当每位应试者进入考场时，主考官说的是同一句话：“请您把大衣放好，在我面前坐下。”然而，在进行面试的房间中，除了主考官使用的一张桌子和一把椅子外，什么东西也没有。有两名应试者听到主考官的话以后，不知所措，另有两名急得直掉眼泪，还有一名听到提问后，脱下自己的大衣，搁在主考官的桌子上，然后说了句：“还有什么问题？”结果，这五名应试者全部被淘汰了。剩下的三名应试者，一名听到主考官发问后，先是一愣，旋即脱下大衣，往右手上一搭，躬身致礼，轻轻地说道：“这里没有椅子，我可以站着回答您的问话吗？”公司对这个人的评语是：“有一定的应变能力，但创新开拓不足。彬彬有礼，能适应严格的管理制度，可用于财务和秘书部门。”另一名应试者听到问题后，马上回答道：“既然没有椅子，就不用坐了。谢谢您的关心，我愿听候下一个问题。”公司对此人的评语是：“守中略有攻，可先培养用于对内，然后再对外。”最后一名考生的反应是，听到主考官的发问后，他眼睛一眨，随即出门去，把候考时坐过的椅子搬进来，放在离主考官侧前约一米处，然后脱下自己的大衣，折好后放在椅子背后，自己就在椅子上端坐着。当“时间到”的铃声一响，他马上站起来，欠身一礼，说了声“谢谢”，便退出考试房间，把门轻轻地关上，公司对此人的评语是：“不着一词而巧妙地回答了问题；性格富有开拓精神，加上笔试成绩佳，可以录用为公关部长。

2.4.2 公共关系人员的职业道德

我国于1989年9月27日，在全国省、市公共关系组织第二次联席会议上提出了《〈中国公共关系职业道德准则〉草拟及实施方案》。

公共关系人员的职业道德是在实践中形成的对职业行为的道德要求，主要有：

第一，恪尽职守。要求公共关系人员热爱本职工作，对工作有强烈的责任感，不从事任何与履行职责无关或相悖的事务，不违法乱纪，不泄露机密，不玩忽职守，不自由散漫，不做有损于组织形象的事。

第二，诚实真诚。讲真话、讲实话，做事、做人都要表里如一，实事求是，不弄虚作假，重视公众的知情权，不欺骗公众和愚弄公众。

小案例

某宾馆诚信守诺公关案例

上海有一家宾馆的公共关系人员十分重视“守信”，这是一家以“饭菜质量好、服务质量更好”而闻名的宾馆。一天深夜，宾馆里来了三位德国人，由于宾馆早已客满，于是宾馆的总服务台就与其他宾馆联系，终于为他们找到了一个离市区较远的宾馆，并派车把客人送去。当听到这三位客人是经他们的朋友介绍才慕名而来时，宾馆当即对三位客人说：“明天上午我们就来接你们回我们宾馆住。”第二天，由于接班人员的疏忽，直至傍晚才发觉这事没办，而当公共关系部李小姐驱车赶到那家宾馆时，三位客人早已不知去向。李小姐想，如果今晚不把这三位客人找到，无疑会严重影响到宾馆的信誉。于是，她就开车挨个宾馆找，直到晚上10时，才把这三位客人找到。李小姐当面向三位客人检讨，并说明房间已安排好了，请他们去住。此时，客人倒为难了，因为他们的房间已订好并且当晚还有朋友来访。于是李小姐当机立断：“这里的房费由我们承担，你们的朋友来访，由我们负责接到我们宾馆去。”这件事使客人很受感动。

第三，公道正派。公共关系人员必须为人正直，处事公道，作风正派，公私分明，对不同的公众对象一视同仁。

第四，谦虚团结。公共关系的工作是群体工作，公关人员必须合作互助，团结友爱，互相信任，互相尊重，平等待人，彬彬有礼，宽容大度，乐于助人。

第五，勤奋努力。公共关系工作看起来轻松潇洒，实际上做起来非常艰苦，必须不怕挫折，不怕困难，能吃苦，工作踏踏实实，勤奋努力。

2.4.3　公共关系人员的工作

公共关系从业人员就是专门从事组织机构公众信息传播、关系协调与形象管理事务的调查、咨询、策划和实施的人员。

1999 年国家劳动部组织编写了《中国职业大典》，对公共关系职业工作进行了描述。

（1）制订组织的公众传播计划，编辑、制作和发行组织的各种宣传材料，负责组织的新闻发布、形象传播工作。

（2）监测、收集、整理和分析组织的公众信息，向组织的领导人提供管理咨询建议。

（3）制订组织和产品（服务）的形象管理计划，策划和实施各种专题性公众活动，并对其进行评估。

（4）沟通、协调组织与内外公众的关系，参与处理组织的公众咨询、投诉和来访接待事务。

（5）协助组织发现、处理并监控其与公众之间的矛盾、问题和突发（危机）事件。

（6）对组织的其他有关人员进行上述工作的专业培训和指导。

训练与练习

为什么说公共关系人员既要是通才也要是专才？

学习指导

1. 学习建议

本章介绍了公共关系的主体——社会组织，阐述了公共关系部与公共关系公司的相关理论，介绍了作为公关从业人员应该具备的素质，同时进一步纠正了对公共关系的误解。学习本章内容要：①了解社会组织的定义和分类。②正确认识公关部与公关公司的优势和不足。③了解公关人员必备的素质和条件。

2. 学习重点与难点

（1）学习重点

1）公共关系的主体。

2）公共关系机构。

3）公共关系工作对人才的要求。

（2）学习难点

公关部与公关公司的优势和不足。

3. 核心概念

社会组织　公关部　公关公司

课后思考与练习

1. 简述社会组织的含义与特点。
2. 为什么公共关系从业人员的职业道德更加重要？
3. “做公关，长得漂亮是最重要的”这句话正确吗？为什么？

案例分析

雀巢奶粉碘超标风波

2005年5月25日，浙江省工商局公布了近期该省市场儿童食品质量抽检报告，其中黑龙江双城雀巢有限公司生产的“雀巢”牌金牌成长3+奶粉赫然被列入碘超标食品目录。同时，浙江省工商局已通报各地，要求对销售不合格儿童食品的经营单位予以立案调查，依法暂扣不合格商品；不合格儿童食品生产厂家生产的同类不同批次商品必须先下柜，抽样送检，待检测合格后才可重新销售。

对于奶粉，国家标准是每百克碘含量应在30～150微克，而雀巢的这种产品被发现碘含量达到191～198微克，超过国家标准的上限40微克。据食品安全专家介绍，碘如果摄入过量会发生甲状腺病变，而且儿童比成人更容易因碘过量导致甲状腺肿大。

由于雀巢的产品一直受消费者信赖，当雀巢碘超标被媒体披露后，消费者感到异常震惊。当日，“雀巢”的公关代理——北京环球公关公司表示，雀巢公司已经知道了这件事，并且非常关注，并称“雀巢”食品一向对消费者负责任，一定是安全的。但公司也会积极配合工商部门，妥善处理该起事件。该公司已在调查碘超标事件。

5月26日，雀巢中国公司迅速反应，给媒体发布声明称，雀巢碘检测结果符合《国际幼儿奶粉食品标准》。雀巢对浙江碘的检测结果高度重视，立即对原材料使用和生产加工过程进行了全面检查。调查发现：该产品使用了新鲜牛奶做原料，碘天然存在于鲜奶中。此次抽查显示的碘超标是由于牛奶原料天然含有的碘含量存在波动而引起的，并且该成分的含量甚微，雀巢金牌成长3+奶粉是安全的。

5月27日，在上海，联华、欧尚等大超市纷纷表示，已与雀巢经销商协商，将对问题产品撤柜，而家乐福已向全国发布撤柜通知。雀巢称中国营养学会公布的《中国居民膳食营养素参考摄入量》，儿童碘摄入量的安全上限为每日800微克。因此，上述检测中所提及的碘含量不会带来任何安全和健康问题。但是业内有关专家指出，中国营养学会公布的《中国居民膳食营养素参考摄入量》只是公布了儿童碘每日摄入量的安全上限，这个衡量标准与雀巢奶产品本身应遵守的国家标准，没有直接联系。

继全国各大超市将“雀巢”金牌成长3＋奶粉全面撤柜后，部分超市开始无条件退货，但雀巢中国公司表示对“问题奶粉”目前尚不实行召回。城门失火，殃及池鱼。金牌成长3+奶粉出事，连带雀巢几乎所有产品都受影响。

5月28日，SOHU、SINA等网站在所做的调查中，八成网民称：暂不买或今后再也不用“雀巢”。雀巢（中国）有限公司正式对外公布，出现碘超标质量问题的奶粉批次为：2004.09.21。雀巢公司虽然声称清楚生产数量及销往哪些市场，但拒绝向公众透露具体信息。

5月29日，中央电视台经济半小时播出《雀巢早知奶粉有问题》。看完节目，消费者对其中的7个场景印象深刻：

（1）在采访过程中，雀巢中国有限公司商务经理孙女士先后3次摘下话筒要求结束采访，先后三次用沉默来回答记者的提问。当记者称采访还没有结束时，孙女士说“我该说的已经说了”“我认为已经结束了”。

（2）孙女士接受记者采访说“按国家标准，这批产品是不合格”，但又说“我们的产品没有问题，是非常安全的”。因为她认为自己的奶粉符合《国际幼儿奶粉食品标准》。但当她翻开了声明中提到的这个国际标准时，在碘含量的上限这一栏数字是空着的。这也就意味着，无论雀巢奶粉的碘含量有多高都是符合这个国际标准的。

（3）孙女士说，雀巢公司是在浙江省工商局做出决定之后，才通过媒体了解到自己的产品碘含量超标的。但实际上有关部门在对外公布检测结果前曾给了雀巢公司15天的时间让它们说明情况。也就是说，雀巢公司早在15天前，即5月10日左右，就知道不合格奶粉流向市场，但它们并没有及时警示消费者。

（4）在碘超标的雀巢奶粉外包装袋上看到标明的碘含量是30～150微克，而这个数字是符合国家标准的。但实际检测结果是191～198微克，与包装上的标注完全不吻合。消协认为 “这属于误导，向消费者提供了一个不真实的信息，侵害了消费者的知情权”。

（5）当记者问“你们有没有查过造成碘含量超标的原因”时，孙女士说“我们查过，是原料奶的碘含量不太平衡，原料奶是从千家万户收过来的，碘含量的幅度比较难控制，这是事实”，但随后又说“可以控制”。对记者“既然可以控制为什么还出现了超标的情况”的问题，孙女士以沉默作答。实际上，记者在生产各环节进行实地采访后发现，牛奶中脂肪和蛋白质的含量被雀巢公司列为鲜牛奶是否合格的重要指标，而碘的含量并不在取样检测范围之内。

（6）当记者在哈尔滨双城的生产工厂进行采访时，雀巢的工作人员带领记者参观生产流程，但是拒绝回答任何关于碘超标的问题，而当记者走出车间时工作人员告诉记者，采访到此结束。

（7）当记者问“消费者很想知道出问题的这些奶粉究竟销往什么地方了，你们查清楚了吗”时，孙女士称“我们都有掌握”，但又称“这个数字由公司掌握，我本身不是搞生产的”“我作为公关部经理，目前掌握的信息就是我们新闻稿发布的信息，如果有进一步的消息我会再告诉你们”。

当记者问“现在消费者希望知道一些消息，他们的知情权能否得到保障”时，孙女士用沉默回应记者。

5 月 30 日，越来越多知情的消费者到超市要求退货，然而大部分消费者的退货要求却遭到了拒绝。雀巢方面依然没有就问题奶粉事件给出关于召回或者退货的进一步答复，导致大部分消费者退货无门。

5 月 30 日，在接受浙江卫视的采访时，雀巢公司的孙女士称“非常遗憾，这一种批次的，被检出来超过微量标准了，这也是事实。我们在此对给消费者带来的不必要麻烦表示道歉”，但针对消费者提出的退货要求，孙女士回答“它超了这么一点，它这个产品是不是就不能用？所以，我刚才跟你讲过，29 种微量元素有一种超了一点，微超是不是就不能用了？这个问题这是个关键。我们认为这个产品是没有问题的，所以我们认为安全。这是非常清楚的”。

5 月 31 日，有法律界人士指雀巢已违反《刑法》相关条款。《中华人民共和国刑法》第 140 条规定：生产者、销售者在产品中掺杂、掺假，以假充真、以次充好或者以不合格产品冒充合格产品，销售金额 5 万元以上，就应承担刑事责任。同时，《刑法》第 143 条还规定，生产、销售不符合卫生标准的食品，对人体健康造成严重危害的，应承担刑事责任。

6 月 1 日，中国消费者协会表态支持消费者起诉雀巢，并公开指责雀巢公司明知奶粉有问题仍然任其上市销售，不能自圆其说。

6 月 2 日，云南昆明发现雀巢同样产品另一批次奶粉碘超标。

6 月 5 日，迫于巨大压力，雀巢首次正式向消费者表示道歉，但表示购买该批次奶粉的消费者不能退货，只能换货，且只能更换同类型号产品。

6 月 7 日，雀巢终于在退货问题上有所松动，表示可以退货，但没有透露退货细节。

6 月 9 日，国家标准委首次对雀巢奶粉事件表态：雀巢奶粉必须强制执行国家标准，对不达标产品禁止生产和销售。

6 月 11 日，雀巢公司公开表示，将主动替换零售市场上所有批次的金牌成长 3+奶粉。

6 月 15 日，雀巢开始退换所有金牌 3+奶粉，并开始接受超市退换货。6 月 19 日，雀巢高层再次向公众道歉：称公司为错误付出昂贵代价。

【案例思考题】

从此案例中，你怎样看待公关人员素质的重要性。

实训应用

1. 实训项目

模拟组建一家酒店的公关部。

2. 实训目的

形象地了解公关部的职能与分工。

3. 实训指导

（1）了解酒店公关的职能。

（2）根据职能和人员的特点进行分工。

（3）体现公关部组建的原则。

4. 实训组织

（1）每班分成四个大组，根据不同的需要进行分工。

（2）每组派一名同学上台说明公关部组织分工的理由。

5. 考核方式及成绩评定

（1）模拟实况考核 60%。

（2）上台陈述理由 40%。

Chapter3 第3章

公共关系客体：公众

学习目标

1．掌握公众的概念和特征

2．理解和把握公众分类的方法

3．理解和掌握组织与不同公众关系的处理

案例导入

肯德基餐厅顾客争座事件

2000年8月，江西省第一家肯德基餐厅落户南昌，开张数周，一直人如蜂拥，非常火爆。不想一个月未到，就有顾客因争座被殴打而向报社投诉肯德基，造成了一场不小的风波。事件经过大致如下：一位女顾客用所携带物品占座位后去排队购买套餐时，其座位被一位男顾客坐住而发生争执。先是两位顾客因争座发生口角，尽管当时已引起其他顾客的注意，但都未太在意，此时餐厅的员工也未能及时平息两人的争端。接着两人争吵上升到大声吵闹，店内所有顾客则都开始关注事态，邻座的顾客则停止用餐，离座回避；带小孩的家长担心事态危险和小孩受到粗话影响，开始领着小孩离店。最后两个人从争吵上升到斗殴，男顾客大打出手，殴伤女顾客后离店，别的顾客也纷纷离座外逃或远远地看热闹。女顾客非常气愤，当即要求肯德基餐厅对此事负责并加以赔偿。到此时，其影响面还局限于餐厅内，如果餐厅经理能满足顾客的要求，女顾客就不至于向报社投诉。但餐厅经理表示“这是顾客之间的事情，肯德基不应该负责”，拒绝了女顾客的要求。于是女顾客马上打电话向《南昌晚报》和《江西都市报》两报投诉，两报立即派出记者到现场采访。女顾客陈述了事件的经过并坚持自己的要求，而餐厅经理在接受采访时对女顾客被殴仅表示同情和遗憾，但是认为餐厅没有责任，不能做出道歉和赔偿。两报很快对此事做了报道，结果引起众多市民的议论和有关法律专家的关注。事后，根据消费者权益保护法，肯德基被认为对此事负有部分责任，应向女顾客公开道歉并赔偿部分医药费。两报对此也都做了后续报道。

【问题引入】

1．这家肯德基餐厅的员工是否具有公共关系意识？为什么？

2．组织与公众的关系是什么？如何赢得公众？

公众是组织赖以存在和发展的基础，也是公共关系的工作对象。社会组织在其运行过程中，将要面对各种层次、各种类型的公众。每个社会组织的公众都是由外部公众和内部公众两个部分组成，我们既要注意协调好社会组织外部的公众关系，塑造并树立组织的良好形象，又要注意协调好社会组织内部的公众关系。社会组织要在公众中树立良好的形象和声望，维系组织与公众的良好关系，就必须深入研究公众及其分类，寻找并确立社会组织的目标公众，最终实现社会组织的目标。

3.1　公众的含义、特征及分类

3.1.1　公众的含义

在公共关系学中，公众（public 或 active audiences）这个词特指任何被共同利益或共同关心的问题联结在一起的群体。这种群体对组织有着重要的影响，因此成为组织传播、交流信息的对象。

所谓公众，即指与特定的社会组织发生联系并对其生存与发展具有影响的个人、群体或组织的总和，是公共关系工作对象的总称。

在公共关系学中，公众的概念不等同于“人民”“群众”“人群”的概念。人民作为一个政治哲学概念属于社会历史范畴，量的方面泛指居民中的大多数，质的方面指一切推动社会历史前进的人们，其中包括劳动群众，也包括各个历史阶段推动社会发展的阶级、阶层或集团。群众与人民相比，其内涵大、外延小，即本质含义很大程度上是一致的，从范围上看，群众包括在人民之中，但其内涵更具体、稳定。人民是个动态的概念，在不同的历史时期有不同的内容，但其主体和稳定的部分始终是从事物质资料和精神资料生产的劳动者，这部分人就是群众。人群作为社会学用语，在量的方面指居民中的某一部分，在质的方面，人群是个松散的结构，不一定需要合群的整体意识和相互联结的牢固纽带。凡是人聚在一起均可称之为“群”。

在公共关系学中，公众这个词特指任何被共同利益或共同关心的问题联结在一起的个人、群体或组织，这些个人、群体或组织与公共关系主体有相关的利益，如果没有公共关系主体，也就没有其客体，而且不同的公共关系主体有不同的公共关系客体。

3.1.2 公众的特征

作为公共关系客体的公众，一般来讲，具有以下五个方面的特征。

1. 共同性 公众表面看是分散的、各不相同的，但他们并不是一盘散沙，而是具有某种内在共同性的群体。当某群人、某社会阶层、某些社会团体因为某种共同性而发生内在联系时，便成为一类公众。这种共同性即相互之间的某些共同点，如共同的利益、共同的需求、共同的目的、共同的问题、共同的意向、共同的兴趣及共同的背景等。例如购买某质量较差品牌冰箱，共同利益使不相识的人成为该企业的公众；面临污染，由于面临共同问题而使大家走到一起，成为公众。

2. 可变性 公共关系要处理的公众群体，始终处于变化之中。作为社会群体，公众的构成、数量、态度、行为和作用都不是一成不变的，有的关系消失了，有的关系不断扩大，有的关系又可能缩小，有的关系越来越稳固，有的关系越来越动荡，有的关系甚至发生了性质上的变化如竞争关系转化为协作关系、友好关系变成敌对关系等。例如商场促销日，大家来购买，成为这家商场的消费者即公众群体。当顾客买到了如意商品离开后，由他们组合而成的公众群体也自然消失了；当部分顾客发现自己购买的商品有质量问题，回到这家商场来交涉，则彼此毫无关联的顾客因面临共同的问题，形成了商场的公众群体，问题解决了，这一公众群体又随之解体。

3. 多样性 公众存在的形式不是单一的，而是复杂多样的。“公众”仅是一个统称，具体的公众形式可以是个人，可以是群体，也可以是团体或组织。日常的公共关系工作对象，包括各种各样的个人关系、群体关系、团体关系、组织关系等。即便是同一类的公众，也可以有不同的存在形式，比如消费者公众，可以是松散的个体，也可以是特殊的利益团体（比如消费者公众），也可以是一个严密的组织（比如使用产品的其他公司乃至政府）等。公众形式的多样性，决定了沟通方式和传播媒介的多样性。

4. 整体性 公众不是单一的群体，而是与某一组织运行有关的整体环境，是指组织运行过程中必须面对的社会关系和社会舆论的总和。这些社会关系和社会舆论范围很广，涉及组织内部和外部，社会的方方面面，而且相互关联，构成复杂。比如一家企业，既有内部的职工公众、股东公众，又有外部的社会公众，不仅包括市场上的顾客、销售商，还包括社区、政府、新闻界、文化界、体育界等有关的团体、组织或个人。公共关系工作不可只注意其中某一类公众，而忽略其他公众，对其中任何一种公众的疏忽，都有可能使整个公众环境恶化，公众环境恶化必然影响组织的生存和发展。因此，应该先将组织面对的公众视作一个完整的环境，要用全面、系统的观点来分析自己面临的公众。

5. 相关性　公众是具体的，与特定的组织相关的。公众总是相对于一定的公共关系行为主体（组织或个人）而存在的。一群人之所以成为某一组织的公众，是因为他们与该组织具有一定的相关性、互动性，即他们的意见、观点、态度和行为对该组织的目标和发展具有实际或潜在的影响力、制约力，甚至决定组织的成败。同样，该组织的决策和行为也对这些公众具有实际或潜在的影响力、作用力，制约着他们利益的实现、需求的满足、问题的解决等。寻找、确定公众很重要的就是寻找和确定这种相关性，并把他们具体的担心提出来，分析清楚，从而确定自己的工作目标。

3.1.3　公众的分类

公众的多样性，决定了组织的公共关系工作必须建立在对公众进行科学分类的基础上，以明确具体的公众对象及其特定的利益、需求和问题，对症下药。对公众进行分类，通常有以下几种常见的分类法。

（1）根据组织公关活动的内外对象，组织的公众可划分为内部公众和外部公众两类。

内部公众即组织内部的成员群体，如管理人员、技术人员、销售人员、辅助人员以及股东公众等。

外部公众即组织的外部沟通对象群体，如消费者、协作者、竞争者、记者、名流、政府官员、社区居民等。

公共关系的政策传播需要内外有别。公共关系传播的信息是经过选择、整理的有序信息资料，哪些能在内部传播，哪些能在外部传播，是有区别的。内部传播和外部传播在形式、尺度、时间等方面都有区别。组织内部的情况不能毫无控制和调节地宣扬出去，必要的保密是一种重要的传播政策。在对外传播之前，内部传播必须统一口径，否则就会造成整体形象的混乱。

（2）按公众的组织结构，公众可以区分为个体公众和组织公众两类。

个体公众是形式上分散，以个人作为意见、态度和行为的表达者，以个体形式与公关主体发生联系的公众对象。如竞选过程中面对的选民、酒店或商场中的散客等。

组织公众是以一定的组织或团体形式出现，以组织团体作为意见、态度和行为的表达者，并与公关主体相互交往的公众对象集团。如竞选过程中面对的各种助选团体，工商企业面对的集团消费者、订购者等。

组织在公关传播过程中，要根据个体公众和组织公众的不同特点采取不同的传播方式，如对个体公众可以采取直接的、面对面的个体传播、沟通方式，对组织公众可采取间接的、传播幅度较大的大众传播方式或采用组织沟通的方式。

（3）根据关系的重要程度，公众可区分为首要公众和次要公众两类。

首要公众即关系到组织生死存亡、决定组织成败的那部分公众对象。例如，以一个企业来讲，员工、用户和新闻界等都是首要公众，是组织要花费很大的人力、物力来维持和改善与他们之间关系的公众。

次要公众是对组织的生存发展有影响但不起决定作用的公众。但次要公众不应完全被放弃，在保证首要公众的前提下应兼顾，因为次要公众可能转化为首要公众。

公共关系的投资总是有限的，从投入产出的比率来看，我们应清醒地认识到，有时虽然首要公众只占公众绝对量的20%，可他们给组织带来的效益却可能达到80%以上，因此，对此类公众总投入量（活动的人力、物力、财力等）应多做安排。次要公众从表面上看数量可能相当多，但由于影响力比较弱，即使投入大量的力量，也可能只收到较少的效益。可见，所谓“首要”“次要”的划分，要从投入产出的效果来考虑，保证首要公众，兼顾次要公众。

（4）根据关系的稳定程度，公众可区分为临时公众、周期公众和稳定公众三类。

临时公众是因某一临时因素、偶发事件或专题活动而形成的公众。比如因为飞机航班误点而滞留机场的旅客、足球场闹事的球迷、上街游行示威的队伍等。每个组织都难以实现完全预测到某些突发事件的产生，因此往往会遭受一些临时公众构成的额外压力，这就需要组织的公共关系部门进行紧急应对。现代组织的公共关系部门必须具备应对临时公众的能力。当然，这种临时公众有时可能是因为组织事先的计划不周而造成的，特别是在举办一些大型专题活动的时候，可能会出预料之外的事情。

周期公众是指按一定规律和周期出现的公众。比如逢节假日出现的游客、招生时节的考生及家长等。周期公众的出现是有规律的、可以预测的，组织有条件事先制订公共关系活动计划，作为必要的准备。对于某些季节性强的行业来说，周期公众的节律是与行业自身的节律同步的。如旅游业及酒店业，其中一部分周期公众就可能转化成稳定公众。

稳定公众即具有稳定结构和稳定关系的公众。比如老主顾、常客、社区人士等。稳定公众是组织的基本公众，甚至具有“准自家人”的性质，可以融合为组织的一部分。组织往往对稳定公众采取额外的优惠政策和特殊的保证措施，以示关系的亲密。稳定公众的多寡可以作为考察组织公共关系成熟性的一个标志。临时公众、周期公众和稳定公众的划分，是制定公共关系的临时对策、周期性政策和稳定策略的依据。

（5）根据公众对组织的态度，公众可以划分为顺意公众、逆意公众和边缘公众三类。

顺意公众指那些对组织的政策、行为和产品持赞成意向和支持态度的公众对象。逆意公众指对组织的政策、行为或产品持否定意向和反对态度的公众对象。边缘公众则是指对组织持中间态度，观点和意向不明朗的公众对象。

一个组织首先应该将顺意公众当作同舟共济的伙伴，细心维持和不断加强与他们的关系。其次，要注意做好逆意公众的转化工作，改变其敌对的态度，即使不能将其转为顺意公众，也应争取其成为边缘公众。“多交友，少树敌”是公共关系的一项基本原则。值得注意的是，顺意公众和逆意公众往往只占少数，多数是无动于衷的“中间派”——边缘公众。公共关系工作中大量精力是做边缘公众的沟通工作，争取他们对组织的了解和好感，引导他们成为顺意公众，防止他们成为逆意公众，这种“争取大多数”是组织最艰巨的公共关系工作。

（6）根据组织的价值取向，公众可以划分为受欢迎的公众、不受欢迎的公众和被追求的公众三类。

受欢迎的公众是指完全迎合组织的需要并主动对组织表示兴趣和交往意向的公众。对于组织来说，这是一种两相情愿、一拍即合的关系。如自愿的投资者、慕名前来的顾客、为组织采写正面宣传文章的记者等。这种关系因双方均采取主动的姿态，不存在传播的障碍，沟通的结果一般来说对双方都有利。

不受欢迎的公众指违背组织的利益和意愿，对组织构成潜在或现实威胁的公众。对于组织来说，这是一些“入侵者”，他们对组织表示出一种不友好的意向和交往行为，或者对组织抱有过分的要求从而构成组织的负担。前者如持不友好态度的记者，后者如反复纠缠索取赞助的团体或个人，这均是组织力图躲避、不愿接触的公众。这种关系只是公众一方采取主动姿态，但由于交往结果对组织不利甚至有害，因此，组织往往有意识地设置障碍，制造困难，将其拒之门外，以减少对组织的威胁。

（7）根据公众发展过程的不同阶段，可以将公众划分为四类：非公众、潜在公众、知晓公众及行动公众。

非公众是公共关系学的特殊概念，社会学中没有这个概念。非公众指在某组织的影响范围之中，但却与该组织无关，其观点、态度和行为不受该组织的影响，也不对该组织产生作用的公众。划分出组织的非公众是有意义的，可以帮助组织减少公共关系工作的盲目性，将非公众排除在公共关系活动范围之外，避免不必要的浪费。

潜在公众主要指由于潜在的公共关系问题而形成的潜伏公众、隐患公众、隐蔽公众和未来公众，即某一社会群体面临着组织行为或环境引起的某个潜在问题，由于这个潜在问题尚未充分显露，这些公众本身还未意识到问题的存在，因此他们与组织的关系尚处于潜伏状态。这就需要公共关系人员未雨绸缪，加强预测，密切监视势态的发展，分析各种可能出现的后果，制订多种应对的方案，积极引导事情向好的方向发展。当情况不可避免要变糟时，采取必要的预防措施，防患于未然，将问题解决在萌芽状态，避免酿成更大的麻烦。应当承认，遇到这类公共关系问题要妥善处理是有相当难度的，但现代组织面临这种复杂情况的可能性越来越大，这就促使公共关系活动策划者日益重视公共关系预测功能、参谋功能，这也是 20 世纪 70 年代末以来国际公共关系界重视“问题管理”的原因。

知晓公众是潜在公众逻辑发展的结果，即公众已经知晓自己的处境，明确意识到自己面临的问题与特定组织有关，迫切需要进一步了解与该问题有关的所有信息，甚至开始向组织提出有关的权益要求。这时，潜在公众已发展成现实的公众，构成组织不可能回避的沟通对象。因此，对组织来说，采取积极主动的公共关系姿态，及时沟通，主动传播，满足公众要求被告知的需求，使公众对组织产生信赖感，这对于主动控制舆论局势非常重要。因为知晓公众如果不能从有关组织那里获得必要的信息，便会转向其他信息渠道，各种不准确的小道消息将会流传开来，局势的演变将难以控制，事后的解释将事倍功半。美国前总统尼克松处理“水门事件”时，由于没有正视知晓公众的要求，失去了引导公众舆论的时机，使自己越来越被动，最后只好辞职下台。事后，尼克松在总结“水门事件”的经验教训时认为这完全是“公共关系的失策”。

行动公众自然就是知晓公众发展的结果。在这个阶段，公众已不仅仅是表达意见，而是采取实际行动，对组织构成压力，迫使组织必须采取相应的行动。无论公众的行动是积极的还是消极的，组织的反应不能仅停留于语言、文字上，还必须有实际的行为。也就是说，行动公众必然促成公共关系行为的发生，面对着行动公众，除了采取相应的行动别无选择。当然，高超的公共关系行动方案，必将使行动公众的压力转变为动力，转变为对组织有利的合力，这乃是公共关系人员神往的最佳结果。

小案例

客人为什么又留下了

一个下雨的晚上，机场附近某一大酒店的前厅很热闹，接待员正紧张有序地为一批误机团队客人办理入住登记手续，在大厅的休息处还坐着五六位散客等待办理手续。此时，又有一批误机的客人涌入大厅，大堂经理小刘密切注视着大厅内的情景。

“小姐，麻烦您了，我们打算住到市中心的酒店去，你能帮我们叫辆出租车吗？”两位客人从大堂休息处站起身来，走到小刘面前说。

“先生，都这么晚了，天气又不好，到市中心去已不太方便了。”小刘想挽留住客人。

“从这儿打的士到市中心不会花很长时间吧，我们刚联系过，房间都订好了。”客人看来很坚决。

“既然这样，我们当然可以为您叫车了。”小刘彬彬有礼地回答道，她马上叫来行李员小秦，让他快去叫车，并对客人说：“我们酒店位置比较偏，可能两位先生需要等一下，我们不妨先到大堂等一下好吗？”

“那好吧，谢谢。”客人被小刘的热情打动，然后和她一起来到大堂休息处等候。

天已经很黑了，雨夹着雪仍然在不停地下，行李员小秦始终站在路边拦车，但十几分钟过去了没有拦到一辆空车。客人等得有些焦急，不时站起身来观望有没有车。小刘安慰他们说：“今天天气不好，出租车不太容易叫到，不过我们会尽力而为的。”然后又对客人说：“您再等一下，如果叫到车，我们会及时通知您的。”

又是 15 分钟过去了，车还是没拦到。客人走出大堂门外，看到在风雪中站了30多分钟、脸已冻得通红的行李员小秦，非常抱歉地说：“我们不去了，你们服务这么好，我们就住这儿吧，对不起。”其中一位客人还亲手把小秦拉进了前厅。

训练与练习

1．如何理解公众的含义？

2．举例说明公众的特征。

3．举例说明公众的划分。

3.2 内部公众

内部公众即指组织的全体成员，包括组织的员工、股东、董事会、顾问、员工家属等，社会组织与这些公众所发生的关系，便称为员工关系、股东关系等。搞好组织内部公共关系具有重要意义。

（1）做好内部公众的工作，创造良好的内部环境，有利于吸引和留住人才，形成相对稳定的员工队伍，使他们充分发挥自己的聪明才智和创造力。

（2）有效的内部公共关系工作，可以在组织内部上下、左右之间建立更好的信息沟通，加强组织成员的协作意识、全局意识，有助于提高组织的管理水平和工作效率。

（3）使内部公众树立公共关系意识，开展全员公共关系，是组织对外做好公共关系工作的根本保证。

（4）内部公共关系能倡导平等、合理、亲密、富有活力的组织文化和精神，并使之逐步完善、稳定，形成组织的风格、特色和优良传统，以此来影响、熏陶和造就一批又一批优秀的组织成员，为组织的长盛不衰提供内在的动力。

小案例

美国的麦当劳公司重视内部公共关系

美国的麦当劳公司现在是世界快餐业中最大的公司之一。自 1955 年创立以来，麦当劳苦心经营，不断发展，目前在全世界建有 20 000 多家快餐店。现在的麦当劳在美国汉堡系列食品市场上有 42%的份额，品牌价值超过了 200 亿美元。麦当劳公司一直非常重视内部公共关系，在企业内部创造一种积极向上、开拓进取的精神风尚，它不看重学历、资历，而是重在表现。麦当劳连锁分店每年举办“岗位明星大赛”，在全世界举行各地“岗位明星比赛”。经理必须从普通员工做起，一方面增长了管理人员的真才实干，另一方面又给了最基层员工实现自身价值的机会。表现好的管理人员被送到芝加哥汉堡包大学，系统地学习作为一个经销商或餐厅经理经营餐厅的专门技术知识。现在的竞争，说到底是人才的竞争，员工素质的不断提高、才干的不断增长是组织的巨大财富，它保证了组织的生机与活力。麦当劳除了给员工创造更多深造、晋升的机会外，还很重视在内部建立“麦当劳大家庭”的观念，创造和睦的大家庭气氛。在麦当劳无长幼尊卑之分，所有员工都互称名字；公司记住每个员工的生日，并根据员工的情况给予一定形式的祝贺。员工在麦当劳有一种不是家庭胜似家庭的归属感，其强大的凝聚力不言自明。另外，麦当劳很重视员工外观形象的塑造，为了吸引顾客，麦当劳让每位员工都穿着有明显花纹的制服。员工的服务态度也是一流的，只要你推开麦当劳的大门，就会听到亲切的“欢迎光临麦当劳”的问候，笑容始终挂在员工的脸上，让你总有宾至如归的感觉。

3.2.1 员工关系

员工包括全体职员、工人、管理干部，员工是企业内部公众，是内部团结的首要对象。建立良好员工关系的目的，是培养组织成员的认同感和归属感，形成向心力和凝聚力。

1. 员工在社会组织中的重要地位

（1）员工是组织的主人，是组织的基本细胞，也是组织制定的一切方针、政策、计划、措施的对象。

（2）员工素质的高低、精神面貌是否积极、团结程度的好坏，都将关系到组织的命运成败。

（3）员工代表组织的形象，作为组织的员工，每天要同众多顾客打交道，他们的一言一行都代表着组织的形象，是组织与外界接触的触角。员工在维持组织生存、促进组织发展、树立组织形象等方面起着举足轻重的作用，是组织的一笔巨大财富。

小案例

员工第一

原广州花园酒店总经理袁伟明先生向管理人员提出“员工第一”的口号。他认为，只有把员工放在第一位，尊重他们的劳动和尊严，使他们处处感觉到自己是“花园”不可或缺的一分子的“主人翁”价值，认识到“花园”的荣辱与他们的工作形象和经济效益都息息相关，这个酒店才能成为成功的酒店。根据这一思想，花园酒店最高决策层制定了一系列协调员工关系、激励员工士气的措施。比如：每月固定一天为员工日，届时高层管理人员一起下厨为员工炒几道拿手菜；酒店公共关系部定期邀请员工亲属出席“酒店与员工家庭亲善会”，征询意见，争取“后院”的了解和支持；哪位员工工作有成绩，会收到总经理签发的嘉奖信；每一位员工生日的当天，都会收到总经理赠送的生日贺卡；酒店设立意见奖，最高管理层对建设性的意见保证在3天内作答，并给予奖励等。袁先生是知名的美籍华裔人士，全美酒店管理业的六大明星之一。他认为，优质服务和产品是酒店成功之要素，而服务和产品是有技巧的。袁总经理走马上任刚刚半年，便使广州花园酒店的形象和经济效益都得到很大的提高，这便是“员工第一”带来的效应：2 000名员工的内聚力使酒店整体的外张力大大增强了。

2. 搞好员工关系的方法

（1）重视员工的物质需求。物质需求包括工资、奖金、福利及工作环境和休假。每个人都在物质社会中生活，对物质利益的追求是人类最基本也是最持久的动力，同时也是构成组织内聚力的先决条件。只有基本物质需要得到满足，员工才能真正做到无后顾之忧，才能安心地为组织工作。组织所支付的报酬应当同员工的劳动付出切实挂钩。组织还应进行及时的上下沟通，一方面全面、准确、及时地了解员工的生活状况和思想状况，倾听员工的意见和想法；另一方面，将组织的现有条件、分配方案及有关福利政策向员工进行全面沟通，消除误解以求得到员工的理解。

（2）重视员工的精神需求。精神需求包括赞扬、尊重、情感交流、晋升及参与决策管理等。合理的经济报酬是调动员工工作积极性必不可少的条件，但是只有这一点还不够，因为人是社会的人，人的需求中还包括精神方面的需求，一旦人的物质利益得到了基本保证之后，精神上的需求就成为主要的需求。信息共享和参与组织决策是员工精神方面最主要的需求。信息共享是唤起员工"主人翁"意识和对其地位确定的一个重要手段。尊重员工分享信息的优先权，使员工在分享中与组织融为一体，形成信任与和谐的气氛。让员工参与决策，其本身就表明对员工个人价值的肯定，它能使员工站在组织的立场考虑问题，形成员工"主人翁"的感觉。

要尊重员工，重视人才和培养人才。尊重员工主要表现为对员工人格的尊重，对员工为组织所做贡献的肯定，对员工意见的倾听与采纳，对员工生活和工作环境的关注以及让员工分享信息和参与决策。人才是组织宝贵的财富，是企业保持旺盛生命力的关键。重视人才就要尊重人才，充分发挥他们的潜能，"三流人才当一流人才用，往往能创造出一流的业绩；一流人才当三流人才用，只能创造出三流的成绩"。在科学技术迅猛发展的今天，重视人才更要懂得不断对人才进行培训，这也是满足一些人才自我实现的需要，使一些员工感到个人的职业发展前景，减少"跳槽"的机会。

小案例

IBM公司的"金环庆典"活动

美国 IBM 公司每年都要举行一次规模隆重的庆功会，对那些在一年中做出过突出贡献的销售人员进行表彰。这种活动常常是在风光旖旎的地方，如百慕大或马霍卡岛等地进行。对公司3%做出了突出贡献的人进行表彰，被称作"金环庆典"。在庆典中，IBM 公司的最高层管理人员始终在场，并主持盛大、庄重的颁奖酒宴，然后放映由公司自己制作的，表现那些做出了突出贡献的销售人员工作情况、家庭生活乃至业余爱好的影片。

在被邀请参加庆典的人中，不仅有股东代表、工人代表、社会名流，还有那些做出了突出贡献的销售人员的家属和亲友。整个庆典活动，自始至终都被录制成电视（或电影）片，然后被拿到 IBM 公司的每个单位去放映。

> IBM 公司每年一度的“金环庆典”活动，一方面是为了表彰有功人员，另一方面也是同企业职工联络感情，增进友情的一种手段。在这种庆典活动中，公司的主管同那些常年忙碌，难得一见的销售人员聚集在一起，彼此毫无拘束地谈天说地，在交流中，无形地加深了心灵的沟通，尤其是公司主管那些表示关心的语言，常常能使那些在第一线工作的销售人员“受宠若惊”。正是在这个过程中，销售人员更增强了对企业的“亲密感”和“责任感”。

3.2.2 股东关系

所谓股东关系就是组织与投资者的关系。股东有两类，一是人数众多的、分散的小股东，他们不掌握企业的经营权，但他们各自持有或多或少的股权，他们最关心企业的盈利状况。二是占有较多股份的大股东或社会名流，或由股东推选出来的董事会，他们人数不多，但代表股东管理企业，对企业重大决策和人事任免具有参与权和监督权。

在股东关系上，要做到：

1. **尊重股东的主人翁意识**　股东一旦投资于组织，就意味着其利益与组织休戚相关，便很自然地萌发主人翁意识。在涉及股金运用和组织发展的问题上，应让股东享有决策层享有的知晓权，平时也应建立经常的信息通报关系，让股东充分了解、关心组织情况。

2. **吸引和激励股东参与组织经营活动**　鼓励股东“献计献策”，提出合理化建议，激发股东身体力行，使之既可以是组织的消费者，又可以是组织的宣传者和推销者。

3. **保证股东应有的经济权益**　首先是及时地发放真实的红利，其次是股东有要求退还或转让股金的权利。

4. **经常走访股东并重视董事在股东关系中的作用**　走访股东，应被组织列入议事日程之中。如美国电话电报公司的管理人员每年要访问 10 万名有代表性的股东，向他们说明公司的财务状况并回答他们的问题。董事在股东关系中的作用是举足轻重的。选举、产生并代表股东利益的董事是股东关系中的一个重要因素。董事是对舆论有很大影响力的、重要的企业领导人，各种公司极力邀请董事出席股东的年度会议，并通过年度报告、中期报告、股东杂志等形式经常向董事通报公司业务和发展情况。

训练与练习

1．举例说明搞好员工关系的方法。

2．如何处理好与股东的关系？

3.3 外部公众

3.3.1 顾客关系

所谓顾客关系是指社会组织与其产品（物质产品和精神产品）的购买者或消费者之间的关系。

1. 顾客关系的重要性

（1）组织目标的实现直接取决于它与消费者之间的关系。任何社会组织都是为实现自己的任务和目标而建立的，离开了组织的任务和目标，组织的存在就失去了意义。组织的任务和目标，实际上体现着组织服务于社会的责任，没有服务对象即顾客，组织的存在不但失去了必要，而且连存在的可能都没有。因此，任何社会组织都是为顾客的需要而存在的，只有顾客存在，组织自身才能存在，顾客是组织存在的价值和可能。

（2）顾客对组织的态度、行为，对组织的生存能力、竞争能力和发展能力有重大影响。顾客关系是组织与服务对象的关系。形成良好的顾客关系，组织才拥有更多的服务对象或市场，组织的劳动成果才能得到社会的普遍承认和接受，组织的事业才能兴旺发达，也才能使组织的劳动成果通过顾客和市场转化为经济效益和社会效益，组织的任务和目标才能完成，组织的发展和成功才能成为现实。相反，没有顾客的支持与合作，组织的劳动成果就不能实现，不但无法转化为经济效益和社会效益，成为无效劳动，而且，形成劳动成果的劳动占用和劳动耗费会成为一种社会浪费，组织也就无法继续存在。

小案例

一封投诉信

鲍勃先生原定住在国内某饭店一星期，可过了一夜他就留了一封投诉信拂袖而去。“贵店空负盛名，与之前大相径庭，尤其设备维修与服务态度方面都大大下降。昨夜我房里的抽水马桶响了整整一夜，使我彻夜难眠。今早起床一看，粪便翻溢，盥洗室内到处都是，我去服务台叫服务员，可谁也不管，如此状况应立即改进……”按惯例鲍勃先生留下了自己的地址。三个月后，饭店突然回信，鲍勃不拆则已，一看差点气晕。饭店不仅退回了他的投诉信，还加上了那家饭店经理的批语：“把那个该死家伙的投诉信退回去！”更讽刺的是，另外还配了一张铅印的类似报馆退稿单的东西，“竭诚感谢您的批评指正，我们一定改进，望下次再惠顾本店……”从此鲍勃先生逢人便诉说他那噩梦般的遭遇，为该店大做反面宣传。不难设想，这家饭店长此以往，很快就会臭名昭著，无人问津了。

2. 顾客关系的处理

（1）树立顾客至上的观念。“顾客第一”而不是“利润第一”的经营观念是不可动摇的。只有树立了正确的顾客观念，才能在处理顾客关系时，采取正确的行动，取得良好的效果。相反，如果在错误的顾客观念指导下，就会采取错误的做法，其结果必然使顾客关系恶化。因此，顾客观念的正确与否直接关系到组织与顾客关系工作的成败，进而关系到整个组织的命运。国外许多组织都制定有关员工破坏顾客关系的处罚条例并明文规定：“不准与顾客争吵，如与顾客发生争吵，不管员工的理由多么充分，都要受到严厉的处罚，轻则扣罚工资、奖金，重则开除。”

小案例

重视客人的“求平衡”心态

某日傍晚，一香港旅游团结束了“广州一日游”，回到了下榻的饭店。然而，不到十分钟，旅游团的一位中年女领队光着脚来到大堂，怒气冲冲地向前台投诉客房服务员。

原来，早晨出发时，这位女领队要求楼层客房服务员为房间加一卷卫生纸，但这位服务员却只将这位客人的要求写在了交班记录本上，并没有向接班服务员特别强调指出。结果，下一班次的服务员看到客房卫生间内还有半卷卫生纸，就未再加。结果，这位客人回来后，勃然大怒。无论前台的几个服务员如何解释，她依旧坚持光着脚站在大堂中央大声说“你们的服务简直糟透了”，引来许多客人好奇的目光。值班经理和客房部经理很快赶到了，看到此情此景，他们一边让服务员拿来了一双舒适的拖鞋，一边安慰客人说：“我们的服务是有做得不够好的地方，请您消消气，我们到会客室里坐下来谈，好吗？”这时客人态度渐渐缓和下来，值班经理耐心地向客人询问了整个事件的经过和解决问题的具体意见，最后值班经理代表饭店向旅游团的每个房间都派送了一卷卫生纸，并向这位客人赠送了致歉果盘。事后，经向该团导游了解，这位领队因对旅行社当天的行程等一些事情安排不满，心情不好，也是其中原因之一。

（2）为顾客提供优良服务和优质产品。诚信对企业是重要的，首先是货真价实，物有所值；其次在于真诚服务，表里如一。优良服务包括很多方面，包括向顾客事先说明有关产品及服务信息，服务过程中的文明礼貌、细致周到，服务的持久性等。产品质量是产品满足用户所具有的特征和性能的总和，它包括产品的适用性、安全性、可靠性及经济性等。质量是企业的命根子，国际知名企业无一不是将质量提高到这一高度来加以认识的。同时，在激烈的市场竞争之下，很多产品的生命周期越来越短，更新越来越快，所以要维持长久的市场占有地位，必须树立一个知名品牌，品牌是无形资产、无价之宝。

（3）妥善处理各种纠纷，认真对待顾客投诉。纠纷、投诉的发生，通常是由于顾客对产品质量、售后服务、服务态度等不满而引起的，顾客与组织发生纠纷时，实际上已经对组织的行为有所不满。在这种情况下，组织应及时、正确地处理顾客的投诉，并帮助顾客解决问题，这是搞好顾客关系不可轻视的重要环节。处理顾客的投诉除书信及电话之外，主要是和顾客直接对话。公关人员在处理顾客投诉时要做到诚恳、耐心、及时、认真。只有这样，才能使顾客满意，并能重新树立组织形象。

小案例

只有一名乘客的航班

英国航空公司所属波音 747 客机 008 号班机，准备从伦敦飞往日本东京时，因故障推迟起飞 20 个小时。为了不使在东京候此班机回伦敦的乘客耽误行程，英国航空公司及时帮助这些乘客换乘其他公司的飞机。共 190 名乘客欣然接受了英国航空公司的妥当安排，分别改乘别的班机飞往伦敦。但其中有一位日本老太太叫大竹秀子，说什么也不肯换乘其他班机，坚决要乘英国航空公司的 008 号班机不可。实在无奈，原拟另有飞行安排的 008 号班机只好照旧到达东京后再飞回伦敦。一个罕见的情景出现在人们面前。东京—伦敦，航程达 13 000 千米，可是英国航空公司的 008 号班机上只载着一名旅客，这就是大竹秀子。她一人独享该机的 353 个飞机座席以及 6 位机组人员和 15 位服务人员的周到服务。有人估计说，这次只有一名乘客的国际航班使英国航空公司至少损失约 10 万美元。从表面上来看，的确是个不小的损失。可是，从深一层来理解，它却是一个无法估价的收获。正是由于英国航空公司一切为顾客服务的行为，在世界各国来去匆匆的顾客心目中换取了一个用金钱难以买到的良好公司形象。

（4）正确引导顾客消费。面对众多产品、繁杂的市场主体和众多广告等，消费者的消费具有盲目性，因此对顾客消费进行正确引导是必要的，这样才能使盲目消费变成自觉消费，为组织创造稳定的顾客队伍，如技术示范、举办技术培训班、召开技术鉴定会、编印说明书等。

（5）拓宽与顾客沟通的渠道。协调顾客关系，同样离不开组织与顾客的沟通。一是要通过各种方式的调查研究，如通过问卷调查、座谈访谈等，主动了解顾客的需求并认真听取顾客的意见；通过妥善处理顾客投诉，及时、诚恳地为顾客排忧解难，维护顾客的权益，并将这些顾客的需求、意见、投诉作为做好和改进服务工作的依据。二是要通过各种媒介和渠道，如大众传播媒介、组织出版物和信函、展览和联谊活动等，积极做好对顾客的指导和引导以及咨询服务，不断提高组织的认知度、美誉度、和谐度。

3.3.2 媒介关系

媒介关系也称作新闻界关系，即与新闻传播机构（包括报社、杂志社、广播电台和电视台等）以及新闻界人士（记者、编辑等）的关系。

新闻媒介属于大众传播媒介，它主要包括报纸、杂志、广播、电视四大媒体。新闻媒介关系是指社会组织与报社、电台、电视台等新闻单位以及众多的新闻宣传界人士的关系。新闻传播媒介是组织开展公共关系活动的重要工具，善于运用新闻传播媒介是公共关系人员的基本功。新闻媒介本身是社会组织的公众，同时组织又要通过新闻媒介这一传播工具与社会各界公众取得联系，因而搞好与这一重要公众的关系，对于充分发挥新闻媒介的宣传作用是组织公共关系工作的一个重要课题。新闻媒介作为向公众传播信息的工具，它具有信息内容真实、客观、公正、新鲜、准确、鲜明、生动，信息传播渠道畅通、无误、无阻，能使公众获得欲知、未知、应知信息等特点，因而，也可以说，与新闻媒介搞好关系是组织存在和发展的重要条件。

1. 媒介关系的重要性

新闻界公众是公共关系工作对象中最敏感、最重要的一部分，这种关系具有明显的两重性：一方面，新闻媒介是组织与公众实现广泛、有效沟通的必经渠道，具有工具性；另一方面，新闻媒介人员又是组织必须特别重视的公众，具有对象性。媒介与公众合一，决定了媒介关系是一种传播性最强、公共关系操作意义最大的关系。因此，媒介关系往往在对外公共关系中被摆在最重要的地位之一。

与新闻界建立关系的目的就是争取新闻界对本组织的了解、理解和支持，以便形成对本组织有利的舆论氛围，通过新闻界实现与广大公众的沟通，密切组织与社会公众之间的联系。其他关系对象可能变化，唯有新闻界关系伴随始终——除非组织不再从事公共关系工作。要与新闻界总是融洽的，与新闻界交恶是愚蠢的，能够得到记者、编辑的信赖，是一个公共关系人员的最重要财富，是他的职业“本钱”。

小案例

"神奇药笔"

广州佳丽日用化工厂生产的"神奇药笔"，由于价廉、效果好，深受国内外消费者的欢迎。但是，产品最初上市时，尽管该厂在报纸、电视上做了不少广告，可销路一直不佳。因为人们已习惯使用传统的产品，不相信像一支粉笔样的产品，随意画上几笔，会有杀死蟑螂的神奇效果。如何使消费者信服呢？该厂灵机一动，何不来个当众试验呢？一天，该厂派人带上样品来到《羊城晚报》编辑部，用药笔在办公室地上随意画上几个圈，然后在圈内放出事先准备好的蟑螂，不过两三个小时，这些害虫全部死在药笔画成的圈内。在场的《羊城晚报》记者及编辑目睹了这一情景后无不惊讶，大为赞赏。当晚，《羊城晚报》即以"死给你看"为题加以如实报道。这样神奇的报道，一下子提高了"神奇药笔"的知名度，使其销量大增。

2. 正确处理媒介关系

（1）熟悉新闻媒介，有针对性地开展公共关系活动。社会组织应了解并熟悉媒介组织的特点，不同的媒介组织有不同的业务性质和影响范围，社会组织的公共关系人员应该对此了如指掌，即使是媒介组织内部的结构、各部门的职责及其负责人，也应该掌握得越清楚越好。这样，社会组织需要通过新闻媒介进行公共关系传播时，就能有的放矢，不会强人所难。

（2）保持媒介渠道的畅通，建立广泛而密切的联系。公共关系工作与新闻工作有着不解之缘。一方面公关必须利用新闻媒介才能有效地实现自身的职能，另一方面新闻媒介也只有在与社会各界包括组织公关部和公关人员建立广泛联系的情况下，才能保持新闻渠道的畅通无阻。鉴于这样一种关系，组织公关机构应尽量协助新闻界人士开展工作，安排公关人员专门负责与新闻机构联络，与其保持经常性的接触，与记者交朋友，有计划、有步骤地建立、稳固合作的关系和友谊。这样一旦组织发生了重大新闻，特别是出现形象危机时，记者能以公正、客观的立场进行采访和报道。组织公关人员必须经常为新闻媒介撰写稿件，提供有新闻价值的材料或采访机会，随时告知有关组织发展的最新情况和动态，争取新闻媒介对组织的了解和支持。

（3）正视批评报道。一般来说，批评报道有两种情况，一种是内容属实，另一种是内容失实。对内容属实的批评报道，社会组织应该采取积极主动的姿态：一方面对新闻媒介的报道予以肯定，并感谢新闻媒介的舆论监督；另一方面应迅速组织力量，查明事件真相及其原因，采取积极有效的补救措施并认真总结经验教训，杜绝类似事件的再次发生，以实际行动表明接受批评的诚意，求得公众的谅解，逐步挽回影响。如果媒介的批评报道有失实之处，应该诚恳地向媒介提供真实情况，澄清事实真相，让媒介再做纠正性的报道，切忌暴跳如雷、兴师问罪的做法。

3.3.3　政府关系

政府公众对象指政府各行政机构及其工作人员，即组织与政府沟通的具体对象。任何社会组织都必须接受政府的管理和制约，因此需要与政府的有关职能机构和管理部门打交道，这是所有传播沟通对象中最具社会权威性的对象。比如工商、人事、财政、税收、审计、市政、交通、治安、法院、海关、卫检及环保等行政机构。

社会组织所面对的政府公众是一个特殊公众，其特殊性在于政府公众是一个拥有权力的公众，是综合协调、宏观调节社会组织行为的权力机构。政府与社会组织互为主客体，政府作为客体即公众；政府作为主体，是政府对各个组织开展的公共关系。因此，作为主体的社会组织和作为客体的政府之间的关系如何，将直接关系到社会组织的生存和发展。

组织与政府保持良好沟通的目的，是争取政府及各职能部门对本组织的了解、信任和支持，从而为组织的生存和发展争取良好的政策环境、法律保障、行政支持和社会政治条件。

3.3.4　社区关系

所谓社区关系，又称作区域关系、地方关系或睦邻关系。其对象指本组织所在地的区域关系对象，包括当地的权力管理部门、地方团体组织、左邻右舍的居民百姓等。

社会组织与社区公众是一种“准自家人”的关系，发展良好的社区关系是为了争取社区公众对组织的了解、理解和支持，是为组织创造一个稳定的生存环境，同时体现组织对社区的责任和义务，通过社区关系扩大组织的区域性影响。

社区公众不仅是组织所需要资源的直接提供者，而且是组织产品或服务的直接消费者。社区公众的认可与支持，是一个组织有形和无形资产形成、积累的基础与起点，它能使组织获得多方面帮助，有助于吸引人才，使员工形成自豪感，从而也有利于组织内部环境的优化。

3.3.5　名流公众

名流公众指那些对社会和社会生活具有较大影响力和号召力的有名望人士，如政界、工商界、金融界的首脑人物，科学界、教育界、学术界的权威人士，文化、艺术、影视、体育等方面的明星，新闻出版界的舆论领袖等。这类关系对象的数量有限，但对传播的作用很大，能在舆论中迅速“聚焦”，影响力很强。借助于社会名流的知识专长、关系网络、社会声望，通过社会名流去影响公众和舆论，往往具有事半功倍的效果。

建立良好的名流关系的目的，是借助名流的知名度扩大组织的公共关系网络，扩大组织的公众影响力，丰富组织的社会形象。

小案例

“三高”为中国申奥放歌

2001 年 6 月 23 日晚，昔日的皇家禁苑中乐声翩翩，弦歌阵阵。世界著名三大男高音歌唱家在紫禁城午门广场联袂演出，在“6·23 国际奥林匹克日”掀起了北京申奥活动的高潮。时任国务院副总理李岚清和数万热情的中外观众一同观赏了这场精彩的演出。当晚三位“歌剧之王”身着黑色燕尾服，站在紫禁城古老红墙之间的舞台上神采奕奕，他们演唱了近 30 首脍炙人口的歌剧选段或歌曲。从卡雷拉斯的《我知道这个花园》，到多明戈的《星光灿烂》，再到帕瓦罗蒂的《今夜无人入睡》，洪亮且有穿透力的歌声，赢得了现场 3 万名观众的热烈掌声。昔日这里曾经钟鼓齐鸣，如今西方歌剧在这里余音缭绕；昔日皇帝曾在这里余音议政，如今三位西方音乐大师在这里纵情高歌。东方建筑的神韵与西方艺术经典在这里达成了完美的交融，古老的紫禁城在一个充满激情的夜晚被唤醒，改革开放的中国以一场中西文化交融的音乐盛会，向世界展示他们积极走向世界的宽阔胸怀。紫禁城午门广场，三位“歌剧之王”帕瓦罗蒂、多明戈、卡雷拉斯深情演绎的音乐盛典，取得了空前的成功，电视直播的音乐会可覆盖全球 110 多个国家和地区的 33 亿观众。

世界著名三大男高音歌唱家在紫禁城午门广场联袂演出，在“6·23 国际奥林匹克日”掀起北京申奥活动的高潮，正是借助了公共关系学中“名流公众”的效应。

3.3.6 国际公众

国际公众指一个组织的产品、人员及其活动进入国际范围，对别国的公众产生影响，需要了解和适应对象国的公众环境的时候，该组织所面对的不同国家、地区的公众对象。国际公众对象具有与本组织完全不同的社会和文化背景，因此传播沟通活动具有显著的跨文化特征。

搞好国际公众关系的目的是争取国际公众和舆论的了解、理解与支持，为本组织及其政策、活动、产品和人员塑造良好的国际形象，创造良好的国际声誉。

训练与练习

1．怎样理解“顾客就是上帝”这句口号？
2．举例说明媒介关系的重要性。
3．举例说明建立良好名流关系的重要意义。

学习指导

1．学习建议

学习本章内容，重点要掌握公众的含义和分类，搞好员工关系的方法以及媒介关系的处理。通过本章的学习，要树立起公众意识，掌握好处理不同类型公众关系的基本方法。结合理论的学习，建议同学要：①能够到企业去进行社会实践，在社会实践过程中，体会公众关系处理对企业的重要性。②搜集处理公众关系的相关资料，进一步丰富感性材料，有利于公关意识的树立。③以案例教学为主。

2．学习重点与难点

（1）学习重点

1）公众的含义与分类。
2）搞好员工关系的方法。
3）媒介关系的处理。

（2）学习难点

基本目标公众分析及其公关工作特点。

3．核心概念

公众　内部公众　外部公众　员工关系　股东关系　顾客关系
媒介关系　政府关系　社区关系　名流公众　国际公众

课后思考与练习

1．如何理解“公众”这一概念？
2．请根据不同的标准对公众进行分类。
3．建立良好的员工关系对树立社会组织形象有何作用？
4．社会组织如何与顾客建立起良好的合作关系？

案例分析

上海纺织局第三医院重视与社区沟通

上海纺织局第三医院为医治患了癌症的病人，新建了医用直线加速器机房，机房有着良好的防护设备，以防止高能X射线的泄漏。但是，令医院料想不及的是当时日本电视连续剧《血疑》风靡上海，剧中女主人公因受辐射而患上绝症的不幸遭遇，给那些居住在机房附近的居民心中蒙上一层阴影，大家都怀疑自己正处于高能X射线的辐射之中。于是，居民由恐惧到愤怒，奋笔疾书，向区防疫站、区环保局、区人大代表抗议，认为："医院这样做不道德!直线加速器必须停机!"居民的抗议引起了医院的高度重视。然而，要停掉直线加速器是不可能的，当时上海仅有几台直线加速器，每逢医院开机治疗时，那些被癌症折磨得痛苦万分的病人，早早就在候医室长椅上排起一长溜儿的队伍。况且，医院对直线加速器释放出的高能X射线是有严格防护措施的。直线加速器机房四周的墙壁是1.2米厚的钢筋水泥墙，放置机器的房间有2米厚的钢筋水泥墙。因此，开机时很少有X射线泄漏，即使有微量的射线泄漏，对人体也无害。可是这一切，居民并不了解。为了消除居民心头上的阴影，协调好医院与社区公众的关系，医院抓住"门户开放、双向沟通"这一问题的关键，采取了一系列公关措施。第一，医院摘下"机房重地，闲人免入"的牌子，请进居民群众，让他们参观了解直线加速器，由医生讲解直线加速器的工作原理和医治癌症的作用，消除人们对它的神秘感。第二，请区防疫站总工程师重新实地测试，并对居民最怀疑的一堵墙做了技术处理，直至居民感到满意为止。第三，召开居民座谈会。会上，区防疫站总工程师公布了测试数据，有关技术人员介绍了高能X射线的特点及防御方法。第四，实地走访。院方派出有关人员深入居民家中，对其中一居民反映家中电视机10点后图像不清的问题进行实地勘察，结果表明这户居民家中的两台电视机，一台本身有毛病，另一台则是天线选择不当。为了进一步消除居民疑虑，院方请他们到机房，观看正在开机时机房内电视机清晰的图像，证明其丝毫不受高能X射线的影响，并且告诉居民们，晚上10点后院内直线加速器早已停机，所以不存在X射线影响电视机图像清晰的问题。

这一系列的公关活动解开了居民心头的疑团，他们纷纷表示对医院的理解和支持，为医院创造了一个良好的外部环境。可见，组织公共关系的目的就在于赢得公众，树立组织的良好形象。

【案例思考题】

如何评价医院的做法？从中你得到了什么样的启发？

实训应用

1．实训项目

顾客满意（CS）策划。

2．实训目的

通过对某一工商企业顾客满意度的实地调查，进一步了解顾客满意战略策划的内容，特别要让学生掌握顾客满意度和顾客满意的策略与方法，锻炼与提高学生进行顾客满意度以及顾客服务满意策划的能力。

3．实训内容

（1）调查与收集顾客满意度、顾客服务满意的企业与资料。

（2）根据调查与收集的材料撰写某企业顾客满意度的分析报告或策划方案。

4．实训要求

（1）每位同学必须收集企业信息。

（2）每位同学访问之前必须事先拟定访问提纲。

（3）每位同学必须在网上收集企业信息。

（4）填写实训报告，实训报告内容包括实训项目、实训目的、事先收集企业信息的内容、事先拟定访问提纲、实训体会。

5．实训组织

（1）每班分成四个大组，然后再分成两个小组，分头收集柯达公司与富士公司的资料。

（2）全班交流分析报告。

6．考核方式及成绩评定

（1）实训现场小组考核占40%。

（2）实训报告考核占60%。

Chapter4 第4章

公共关系手段：传播

学习目标

1．掌握公关传播的概念、特征、要素和类型

2．了解和把握传播的基础理论

3．掌握公关传播媒介的特点

案例导入

“2005 快乐中国蒙牛酸酸乳超级女声”大赛

蒙牛乳业、湖南卫视和天娱公司三家组成战略联盟，携手打造“2005 快乐中国蒙牛酸酸乳超级女声”（简称 2005 超级女声），捆绑营销、整合营销传播模式使蒙牛乳业、湖南卫视及天娱公司成为 2005 年夏天最大的“赢家”。

在 2005 超级女声活动中，蒙牛乳业集团曾印刷了 1 亿张宣传海报，将 20 亿个印有“2005 快乐中国蒙牛酸酸乳超级女声”字样及比赛介绍的产品包装投入市场，同时联合湖南卫视在成都、广州、郑州、杭州、长沙 5 个赛区的地方媒体以及《国际广告》等广告类、财经类杂志上投放大量广告进行宣传。值得一提的是，这些广告宣传还引起了其他报社、杂志社的持续关注，纷纷进行跟踪报道。有关超级女声的书籍也随之相继问世，譬如《超级女声宝典》《我为超女当评委》《李宇春真帅》等。

与此同时，湖南卫视和部分地方电视台现场直播比赛盛况，单单总决赛，湖南卫视的观众就达到 4 亿人，还不包括收看地方电视台转播的观众，再加上各级电视台对超级女声的重播，介绍超女或邀请超女参加的节目竞相上映，有关 2005 超级女声季军张含韵代言的蒙牛酸酸乳 TVC 广告片的多

次播放，广播电台对选手、评委、“粉丝”的关注，甚至有关超级女声电视剧的拍摄筹备，超级女声唱片《终极 PK》的出炉，铁杆“凉粉”把张靓颖在比赛中唱过的歌曲制作成 VCD、DVD 送给为张靓颖投票的人……这一系列活动使超级女声和蒙牛酸酸乳的品牌得到最大效应的传播。

新浪网是 2005 超级女声独家合作伙伴，众多超女和评委都曾做客新浪，引起众多网民的关注。其实不只是新浪网，蒙牛乳业、湖南卫视都在其网站上开辟专版做宣传，包括新闻、图片、视频、故事、评论及聊天等，内容丰富，吸引其他各类大小网站纷纷加入，争取更大的点击率。遍布全国各地的“粉丝”更是把 QQ 群等即时聊天工具作为主要的联系方式。超级女声的“超级粉丝”为了支持自己喜欢的超女自愿买单，通过短信渠道，越来越多的人开始了解超女，并积极发动亲朋好友等共同参与，为其投票。短信互动传播在营销传播史上有着划时代的意义。2005 超级女声已享誉国内外，为湖南卫视和短信营运商带来了不菲的直接收入。

【问题引入】

“2005 快乐中国蒙牛酸酸乳超级女声”大赛是如何借助媒体力量的？

从本质上来说，公共关系活动就是一种信息双向传播和沟通的过程。公共关系的主要任务就是加强组织与公众之间的相互了解，促进双方建立并维持良好的关系，使传播成为联结公共关系主体与客体即组织与公众的桥梁。因此，公共关系开展工作的手段就是传播。

4.1　公共关系传播理论

传播是自人类产生以来就有的社会现象，而且时时有传播、处处有传播，传播行为是人们相互之间进行信息交流的活动。

4.1.1　公共关系传播概述

1．公共关系传播的含义　“传播”（communication）一词来源于拉丁文 communi，意思是“共同”，即在信息传播者中建立共同意识。英文 communication 多翻译为“传播”“交流”“沟通”等意思。在公共关系活动中，公共关系传播意味着社会组织将公共关系信息通过传播媒介传递给社会公众，使公众能够了解组织的行为，理解组织的经营目的、管理方针，领会组织的意图和愿望，以便取得公众的信任和好感，进而影响或改变公众的态度和行为，创立良好的公共关系氛围。

2．公共关系传播的特征　传播是一种社会现象。公共关系传播是公关人员将组织信息输送给公众，又将公众的信息反馈给组织的信息流动过程，而且这一过程必须借助载体进行，传播活动也强调其有效性。总之，公共关系传播体现出以下特征。

（1）双向性。双向性是公共关系传播的首要特征。它指公共关系传播是社会组织与公众的互动行为，它包括社会组织把信息向公众传递，再把公众对信息的认知反馈到组织这样两个环节，而非单方面发送或接收的信息。

根据公共关系传播的双向性特点，公共关系从业人员必须了解和掌握公众的心理需求与利益需求，提供有针对性的信息传播；同时公共关系从业人员也必须注意搜集和研究信息反馈情况，使传播活动更加有的放矢。

（2）共享性。共享性也是公共关系传播所具有的比较明显的特点之一。它主要是指社会组织和公众在传递、反馈、交流的一系列过程中，通过双向的信息沟通，使双方在某种程度上达成了共识，这些信息在时间上和空间上由社会组织和广泛的公众共同享用。

根据公共关系传播的共享性特点，公共关系从业人员必须根据公众的特点广泛传播组织的经营目的、管理方针、组织愿景，以在公众中形成口碑效应，塑造良好的组织形象。

（3）广泛性。广泛性由传播媒介的特点所决定。它是指公共关系信息被传播媒介在公众中广泛传播和扩散。如今，科学技术日新月异，传播的手段和媒介日益先进和多样化，为公关信息的广泛传播提供了现实条件。广播、电视、互联网等传播媒介甚至可以突破地域乃至国界的限制，实现信息全球化。

根据公共关系传播的广泛性特点，公共关系从业人员一方面要努力传播有利于组织形象的积极信息，另一方面要尽量避免不利于组织形象的消极信息被广泛传播。

（4）动态平衡性。动态平衡性是指现代社会知识爆炸、信息瞬息万变，传播的信息内容和过程是动态变化的，不是一成不变的。

根据公共关系传播的动态平衡性特点，公共关系从业人员应及时发送信息，及时知晓并了解公众由此引发的态度和行为的反应，从而有效把握传播的最佳时机，最终达到信息传播的动态平衡性。

3. 公共关系传播的要素　传播要素是形成传播的一些必要条件。传播的基本要素主要有传播者、受传者、信息、媒介和反馈，它们之间相互联系、相互制约，不断循环。

（1）传播者。传播者是信息的发出者。在公共关系传播过程中，传播者占据主动地位，他们可以选择所要传播的信息、形式和方法，针对受传者及所用媒介的特点来组织传播。传播者的素质和传播经验的完善是决定传播效果的重要因素。

（2）受传者。受传者是信息的接收者。在公共关系传播过程中，受传者是传播的目标，他们在传播活动中没有主动权，但在对所传播信息的接收上具有决定权并可以通过反馈来影响传播者。受传者对信息的接收程度实质上就是传播的效果，传播效果很大程度上取决于受传者的社会背景、文化知识水平、需要、气质、性格及能力等影响因素。不同的受传者，会对信息有不同的需求和评价。

（3）信息。信息是传播的内容。在公共关系传播过程中，信息是传播者和受传者之间互动的介质。信息进入传播过程后才具有价值，它作为一种无形资源，人们可以共享并且在利用中取得巨大的效益。

（4）媒介。媒介是信息的表现形式，是承载信息的物质形式，也是将传播过程中的各种因素相互连接起来的纽带。现实生活中的媒介多种多样，如印刷类的媒介、电子类的媒介、网络、手机等。不同的媒介有不同的特点，传播者可以根据传播目的，对不同的传播内容选择最宜达到预期效果的媒介。

（5）反馈。反馈是受传者对接收到的信息的反应，即受传者对传播者的反作用。在公共关系传播过程中，这是一种信息“回流”。传播者可以根据反馈检验传播效果，以此为依据调整和充实下一步的工作。

除了上述的基本要素外，公共关系传播中还存在一些隐含要素，包括时空环境、心理状态、信誉意识等。时空环境即传播过程中的时间与空间环境；心理状态即传播者和受传者双方在政治环境、经济环境、文化氛围及社会历史条件等因素的影响下表现出来的不同的性格、气质、能力、需要及动机等状态；信誉意识即传播过程中传播者和传播内容的可信程度。

只有在了解和熟悉公共关系传播的基本要素与隐含要素的基础上才能更好地达到传播的效果。

小案例

康乐氏橄榄油产品传播策略

2005年年初，康乐氏橄榄油正式进入中国市场。康乐氏虽然是在全球享有盛誉的国际性大品牌，但中国国内消费者对其还知之甚少。采用最低的广告成本，将品牌最大限度地传播出去，成为康乐氏橄榄油专家顾问绞尽脑汁思考的问题。经过慎重策划，项目团队决定根据产品的功用及市场定位，为产品选择一名形象代言人，并将形象代言人定位为“健康、智慧、美丽”。康乐氏极富创意地在北大、清华两大国内顶尖高校征集女博士来担任形象代言人。消息一经传出，由于社会上对女博士话题的敏感性而在网上引发了网友们的热烈讨论：世界上有三种人，男人、女人和女博士；

女博士是灭绝师太；女博士担任形象代言人能否做好科研等。康乐氏橄榄油招募形象代言人的活动，首先在国内高校及网络上引起了广泛的关注与讨论，成为红极一时的话题，从而有效地传播了康乐氏品牌。因此，选用代言人的过程为康乐氏做了一次成功而又免费的“广告宣传”。

最后，形象清丽可人、阳光健康的北大女博士遇辉，因完美匹配康乐氏“健康源泉、美丽伴侣”的形象定位，脱颖而出。消息一传出，中央电视台、凤凰卫视、《北京青年报》《中国青年报》、新浪网等各大媒体抓住女博士这个易为普通人误解的特殊群体进行深度挖掘，掀起了大众对女博士应聘产品形象代言人事件报道的热潮。

康乐氏这个策划的高明之处在于：北大女博士遇辉不仅具有美丽健康的外表，同时更具有高品位的学识和智慧，从而完美地阐释了康乐氏橄榄油的形象和品质，博士本身所代表的学识、修养会与消费者心中对于知识的敬仰产生共鸣，大大增强产品的吸引力和可信度。同时，女博士一直是社会上关注而又对其存在偏见的人群，选用女博士作为形象代言人这一事件，可谓是“社会意义和商业效益兼备”，从而引起社会的关注，形成了成功的事件营销，使康乐氏橄榄油尚未正式投放市场，其品牌知名度已经迅速扩散到全国。

4．公共关系传播的类型 公共关系传播常常以不同的形式表现出来，从不同的角度分类，可以将公关传播划分为不同的类型。按照公共关系主客体关系及其规模大小的角度来划分，公共关系传播的类型可分为自身传播、人际传播、组织传播和大众传播。

（1）自身传播。自身传播是指个人受到外界信息刺激后，在头脑中进行的传播活动，是个人为适应环境的变化而进行的自我心理平衡和调节，是个人内心的思维活动。如个人的自言自语、自问自答、自我发泄、自我斗争和沉思默想等。自身传播是人类传播行为的基础，是行为主体不断完善自我、发展自我的过程。一个自我传播丰富而频繁的人，往往是一个成熟而稳健的人，它是公关人员必备的基本素质。

（2）人际传播。人际传播也叫人际沟通，是一种人与人之间直接进行信息交流与互动的方式。它是最常见、最广泛的一种传播方式，一般有两种表现形式：一种是面对面地通过语言、表情、动作等方式进行交流；另一种是通过书信、电话、网络和即时通信等媒介进行传播。

人际传播的特点是对象明确，私密性较强，反馈及时，互动频度高，随意性大，传播过程极富人情味。但是这种传播方式影响面小，信息辐射面窄，传播者和受传者双方容易受情感因素影响，特别是人际基础上的多级口语传播，信息很容易失真。

（3）组织传播。组织传播是指以组织的名义对内部公众和外部公众开展的信息交流活动，包括内部传播和外部传播。

内部传播指组织内部上下级之间、部门之间的信息交流活动，可分为上行传播、下行传播和平行传播三种方式。上行传播指组织内部下级向上级的传播，如反映情况、汇报工作、请示意见等；下行传播指组织内部上级向下级的传播，如通报情况、布置工作、传达指示等；平行传播指组织内部相互之间没有隶属关系的各部门、各机构之间的传播，如讨论协作、沟通进程、开展联谊活动等。这其中包括正式的传播渠道和非正式的传播渠道：正式的传播渠道指信息沿着一定的组织关系（部门、职务、岗位以及隶属关系或平行关系）环节在组织内部交流的过程；非正式渠道指除制度性组织关系以外的信息传播渠道。内部传播采用的主要媒介形式有以文字形式书写的文件、报告、信件等书面媒介，以会议、电话、计算机通信系统等形式的组织自控的公共媒介，如组织内部刊物、黑板报、职工手册、有线广播及闭路电视等。

外部传播是指组织与其外界环境进行信息互动的过程，它包括信息的输入和输出两个方面。信息的输入就是组织为适应环境变化和实现目标而从外部广泛收集和处理信息的活动。信息输入的渠道包括凡是与外部保持联系的部门和员工，组织内部专门从事信息收集和分析活动的部门，报刊、广播、电视等大众媒体和互联网等。信息的输出是指组织将其相关信息准确、及时、有效地传递出去，得到公众的认同。信息输出的渠道包括公关专题活动、广告宣传、企业形象识别系统（CIS）宣传及市场营销活动等。

组织传播的特点体现在：传播有特定的主体——组织，传播行为在相当大的程度上具有正式性，传播媒介在一定程度上具有多样性和复杂性。不足的地方在于信息反馈笼统而有限。

（4）大众传播。大众传播是指职业传播者如新闻单位、出版发行单位，通过报纸、杂志、广播、电视、电影和书籍等现代化的传播媒介，将大量复制的信息传送给分散的大众。

大众传播是现代社会中影响最广泛、作用最重大的传播形式。它的显著特点是传播主体高度专业化、组织化，运用先进的传播技术和产品化手段大量生产、复制和传播信息，传播对象众多，覆盖面很广。但是传播的信息完全公开化，反馈量少而且比较慢。

在实际生活中，一个完整的公共关系传播过程往往是各种传播形式并用，它们互相补充、互相促进，共同实现理想的传播效果。

4.1.2 传播的基础理论

传播既是公共关系的手段，又是公共关系的过程。公共关系人员应当注意研究传播的特点，恰如其分地运用传播手段来实现公共关系的工作目标，这就有必要对有关传播的基础理论有所了解。

1．拉斯韦尔的 5W 模式 5W 模式是美国传播学者拉斯韦尔 1948 年在题为“社会传播的结构与功能”的论文中正式提出的一个传播模式，即 who says what in which channel to whom with what effects？意思是谁通过何种渠道，对谁说了什么而带来什么效果，如图 4-1 所示。

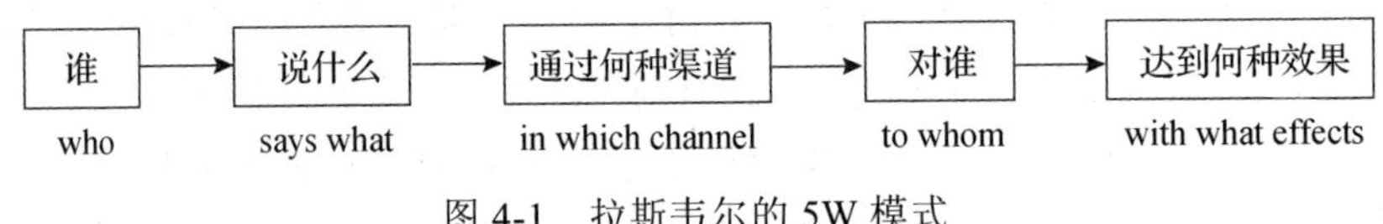

图 4-1 拉斯韦尔的 5W 模式

（1）who：谁传播。这是对传播者的分析。它主要指对新闻机构、人员、制度的分析。

（2）says what：传播什么。这是对内容的分析。它主要是研究和调查新闻、传播等方面的内容，目的在于了解传播者的意图、传播对象同信息之间的关系。

（3）in which channel：通过何种渠道。这是对媒介的分析。它是从分析各种传播媒介的特点、方式入手。

（4）to whom：向谁传播。这是对传播对象的分析。它分析千差万别的接收者是怎样选择性地接收信息。

（5）with what effects：传播的效果怎样。这是对效果的分析。它主要研究接收者对传播信息的反应。

5W 模式忽视了“反馈”，使该模式的走向是单向的，没能更好地体现传播的“双向沟通”。尽管如此，我们也不能轻视拉斯韦尔的 5W 模式在传播史上的功劳。拉斯韦尔经过 40 多年的潜心研究推出 5W 模式，较早地、更为清晰地向人们描述了传播的基本过程，为人类对传播现象的研究做出了巨大的贡献。

2．香农模式（单向传播模式） 香农模式是克劳德·香农和沃伦·韦在 20 世纪中叶提出的一种著名的单向传播模式，其过程表现形式如图 4-2 所示。

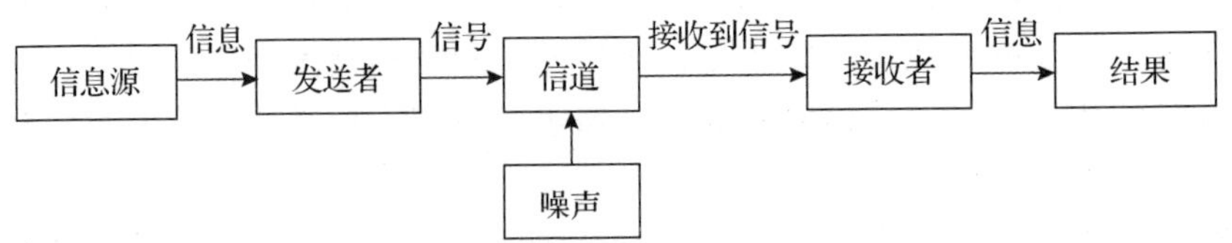

图 4-2 香农模式（单向传播模式）

香农模式是传统的线性传播模式，即单向传播模式。它在传播学上具有广泛的影响，但其明显的缺陷表现为缺乏信息反馈，忽略了信息传播过程中的制约因素，如社会环境和主观思维等方面的能动作用。

这种香农模式和 5W 模式因其单向性，都不太适合用到公共关系传播中。公共关系传播具有双向性特征，所以这就涉及传播学的另一种传播模式——双向传播模式。

3. 香农模式（双向传播模式） 香农模式在 20 世纪 60 年代经修改增加了反馈线路。反馈可以调整传播者发出的信息，使之更适合受传者的需要，增强传播的效果。反馈从结果出发，通过信道到达信息源，如图 4-3 所示。

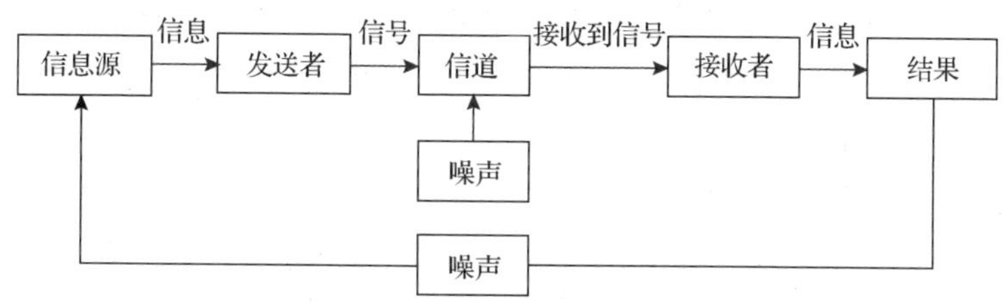

图 4-3　香农模式（双向传播模式）

这种模式是双向传播模式，指在信息传播过程中，既有从传播者到受传者的信息传递系统，又有从受传者到传播者的反馈系统。因此，双向传播可以使传播者及时调整决策和行为，适合公共关系传播使用。

训练与练习

1. 什么是公共关系传播？
2. 组织发布新产品时，宜采用哪种传播方式？
3. 组织与员工和股东之间的信息沟通宜采用哪种传播方式？

4.2　公共关系传播媒介与选择

信息必须借助不同的媒介作为载体才能有效传播。了解和熟悉各种传播媒介，并且能够恰当地运用，是每个公共关系人员应该具备的能力。

4.2.1　公共关系传播媒介举要

公共关系工作进行传播所借助的媒介大体有以下几种。

1. 大众传播媒介 大众传播媒介可分为印刷类媒介和电子类媒介两种，主要有报纸、杂志、书籍、广播、电视、电影等。其中，报纸、杂志、广播、电视是新闻媒介，与公共关系传播工作密切相关。公共关系人员必须了解和熟悉大众传播媒介的特点，才能根据组织的目标和公众的需求，有的放矢。

（1）印刷类媒介。印刷类媒介是借助可视的语言、文字和符号传递社会信息的各种载体，它包括报纸、杂志、书籍、招贴和宣传单等印刷品。下面介绍几种典型的印刷类媒介。

1）报纸。报纸是一种以刊登新闻和新闻评论为主、面向公众公开定期发行的散页出版物。

报纸有其独特的优势：一是由于信息符号以文字为主，图片为辅，适合做深度、广度的报道，揭示事物的本质和规律；二是信息量大，可涉及多个方面和领域；三是发行量大，受众大众化，遍及社会各个阶层；四是自由选择性较强，读者可以任意挑选阅读内容，也可以自由选择阅读的时间、地点和方式；五是便于保存、剪辑和查阅，具有一定的史料收藏价值；六是经济实惠，因为一方面报纸制作容易，成本较低，另一方面，报纸发行方式灵活，发行周期短，宣传频率高，客户稳定。

这些优势使报纸成为组织告知公众信息的重要媒介，但是它也有不可忽视的局限性：一是主要以文字来传递信息，生动性较差，受众的文化水平也受到限制；二是受到出版周期和发行环节的制约，有滞后性，最新发生的事件很难及时地在报纸上得到反映，时效性较差。

2）杂志。杂志是一种汇编多篇作品、以成册装订的形式、定期或不定期连续出版的印刷读物。

杂志和报纸有许多共同的地方，如宜做深度和广度的报道、信息量大、发行量大、便于保存等。除此之外，与报纸相比，它也有自己的独到之处：一是突破了报纸的地域性限制，可在全国甚至全世界范围内广泛发行；二是由于时间和版面相对较为充足，传播信息比报纸更丰富、更全面、更准确、更深入；三是杂志按性质可分为专业性杂志（如《公关世界》）和非专业性杂志（如《读者》），它们往往确定了自己专注的领域，针对性更强；三是杂志比报纸要讲究得多，特别是图片和色彩方面，印刷精良、吸引力较大、传播效果明显。

但是杂志，特别是专业性杂志，相对于报纸来说，也有其局限性：一是对读者文化水平的要求更高；二是出版周期相对较长，多为旬刊、半月刊、月刊、季刊等，因此时效性有所欠缺。

3）书籍。书籍是用文字、图画和其他符号，在一定材料上记录各种知识，清楚地表达思想，并且制装成卷册的著作，它是传播各种知识和思想，积累人类文化的重要工具。

作为一种媒介，书籍与报纸、杂志的优势和局限性基本相似，只是书籍对信息的阐述更详尽和深入，资料的保存价值更高，但是在出版周期等因素的影响下，传播的时效性却是最差的。由于传播的内容更加专业化，受众的读者范围也更小。

4）宣传册。宣传册是组织聘请专业人士利用综合色彩、图片、文字及摄影等平面创意手段和出色的工艺制作技术，创作出符合自身推广需求的手册，如图 4-4 所示。

宣传册一般有一贯的内容，并且在布局或美术方面，体现着组织的个性。

这种小册子可以提供读者知识，既能激起潜在公众的行动，也能用作参考资料，永久保存，时刻将组织的文化和理念渗透于公众和潜在公众之中，发挥着很强的营销宣传作用。

图 4-4　2003 年全国围棋甲级队联赛总冠名权招商手册

总之，印刷类的媒介都具有教育灌输、指导参考和形象宣传的功能，组织的方方面面都可以通过它们来进行宣传。

（2）电子类媒介。电子类媒介是以电波的形式来传播声音、文字和图像等符号，并运用专门的电器设备来发送和接收信息的传播工具。它包括广播、电视、电影、录音、音像出版物和幻灯片等，下面着重介绍一下广播和电视。

1）广播。广播是通过无线电、电波或导线传送声音，供大众收听的传播工具。

广播的优势相当明显。一是传播快、覆盖广，广播的信息发送不受时间和空间的限制，瞬间就能传遍整个地区、全国甚至全世界，即时性较为明显；二是广播主要传递的是声音，口语表达中以情动人，感染力更强，公众反应较为生动；三是对公众的文化水平没有特定的要求，听众可以边听边做其他事情；四是广播的接收机已经实现了小型化，受众可以随时携带，随时收听；五是广播的制作成本比较低，组织投资少。

优势的另一方面导致了局限性。一是由于是听觉传播，对信息的深刻揭示性较差，受众对于声音的注意力不及文字或图像，说服力较差；二是声音稍纵即逝，给信息的保存和反复接收带来了诸多不便；三是广播按时间顺序进行线性传播，受众对信息内容的选择性差，无法根据自己的需要灵活选择节目，只能被动接收既定的节目。

2）电视。电视是用电子技术传送图像和声音的通信方式。电视作为现代化的传播媒介，已成为最具大众化、最有效力的传播媒介之一。

电视与广播有许多共同之处，但还有一些广播及其他传播媒介无法比拟的特点。一是真实感强，它可以同时具有文字、声音和动感图像，极富现场感，生动形象；二是以动感图像为最主要的载体，对观众的文化程度要求低；三是娱乐性强，它是最受公众喜欢的传播工具，也是很多公众接触时间相当长的传播工具；四是传播迅速、受众面广，可以重复传播；五是时效性强，可随时传递各类最新信息，尤其是现场直播。

电视和其他传播媒介比较，也有一些弊端。一是储存性差，电视传播的信息保存和重复使用存在一定的难度；二是节目的制作、传送和接收成本高；三是受众的选择性小，只能按既定的时间、顺序和速度接收既定的节目；四是电视节目的接收还要受场地、设备等条件的限制，不易携带。

2. 互联网媒介 互联网（Internet）被称为第四媒体，是全球范围的、开放的，由众多网络组成主要采用TCP/IP协议互联而成的计算机网络，它包含全世界范围内巨大的信息资源，如图 4-5 所示。互联网可以提供远程登录系统（telnet）、文件传送（FTP）、电子邮件（e-mail）、信息检索（gopher）、万维网（WWW）、电子公告板系统（BBS）、聊天、即时传呼（instant messaging）、网络新闻（usenet news）、多人游戏、电子商务及网上拍卖等多种形式的服务。组织通过虚拟主机上网，申请域名，建立组织的网站，从而塑造互联网上的良好组织形象。

互联网是一种新兴的传播媒介，具有与传统传播媒介不同的特征，它有如下优点。

（1）信息量大。互联网由无数的局域网联结起来，形成了一个巨大无比的数据库，成为综合性的信息平台，涉及新闻、财经、体育、娱乐、旅游及生活等各个领域，网络上的信息无所不包。

（2）超越时空限制。互联网中信息的传播和接收不受时间和空间的限制，随时随地都可能实现异步通信。

（3）超文本的信息传播中使多种媒介同时起作用。互联网将文字、声音、图形、图像等信息符号转化为计算机语言传递不同的信息，综合了报纸、杂志、书籍、宣传册、广播及电视等多种传播媒介的优势，使多种媒介同时起作用。

（4）多种形式互动交流。通过电子邮件、聊天、论坛、博客、即时传呼等多种形式，网络媒体的受众既可以在极大的范围内选择自己需要的信息，也可以参与信息的传播，实现组织与公众交互式的信息传播效果。

图 4-5　腾讯网站首页截图

（5）个人化信息传播。一方面，互联网实现了“一人一媒介”，突破了职业传播者发布信息的专利，使每个使用互联网的人都可以发布和接收信息；另一方面，互联网是一个高度开放的空间，任何人都可以根据自身的需要和爱好利用这个信息平台彰显自己的个性。

（6）成本低，性价比高。互联网充分利用现成的全球通信网络，在投入一定的硬件设施后，用户只需和其他无数局域网用户分担相应的通信费用，相对于互联网的巨大功能，它的性价比相当高。

互联网的缺点表现为以下几个方面：一是信息量太大，个体用户的主观性强，无法绝对确保信息的真实性；二是“病毒”泛滥，可能会破坏性地侵袭计算机和网络，造成信息传播的障碍；三是重要信息的保密工作亟待加强。

3. 手机媒介 手机最初只是作为移动电话提供一种简单的通信服务，但随着科学技术的不断发展，特别是手机和互联网技术结合之后，短信、彩信、JAVA下载、定位、拍照、摄像、收音、手机报纸、手机电视及手机上网等功能使手机成为最私人化的传播媒介，有些学者称之为“第五媒体”。

手机对新闻可以实现实时传播，操作简单方便，手机用户可以及时获得反馈，与电视、广播等媒介相比，成本也比较低。因此，手机的优势在于传播的快捷性、简便性、服务性及互动性，受众明确、经济实用。

但是，手机又存在固有的物理缺陷，即显示屏幕偏小和电池效能不足等特点局限了信息传播的深度和有效性。通过手机获取信息，与其他媒体相比，画面不及电视，声音不及广播，报道深度不及报纸，综合性、丰富性不及网络。况且，手机是私人化的传播渠道，若在手机中出现广告，不易被受众接受。

4. 组织传播媒介 组织传播常采用文字媒介、电子媒介、局域网络、会议等。

文字媒介主要是指工作计划总结、组织内部制度流程、组织内部刊物、板报、宣传栏、来往信函、产品介绍、使用说明书、宣传手册和路牌、墙体、车体等户外媒介等。通过这些图文材料，既可以给员工提出工作的要求，塑造企业文化，又可以详细向公众介绍组织的产品和文化。

电子媒介有组织广播站、组织电视台两种。通过组织广播可以开展领导与员工的热线交流，可以广播新闻、经验，也可以播出音乐和娱乐节目来调剂员工生活。组织电视台一般为闭路有线系统，可以定期或不定期转播新闻和其他节目，也可以播放自制专题片等，信息及时，针对性比较强。

局域网络是组织自设的网络中心，可以通过互联网的形式在组织内部传播信息，这种媒介传播信息全面，不受时间限制，甚至可以进行在线沟通。

在组织沟通中比较重要的会议主要有展览会、新闻发布会、内部沟通会等，特别是内部沟通会，有必要以正式或非正式形式定期组织，这是组织对内和对外保持信息畅通的重要途径。

5. 人际传播媒介 人际传播媒介主要包括语言媒介、非语言媒介和实物媒介。

语言媒介可分为有声的语言媒介和无声的语言媒介。有声语言媒介如交谈、演讲、谈判、采访及报告等，这类媒介沟通中反馈信息及时，效果明显；无声语言媒介如各类文字材料、图画、商标、徽章及寓意文图标识等，这类媒介传递信息准确详细，但时效性较差。

非语言媒介可分为有声非语言媒介和无声非语言媒介。有声非语言媒介是指讲话的声音、语调、哭声、呼喊以及借助其他物品制造出的声音等，可起到

“意会”的作用；无声非语言媒介指人的表情、动作、姿态等，这些负载信息的无声的人体语言可以达到“此时无声胜有声”的境界。在一般的人际传播中，语言所表达的社会意义平均不到 35%，而 65%的社会意义是用非语言符号传递的，非语言媒介可以使信息表达得更生动，沟通更有效。

实物媒介是传递各类信息的物体，比如信件、卡片、电话、传真机及个人电脑联络系统等。信件、卡片等信息载体在传播中针对性强、阅读率高、贴近感情，但因反馈率低，也带有一定的盲目性；电话已经成为现代人沟通必不可少的工具，它缩小了沟通的周期和界域，提高了沟通效率，但因以声音见长，所以无法淋漓尽致地发挥表情、动作和姿态等无声非语言媒介的优势；传真机凭借电话线路，将书信、文字资料、图像资料等及时传递到遥远的地方，糅合了信件和电话的优势，避免了反馈率低和只以声音表达的缺陷；个人电脑联络系统利用网络实现双向沟通，信息传播快、反馈及时、私密性强。

公共关系人员要注重研究传播媒介的特点，根据不同的公众对象、不同的组织环境、不同的公关目标和不同的传播内容，采用不同的传播媒介，以达到事半功倍的效果。

4.2.2　公共关系传播媒介的选择

1. 选择公共关系传播媒介的原则　公关传播活动在公关工作中无处不在、立体交叉、灵活多变，要想使复杂的公关传播活动取得理想的效果就必须遵循以下原则。

（1）目标导向原则。公共关系传播活动是围绕公关目标展开的，公共关系传播媒介的选择也应以目标为准绳。如果组织的公关目标是为了提高企业的知名度，一般可以选用大众传播媒介和互联网媒介；如果组织的公关目标是为了加强与员工的沟通，增强组织内聚力，可以选择人际传播媒介和组织传播媒介；如果组织的公关目标是为了实现与忠诚顾客的互动，可以选择人际传播媒介和手机传播媒介。若不考虑公关目标而盲目选择公关传播媒介的话，则无法实现组织的公关目标，公关传播活动自然也会以失败而告终。

（2）特色鲜明原则。公共关系传播媒介各有利弊。公共关系人员在选择传播媒介的时候，必须明确了解它的优势与劣势，把握各种传播媒介的内涵，遵循特色鲜明的原则，选择恰当的传播媒介。比如公关目标群体是快节奏生活的“白领”一族，则互联网媒介信息量大、超越时空限制、多种媒介共同起作用等鲜明特点成为选择它作为传播媒介的依据。

（3）有效沟通原则。公共关系传播追求的是有效沟通，但是公众是复杂的群体，公共关系人员要充分考虑公众的态度和需求，尽量争取公众对组织的了解、喜爱甚至忠诚。例如，公众对组织进行投诉时态度恶劣，在人际沟通过程中，作为一名优秀的公关人员不应是逃避或辩解，而是应该积极应对，找出症结所在，切实为公众解决问题，这才是有效的沟通。

2. 影响公共关系传播媒介选择的因素 在实践中，影响传播效果的因素有很多，正确选择传播媒介便是其中的一个重要方面，而要正确选择传播媒介需要考虑三个方面的因素。

（1）传播对象。不同的组织处在不同时期或承担不同任务的同一组织都可能面临不同的公众。因此，公共关系人员在组织传播活动时要考虑不同受众对象的文化层次、年龄结构、生活和工作习惯、经济状况等，从而有针对性地选择恰当的传播媒介。如果是受教育层次比较高、年龄比较大的公众，常选用印刷类媒介或互联网；如果公众是小孩子，一般选择电子类媒介；如果是生活不规律的公众，最好选择印刷类媒介或互联网；如果是经济生活水平低的公众，可以选择价格低廉的媒介，如报纸；如果传播对象仅限于组织内部，可以选择组织内部刊物、广播、电视或宣传栏等；如果传播对象人数很少，可以选择人际传播媒介。除此之外，传播对象的性别、职业、业余爱好等因素也需充分考虑。

（2）传播内容。不同的传播内容要选择不同的传播媒体。在公关传播活动中，传播内容的性质、复杂程度、保存价值、详细程度和趣味性等是选择传播媒介的重点考虑因素。一般来说，公共事务性较强的信息可采用电子类媒介；比较深刻、复杂的内容宜用印刷类媒介；保存价值不大的内容可选用电子类媒介；详细程度和趣味性较大的内容宜采用电子类媒介或互联网等新兴媒介；交流中需要及时反馈的信息适合选择人际传播媒介。总之，要保证较好的传播效果，就必须综合传播内容的特点和传播媒介的特点来选择传播媒介。

（3）经济效益。在市场经济时代，组织选择任何一种传播媒介传播信息时都需要支付一定的费用。因此，公共关系人员在选择传播媒介时应秉承“少花钱多办事”的经济合理化原则，既要考虑组织自身的经济能力，又要充分发挥现有人力、物力、财力，精打细算，在特定条件下，争取以最小费用获取最大传播效益。

训练与练习

1. 你经常接触的传播媒介有哪些？
2. 你最乐于接受的传播媒介是哪种？为什么？
3. 在评选优秀班集体活动期间，请选择合适的传播媒介和传播方式将你们班级的良好形象宣传出去。

4.3 公共关系传播实施技巧

各种传播媒介各有长短，可单独选择运用，也可交错使用，这取决于组织具体的公关目标。在此基础上，正确地选择传播媒介并对这些媒介进行有组织、有系统的运用，是公关工作的一项重要任务。在公共关系传播实施过程中，可以使用以下技巧。

4.3.1 利用新闻媒介

无论是恺撒大帝的《每日记闻》，还是“便士报运动”，公共关系一开始就和新闻媒介有着不解之缘。新闻界是组织塑造良好形象不可或缺的公众，新闻媒介是组织与公众进行双向沟通的重要桥梁。组织要利用新闻媒介就必须与新闻界保持良好的关系，善于制造新闻事件。

1. 与新闻界保持良好的关系 新闻界包括报社、电台、电视台、网络及其编辑、记者等。通过与新闻界工作人员交朋友，积极帮助编辑、记者解决有关报道、采访中遇到的困难，安排有专长的人员与编辑、记者保持经常性联系，定期寄送有关信息资料，积极参加新闻界所组织的活动或主动邀请新闻界联合举办活动，正确对待新闻媒介的批评报道等方法，使组织与新闻界保持良好关系。这样可以迅速提高组织的知名度和美誉度，即使在组织面临危机时，也能获得新闻界的同情和支持，从而积极引导舆论，重塑形象。

2. 善于进行新闻策划 新闻是正在发生的事实，往往是受众关注的题材。这里的新闻策划特指公共关系人员经过精心策划，有意识地安排某些具有新闻价值的事件在选定的时间内发生，并吸引媒体注意和加以报道，这使媒体成为组织的“免费宣传员”。

要让媒体免费选用组织的事件作为新闻，就要巧妙策划，给一件本来可能不具备新闻价值的事件赋予新闻性。

小案例

老板喝涂料

2000 年 10 月 10 日，一家名不见经传的装饰材料开发公司——富亚准备实施“真猫真狗喝涂料，富亚涂料安全大检验”活动。由于现场市民及动物保护协会成员的阻止，富亚经理蒋和平亲自喝下了涂料。现场故事一波三折，并没有以蒋和平“悲壮”地喝下自己的富亚涂料告终。当时，新华社播发了一篇 700 字的通稿“为做无毒广告，经理竟喝涂料”。此后，媒体纷纷跟风，“老板喝涂料”的离奇新闻开始像野火一样蔓延。北京市各大媒体《北京日报》《北京晨报》《北京晚报》《北京青年报》以及北京电视台竞相报道，不同之处只是“你正话反说，我就反话正说”。最后有人做了一下统计，全国竟然有 200 多家媒体报道或转载了这则消息。

无论如何，事件本身的轰动效应“造”出来了。北京电视台评选“10月十大经济新闻”，“老板喝涂料”赫然跻身其中，与“悉尼奥运会”等同列。

真的是一个突发的经济新闻？非也。“老板喝涂料”，在街头表演的虽是富亚公司总经理蒋和平，但躲在幕后策划的却是策划人秦全跃。大部分策划业内人士都认为，“老板喝涂料”堪称是一个经典的新闻策划，其最大成功之处在于“软新闻”做得不留痕迹，因为事件本身的离奇性已经足够构成一个新闻题材。

组织进行新闻策划可以选公众近期内关注的热点、难点、焦点话题，可以选新鲜性、重要性、接近性、时效性兼备的新闻，可以事先制造热烈气氛和心理预设来使公众有心理准备以强化新闻策划的效果，可以有意识地把组织和某些权威人士或社会名流联系起来，可以与传统节日或纪念日联系起来，也可以和新闻界如报社、电台、电视台等新闻机构联合举办各种活动。总之，新闻策划是通过发掘、制造真实的新闻事件，达到宣传自己、塑造良好形象的目的。

3. 掌握新闻写作的技巧 新闻写作除了要服从文学传播的一般规律以外，还有自己特定的要求。一般来说，新闻的结构应包括标题、导语、主体、背景和结尾五个部分。

（1）标题。标题是一篇消息内容的最鲜明、最精练的概括，被称作是消息的“眼睛”，所以，新闻写作的第一步就是要精心制作标题。标题主要分为单行标题、两层标题和多行标题。

1）单行标题即只有一个正题，简洁而鲜明地突出消息的主要内容和意义，可起到简洁明快、易读易记的效果。如 2007 年 10 月 10 日《南方都市报》中 A06 版有一篇消息为“工行第二套房贷固定利率提高 30%”就是单行标题。

2）两层标题即双标题。这类标题有两种：一是在正题之上加引题，如 2005 年 8 月 21 日《华西都市报》第 2 版有一篇消息为“为红颜好友决斗一死一伤 潜逃疑凶化身金牌厨师 12 年悬案：杀人案还是医疗事故？”；二是在正题之下加副题，如 2005 年 8 月 21 日《成都商报》第 01～04 版有篇消息“客家吉祥水 浇欢洛带镇 第五届洛带客家水龙昨盛大开幕”，其中正题概括事实、引题（副题）则阐明意义，渲染气氛，达到虚实结合，互为补充。

3）多行标题含量丰富，包括引题、正题和副题。这类标题可起到读了标题，就能够大概了解全文基本内容的作用。

（2）导语。导语是引导读者阅读新闻的开头语，它是新闻特有的一个概念和组成部分。导语用极简明生动的语言写出新闻中最主要的事实，观点鲜明地揭示了全篇的主体思想。常见的导语写作有以下几种：

1）概括式，就是将新闻中的主要事实提纲挈领地加以叙述，概括全篇的主旨。

2）提问式，即先提出问题，然后引出下文，以引起读者的关注和深思。

3）描述式，采用对事实或所处的环境和时间做简洁的描写，使导语显得生动而有特色。

4）结论式，采用把事情的结论写在开头，然后用事实简明描述，揭示出事实的意义和目的。但是，要注意结论和评论应当有分寸，要以毫不含糊的事实为根据，切忌夸大其词和耸人听闻。

（3）主体。主体是在导语之后，用充足的、典型的、有说服力的材料对消息的内容做深入的阐述和说明。主体是文章的主干部分，可以按照时间顺序写，由近及远或由远及近，阐述来龙去脉，层次分明，也可以按照逻辑顺序写，根据事物的主次、点面、因果、并列、总分等不同关系，按材料的性质归类安排结构，还可以将上述两种方法结合起来，适用于内容比较复杂、信息量大的消息。

（4）背景。背景是帮助读者理解所报道事实的历史、环境和原因的材料，它起着对比、解释和说明的作用。背景材料可以用插叙的方法适当安排在主体的适当部位。

（5）结尾。结尾是消息的自然结束。结尾的方法很多，或总结全文，揭示主题；或展示未来，鼓舞斗志；或抒发情怀，增强感染力；或用词含蓄，耐人寻味。

需要注意的是新闻必须客观真实、简明扼要，而且并不是所有具有新闻价值的事件都可以用公共关系新闻策划，公共关系新闻必须是以树立组织的良好形象为出发点的新闻。因此，公共关系人员要学会从组织的各项工作中发现它的积极意义后再进行报道。

4.3.2　善于策划公关广告

公关广告是以广告的形式来扩大组织的知名度，提高组织的美誉度，塑造组织的良好形象，以获得相关公众对组织的理解和支持，促进组织公共关系的发展。

公关广告不同于一般的商业广告。公关广告向公众传播的是某种理念、某种形象，而一般的商业广告推销的是某种商品或服务；公关广告是希望相关公众了解、接受和“爱”上组织，一般的商业广告是希望相关公众购买它们提供的产品或服务。

1. 公关广告的形式　公关广告有多种多样的具体表现形式。

（1）实力广告。通过展示组织的技术、装备、人员素质及经营发展状况等，以突出自身实力，增强组织的吸引力。

（2）观念广告。向公众介绍组织的经营目标、经营方针、经营思想、价值观念及企业精神等，改善和提升组织形象。

（3）品牌广告。传播相关公众对组织的好评、赞誉和在国内外获奖情况，宣传公司品牌，提高品牌的知名度和美誉度，形成品牌效应，在公众心目中有效地树立组织、产品及服务的形象。

（4）祝贺广告。在中秋、元旦、春节等节日期间或在相关公司开业、庆典之际，通过报纸、广播、电视、互联网、手机等媒介向公众表示祝贺，提高组织的美誉度。

（5）谢意广告。用广告的形式向相关公众致谢，增进公众对组织的了解。

（6）声势广告。借组织落成、剪彩、开业、庆典等大型活动营造声势，提高组织的知名度。

（7）公益广告。以组织的名义，发起具有公益性、慈善性、服务性的社会活动，显示组织对社会的责任感，提高组织的知名度。

除此之外，公关广告还有其他形式，如歉意广告、响应广告、纪事广告、倡议广告等。无论是哪种形式，都必须围绕公关广告的主体和目的进行策划。

2. 公关广告策划的注意事项 公关广告策划需要很多专门化的知识和技巧，如色彩的搭配、拍摄的技巧、画面的构成等，这些具体操作可以委托广告公司进行，但是如下注意事项却需要组织自己把握。

（1）实事求是。策划公关广告应该在调查的基础上确定选题，真实地、客观地进行公共关系广告的设计、编写、制作。

（2）吸引公众。在了解公众的物质需求和心理需求的基础上，策划独具风格、创意新颖的公关广告，有针对性地打动公众。

（3）通俗易懂。公关广告须做到语言浅显、画面简明、情感自然，易于被公众理解。

（4）寻求佳时。公关广告应尽量避开重大的节日、重大的社会活动或重大的会议等。否则，传播媒介花大量的时间和篇幅报道这些重要新闻时，就没有足够的时间和篇幅照顾到组织公关广告的需要，而且这个时期公众的重心也放在重要新闻上，很可能会忽略组织的公关广告，达不到公关广告策划的目标。

公关广告具有营造舆论、告知公众，强化舆论、扩大影响、正确引导舆论的功能，公共关系人员的公关广告策划能力是组织在激烈竞争中的重要武器。

4.3.3 善于组织高效的公关会议

会议是有组织、有目的的语言沟通的活动方式。从公关的角度而言，组织常常举办的会议有新产品发布会、记者招待会、联谊会、年度报告会、职工代表大会、座谈会及经验交流会等，这些公关会议是组织开展内外沟通，打造和谐公共关系环境的常用形式。

如何准备和操作公关会议？在后面的公共关系调查、策划、实施中有介绍，在此不再赘述，但公共关系人员组织高效的公关会议必须注意以下几点。

1. 考察召开公关会议的现实需要　因为并不是任何信息的交流都需要开会，比如对内部职工，一个文件就能说明问题就不需要召开职工大会，对外可以采用发新闻稿的形式发布不太复杂的信息的话，就不需要召开新闻发布会。只有当需要交流的信息比较集中或很是复杂的时候，需要多方协商或参与的时候，才有召开会议的现实需要。否则，会议太多，会过多地占用工作人员的时间和精力，无益于工作效率的提高。

2. 明确公关会议的特定目标和主题　要想使召开的公关会议有具体的实效，那么召开的公关会议必须有明确的目标和主题，而且这个目标和主题是具体而实在的，不能泛泛而谈。比如某酒店的某次会议主题是员工薪酬问题，希望通过调整薪酬激发员工工作的积极性，协调内部公众关系，那么目标便是薪酬调整方案的出台。目标越具体，实效越明显。

3. 做好必要的准备工作　公关会议的必要准备工作包括安排会议的时间和地点、邀请与会者并寄送请柬、安排接送、布置会场、确定会议程序、落实会议简报和必要的新闻报道等。充分的准备是公关会议顺利召开的保证。

4. 组织公关会议顺利进行　在公关会议举办或召开期间，组织的领导人或公共关系人员有必要对会议在时间和内容等方面进行引导和控制，以保证会议目标的实现。

5. 评估会议效果　公关会议结束后，管理者有必要及时评估该次会议是否达成预定的目标，并做出评估报告，与会议记录一并存档。

4.3.4　善于建立良好的人际关系

人际关系是在人际传播的过程中形成和发展的，是人与人互相沟通的结果，是建立良好的公共关系的重要手段。

1. 人际交往的心理效应

（1）首因效应。首因效应是指第一次接触事物留下的印象往往会成为一种心理定式，而影响以后对其的看法，即通常所说的“第一印象”。在人际交往中，可以利用这种效应展示给对方一种极好的第一印象，为以后的交往打下良好基础。

小案例

维护好个人形象

郑伟是一家大型国有企业的总经理。有一次，他获悉有一家著名的德国企业的董事长正在本市进行访问，并有寻求合作伙伴的意向。他于是想尽办法，请有关部门为双方牵线搭桥。

让郑总经理欣喜若狂的是，对方也有兴趣同他的企业进行合作，而且希望尽快与他见面。到了双方会面的那一天，郑总经理对自己的形象刻意地进行了一番修饰，他根据自己对时尚的理解：上身穿夹克衫，下身穿牛仔裤，头戴棒球帽，足蹬旅游鞋。无疑，他希望自己能给对方留下精明强干、时尚新潮的印象。然而事与愿违，郑总经理自我感觉良好的这一身时髦的“行头”，却偏偏坏了他的大事。

根据惯例，在涉外交往中，每个人都必须时时刻刻注意维护自己形象，特别是要注意自己正式场合留给初次见面的外国友人的第一形象。郑总经理与德方同行的第一次见面属国际交往中的正式场合，应穿西服或传统中山服，以示对德方的尊敬，但他没有这样做。正如他的德方同行所认为的：此人着装随意，个人形象不合常规，给人的感觉是过于前卫，尚欠沉稳，与之合作之事当再做他议。

（2）近因效应。近因效应是指最后给人留下的印象有强烈的影响。在人际交往中，可以利用这种效应，展示给对方一种不错的最后印象，为以后的交往打下良好基础。

（3）晕轮效应。晕轮效应是指由认知对象的某一特征推及对象的总体特征，从而产生美化或丑化对象的心理倾向。在人际交往中，可以利用这种效应，通过展示某一时或某一方面的优点，给人留下整体美好的形象，同时也要尽量避免暴露缺点，以防对方得出整体糟糕的形象。

（4）设防心理。设防心理是指人们为了自身的安全需要，在心理上设了“防线”，这种设防心理会阻碍正常的交流，给人际交往带来负面作用。在人际交往中，就需要揣摩对方的心理，以情感作为武器，攻克防线。台湾台中一家咖啡店老板为了吸引住顾客，推出了一项独具匠心的促销举措，即为每位经常光临该店的顾客设置专用咖啡杯，而且每个专用杯上都绘上顾客自己的肖像漫画，这既是一种标记，又是一种纪念品。此法一实施，该店立即名声大振，回头客越来越多，生意越做越旺，销售额也直线上升。

2. 建立良好人际关系的技巧 公共关系人员在了解如上所述的心理效应的基础上，具备以下技巧，便可增强人际吸引力，建立良好的人际关系。

（1）注意外表形象。美的外表形象可以给人留下良好的第一印象。公共关系人员应扬长避短，恰当地修饰自己的仪容仪表，规范礼仪行为，形成自己独特的气质和风度。

（2）运用语言艺术。语言是传递信息和情感的重要符号。“良言一句三冬暖，恶语伤人六月寒”，公共关系人员要注意运用语言的艺术，优化人际交往。

运用语言艺术要做到以下几点。

1）称呼得体。根据交往对方的年龄、身份、性别、职业等具体情况和交往的场合、双方的关系来决定对对方的称呼。

2）注意礼貌。交往时使用文明语言，注意语音、语调、语速，表达准确、生动，尊重对方、接受对方、称赞对方。

3）幽默健谈。幽默的人往往比较受欢迎，积极主动寻找共同感兴趣的话题可以避免给人留下冷漠、孤僻的印象，有利于拉近人与人交往的距离。

4）善于使用肢体语言。手势和表情使信息和感情表达得更充分、更生动，特别是微笑，微笑着对待交往对象，使其更能体会到自己的诚心和善意，加快与对方的沟通、理解和情感上的交融。但是微笑也要注意场合，否则很可能使对方产生你是在幸灾乐祸的感觉。

小案例

难道这就是五星级的服务

一天上午，某公司在一家五星级酒店的多功能会议厅召开会议。其间，该公司职员李小姐来到商务中心发传真，发完后李小姐要求借打一个电话给总公司，询问传真稿件是否清晰。

“这里没有外线电话。”商务中心的服务员说。

“没有外线电话稿件怎么传真出去的呢？”李小姐不悦地反问。

服务员：“我们的外线电话不免费服务。”

“我已预付了 20 元传真费了。”李小姐生气地说。

服务员：“我收了你的传真费并没有收你的电话费啊？！更何况你的传真费也不够。”

李小姐说：“啊，还不够？到底你要收多少呢？开个收据我看一看。”

“我们传真收费的标准是：市内港币 10 元/页；服务费港币 5 元；3 分钟通话费港币 2 元。您传真了两页应收港币 27 元，再以 1∶1.2 的比价折合成人民币，我们要实收人民币 32.4 元。”服务员立即开具了传真和电话的收据。

李小姐问：“传真收费和电话收费是根据什么规定的？”

“这是我们酒店的规定。”服务员出口便说。

李小姐：“请您出示书面规定。”

“这不就是价目表嘛。”服务员不耐烦地回答。

李小姐：“你的态度怎么这样？”

“您的态度也不见得比我好呀。”服务员反唇相讥。

李小姐气得付完钱就走了，心想：五星级服务，难道就是这样的吗？

（3）学会倾听。倾听是维持人际关系的法宝，几乎所有人都乐于接受听他“说”的人。公共关系人员的一项重要工作就是耐心并且专心地倾听。在人际交往中，倾听者要少说多听，不要中途打断对方谈话，不要插话，但要有点头、“嗯”等倾听的回应，表现出倾听的兴趣，制造轻松谈话的气氛，及时捕捉对方的相关信息，在对方讲完后再谈自己的想法，为对方设身处地地考虑，表示出对对方的关心、理解和同情。

在现实的人际交往过程中，建立良好人际关系的技巧还有很多，建立之后还需要不断地经营，以维持这种良好的状态，组织和公共关系人员必须不断地关注细节，付出更多的真心与实意。

训练与练习

1. 选择一个组织作为背景组织，对背景组织进行调研、分析，发现新闻线索，策划新闻事件并完成策划报告书，组织事件发生，撰写新闻稿。
2. 选择一个组织作为背景组织，对背景组织进行调研、分析，找出适合组织现状的公关广告切入点，选择恰当的公关广告形式，策划适应组织需求的公关广告，完成策划报告书。

学习指导

1. 学习建议

本章阐述了传播的概念、特征、要素、类型和传播的基础理论，对不同的传播媒介进行了详细的分析，讲述了媒介选择方法和传播实施技巧。传播是组织开展公共关系工作的手段，是连接主体与客体的中介。学生要把握各种传播方式和媒介的特点，掌握以最低的投入获得信息传播最大收益的能力。

2. 学习的重点与难点

（1）学习重点

人际传播、组织传播、大众传播、传播媒介的选择、传播的实施技巧。

（2）学习难点

传播媒介的选择、传播的实施技巧。

3. 核心概念

公关传播　人际传播　组织传播　大众传播　新闻策划　公关广告

课后思考与练习

1. 如何理解传播的要素和种类？
2. 公共关系工作中可以利用的传播媒介有哪些？它们的特点分别是什么？

3．公共关系传播媒介选择时要注意哪些影响因素？

4．公共关系传播的实施过程中可采用什么技巧？

案例分析

零售业巨人TESCO变成和蔼可亲的“好邻居”

——英国零售业巨人 TESCO 进军中国台湾市场

新闻快报……

2000.8　英国第一大零售商 TESCO（特易购）宣布接手万客隆南坎店；

2000.9　TESCO 台南动土，于 2001 年 7 月正式开幕；

2000.10　TESCO 巨星供货商大会，宣布与中国台湾地区 1 000 家厂商合作，年度采购金额高达 4 亿元人民币；

2000.11　TESCO 南坎店正式开幕，未来 5 年内在中国台湾成立 20 家分店。

TESCO 挟着显赫的背景进军已为“战国时代”的零售市场，并选择位于中国台湾地区校园南台茂购物中心、原万客隆南坎店为挥军入台的第一站。

媒体计划的第一步，就是以迅雷不及掩耳的速度发布新闻，让年底才开幕的南坎店提前于 8 月底让消息曝光，引起媒体的兴趣与关注。接下来再急促台南坎店、供货商大会等一连串新闻出台，让外界感受到 TESCO 在中国台湾地区是“玩真的”!

尽管拥有高品质的零售服务、合理的售价和丰富的产品选择，但 TESCO 毕竟是“外来客”，即使经营优势全数移植中国台湾地区，也可能发生水土不服的状况。加上 TESCO 的目标族群是一般消费者，必须长期深耕社区，吸引当地的消费者，因此 TESCO 必须扮演“好邻居”的角色，绝对不可马虎。因此当时规划这个案子时，除了要通过媒体将 TESCO 的企业形象与经营理念向消费者做清楚而完整的表达之外，如何让 TESCO 这个国外来的巨人“本土化”，与地方建立亲和的地缘关系，配合日常的促销活动，吸引消费者上门购物，成了第二阶段的重点。

在前置作业上，我们与 TESCO 做了完备的事前沟通，帮助 TESCO 在台的经营团队适应岛内的媒体生态，包括为 TESCO 的团队主管拟定媒体问答秘籍，即针对媒体可能问到的问题进行仿真演练，希望 TESCO 这个老外能与中国台湾地区媒体建立顺畅的沟通管道，进而让媒体认同 TESCO“顾客服务至上”的企业经营理念。

我们从各个不同的新闻角度切入，维持新闻热度，包括：

（1）消费价值：TESCO 以提升购物生活质量（shopping quality of life）为目标，给顾客最舒适的消费环境、最满意的服务与最物超所值的商品。

（2）公平交易：TESCO卖场全面使用经济主管部门检验合格的电子秤，坚持公平诚实的交易原则。

（3）提供多样高品质商品：TESCO提供多达40种面包、80种食用油、40种咖啡和60种茶。

（4）实惠价格：以“花更少买更好”“天天超便宜”为诉求，使顾客在不景气时要用最经济价格买最好的质量，而且保证促销商品最低价；反之，顾客可在八日内持发票到TESCO退回两倍差价。

（5）顾客服务：TESCO首创儿童亲子带及全新儿童推车和轮椅，免费使用；不需会员卡，大包装和零售任君选择；佩戴有徽章的服务人员可提供手语和外语沟通与咨询；通过训练合格急救的人员，随时协助顾客处理紧急状况。

在做个“好邻居”方面更是马虎不得。开幕前，TESCO安排总裁林大卫亲自拜访桃园县代理县长许应深，以及警察局、消防局、建设局等相关单位，除希望给予开幕筹备期间的交通疏导等必要协助外，还避免开幕当天对周边交通造成冲击。同时TESCO展开公益回馈活动，包括赠送价值5万元的锻炼器具如溜滑梯、爬架、隧道、大型游泳池等给新明小学。总裁林大卫也充当亲善大使，率领TESCO员工造访小朋友，发给每人一个苹果并和教育主管部门创办“桃园之美”小学绘画比赛，吸引近千名小朋友参加，入选的作品在TESCO卖场展示三个月，分享小朋友以家乡为傲的心情。

开幕当天冠盖云集，经济主管部门官员陈瑞隆、英国文化贸易办处寇大卫及英国TESCO集团副总裁大卫·雷德（David Reid）共同主持开幕剪彩，现场表演节目则是中国特色的舞龙舞狮团、英国皇家侍卫及小丑表演一起登台，再次显示TESCO入境随俗的决心。

一连串的动作让外国巨人弯下腰向您问好，使桃园当地的消费者感受到TESCO的亲和力，拉近了“巨人”与一般民众的距离，TESCO成功踏出本土化的脚步。

【案例思考题】

1．这个案例中采用了哪些公共关系传播途径？

2．这个案例中运用了哪些公共关系传播实施技巧？是如何体现出来的？

实训应用

1．实训项目

某啤酒集团拟借奥运会召开的时机，策划一个公共关系大型活动，旨在传播该公司形象和产品形象，请为该集团策划。

2．实训目的

掌握公关传播媒介选择的方法和实施技巧。

3．实训指导

（1）通过互联网、报纸、杂志等形式收集第一手资料。

（2）确定公关传播的目标、拟投入经费和活动范围。

（3）撰写简略的公共关系大型活动策划方案和效果评估方案。

4．实训组织

（1）将全班同学分成若干小组，每组5个人左右并选出小组长，与组员一起做好分工协作工作。

（2）以小组为单位收集资料，讨论后完成策划方案。

（3）以小组为单位模拟活动方案。

（4）学生完成实训报告，老师做总结指导。

5．实训考核

（1）学生自我总结占30%。

（2）同学互相评价占30%。

（3）教师总结指导占40%。

Chapter5 第5章

公共关系调研

学习目标

1．把握公共关系调研的含义，了解公共关系调研的意义

2．理解和掌握公共关系调研的基本程序，掌握调研报告的撰写

3．理解公共关系调研的原则

4．掌握各种调研方法，把握各种调研方法的优缺点

案例导入

微波炉与电磁炉的畅销与滞销

早在十几年前，我国上海的一家大企业决定上马新型电器厨具。企业先购买了50台家用微波炉和电磁炉，然后在一个基点展销会上进行试销，结果全部产品在3天内销售完毕。考虑到展销会的顾客缺乏代表性，于是企业又购买了100台各种款式的微波炉和电磁炉，决定在上海南京路的两个商店进行试销，并且提前3天在《解放日报》《文汇报》上登了广告。结果半夜就有人排队待购，半天时间全部产品都销售出去了。

厂长仍不放心，他让企业内部的有关部门做一个市场调查。据该部门的负责人说，他们走访了近万户居民，根据汇报上来的数据统计，有80%的居民有意愿购买电磁炉和微波炉。他们想：上海有1 000多万户居民，加上各种不方便使用明火的地方、各种边远地区、不方便做饭的小单位的各种值班人员，总之对于电磁炉和微波炉的需求量应该是巨大的。如果再加上辐射的地区江苏、浙江等省份，对微波炉和电磁炉的需求量将是一个太令人惊喜的数据了。于是，企业下决心引进新型的生产线，立即上马进行生产。

可是，当企业的第二条生产线投产的时候，产品已经滞销，企业全面亏损。厂长很不服气，他亲自到已经访问过的居民家中核对调查情况，结果是：所拜访的居民都承认有人来问过他们关于是否愿意购买微波炉和电磁炉的事，而且他们当时都认为自己想买，但是他们后来却都没有买。问其原因，居民的回答各种各样：有的说原来指望儿子给钱，可是现在儿子不给钱买了；有的说没有想到现在收入没有以前那么好；有的说单位给安装了煤气，等等。不管厂长如何生气，微波炉和电磁炉生产线只好停产。

从此案例来看，一个组织的生存和发展与市场的有效调研是分不开的，缺乏有效而科学的市场调研，会对组织产生重大影响，甚至是致命的危险。本章阐述了公共关系调研的一些基本理论与实务。

【问题引入】

1．上海这家企业所生产的微波炉和电磁炉滞销的最根本原因是什么？

2．公共关系调研所要解决的主要问题有哪些？

5.1 公共关系调研的意义与内容

5.1.1 公共关系调研的定义

公共关系调研是运用科学的方法，有计划、有步骤地去考察组织的公共关系状态，收集必要的资料，综合分析相关的因素及其相互关系，以达到掌握组织的情况，解决组织面临的公共关系方面的实际问题为目的的实践活动，是公共关系工作程序的第一步。公关调研有两个主要的功能：一是收集资料，反馈信息，客观真实地反映组织的公关状态；二是分析资料，透过现象看本质，从而揭示组织公关状态的发展趋势，并据此提出加强和改进组织公关的策略、方法和措施。

5.1.2 公共关系调研的意义

1. 公共关系调查研究是组织卓有成效地开展公关活动的前提和基础 公共关系调查研究是开展一项公关活动的首要环节，它为公关活动的其他环节提供前提条件。只有搞好了调查研究，探明事实真相，掌握与组织的活动和政策相关联并受其影响的公众认知、观点、态度和行为，确定组织所面临的问题，其他诸环节才有可能卓有成效地进行下去。否则，情况不明，乱抓瞎，其他环节根本无法进行。公共关系调查研究是一项基础性工作，它贯穿于整个公关活动的全过程，是开展公关活动其他环节的基础。

2. 通过公共关系调研能够使组织准确地进行形象定位，从而有利于塑造良好的组织形象 组织形象定位是指组织在其公众中形象的定量化描述。公共关系活动的目的在于塑造组织良好的形象，从某种意义上说，公共关系可视作一种取得公众对组织好感的技术。通过形象定位，可以测量出组织自我期望形象和其在公众心目中实际形象的差距，从而组织可以针对这个差距策划行之有效的公共关系活动方案，由此可以加强策划的目的性。

3. 公共关系调研能为组织决策提供科学依据 公共关系调研的主要任务是及时地为组织提供决策依据，并能有效地预测和检验决策的正确性。要保证组织的决策正确，调研是最好的办法。因为只有通过调研，才能做出符合公众要求和愿望的行动，进而才能做出符合公众要求和愿望的决策并认真实施，使组织在公众心目中树立起良好的形象。

4. 通过公共关系调研能使组织及时把握公众舆论 公众舆论是指公众的意见或看法，是社会全体成员或大多数人的一致意见或共同信念，或者说是信息沟通后的一种共鸣。公众舆论处于一种不断扩大或者缩小的动态变化之中，当少数人的观点、态度扩展为多数人的观点和态度时，分散、彼此孤立的意见集合成彼此呼应的公众整体意见；当声势尚小、影响尚微的局部意见变成声势浩大的公众共同反响时，对组织的形象就会产生很大的影响。积极的公众舆论有利于组织塑造良好的形象，消极的公众舆论则有损于组织的形象，因此，促使组织及时扩大积极舆论，缩小消极舆论是十分重要的。

5. 公共关系调研可以提高组织公共关系活动的成功率 组织在开展某项公共关系活动之前，必须要对现有的人力和物力条件做充分的调查，必要时还要做现场考察。通过调查，组织对所要开展的公共关系活动的主客观条件有了足够的了解，才能保证对公共关系活动有充分的准备和切实可行的计划，并取得较好的效果。

小案例

先搞清楚问题

有一家宾馆新设了一个公共关系部。开办伊始，该部就配备了豪华的办公室，漂亮迷人的公关小姐，现代化的通信设备……但该部部长却发现无事可做。后来，这个部长请来了一位公共关系顾问，向他请教“怎么办”，于是这位顾问一连问了以下几个问题：

“本地共有多少宾馆？总铺位有多少？”

“旅游旺季时，本地的外国游客每月有多少？港澳地区游客有多少？

国内的外地游客又有多少？”

“贵宾馆的知名度如何？在过去三年中，花在宣传上的经费共多少？”

“贵宾馆最大的竞争对手是谁？贵宾馆潜在的竞争对手将是谁？”

“过去一年中，因服务不周引起房客不满的事件有多少起，服务不周的症结何在？”

对这样一些极其普通而又极为重要的问题，这位公共关系部部长竟张口结舌，无以对答。于是，那位被请来的公共关系顾问这样说道：“先搞清这些问题，然后开始你们的公共关系工作。”

公共关系不是一种盲目的、随意性的活动，而是有意识、有计划的行为，公共关系调研对组织的生存与发展是非常重要的。

5.1.3 公共关系调查研究的内容

1. 组织情况调查 社会组织基本情况是公众评价的主要对象，全面了解社会组织的历史与现状，才能正确评价公众意见。社会组织情况调查包括下列内容。

（1）组织自然情况。如组织的地理位置、外观、名称、性质、机构设置、法人代表、职工人数、文化、年龄、性别、职务及职称结构等。

（2）组织社会情况。如组织的管理模式、业务范围、社会效益和经济效益、内外政策、文化内容、优势、存在的问题及潜在的危机等。

（3）组织历史情况。如组织的建立时间、体制变化、重大事件、有突出贡献的职工及贡献情况、历届领导人情况、人员素质变化及发展阶段等。

（4）组织现实情况。如组织的知名度、产品或成果的质量和数量、信誉、生产能力及社会需求等。

（5）组织未来情况。如组织的发展前景、近期目标和长远规划等。

（6）职工基本情况。职工的一般状况，如年龄、文化程度、专业特长、兴趣爱好及家庭生活等；为企业做出重大贡献的职工，如劳动模范的成就与经历；企业主要负责人的情况，如知名度、领导能力、威信等。

2. 公众意见调查 公众意见调查主要调查公众对社会组织的认识、态度与印象，包括知名度、信誉度和公众评价，通过征求公众意见和同行业有关专家的意见，确定组织形象在公众心目中的地位。组织形象是社会公众对一个组织的认识、看法和评价。

公众意见调查主要包括公众动机调查、活动效果调查和传播效果调查等。公众动机调查包括公众对组织是否抱有偏见或特殊的喜欢，该组织的工作方式、社会活动、产品服务等方面是否与公众的某种成见相冲突，或与公众的某种嗜好相吻合，或与某种社会上流行的东西相一致等。活动效果调查主要是在活动结束以后，调查公众是否满意，满意程度如何，公众如何评价并了解公众的评价。传播效果调查是了解组织通过传播媒介（主要是宣传和新闻媒介）进行内外传播的效果，也就是公众接受传播信息后，在感情、思想、态度和行为等方面所发生的变化，包括调查某种媒介的覆盖面、受众构成、收视（或收听）率，对传播内容的态度和产生的行动等。

3. 社会环境调查 社会环境是指与组织生存与发展相关的外部社会条件的总和。社会环境对社会组织的经营发展具有制约作用，同时也对社会组织的公共关系工作具有重要影响。公共关系部门和人员进行社会环境调查的目的，就是协调组织和社会环境的关系，使组织适应社会环境的变化，从而使组织获得发展。

（1）政策环境调查。政策环境包括国家对社会组织的各项方针、政策、法律和规章制度，如经济合同法、环境保护法、劳动法等。政策环境调查就是了解与组织有关的方针、政策、法规，遵循并运用它们为自己的组织服务。如化工厂的公共关系人员要研究经济合同法、环境保护法、劳动法等政策法规，并密切注意其他化工厂对这些法规的运用和执行；政府部门的公共关系人员就要研究组织法、选举法、行政诉讼法、公务员制度等法规，并对由此发生的公共关系活动进行专题调查、追踪研究。

（2）社会问题调查。社会问题包括政治、经济、文化、思想及技术等方面的重大问题，如人口与就业问题、生态平衡问题与人类资源问题等，它对公众意见具有很大的影响力，甚至关系到一个组织或几个组织的发展与消亡。例如，煤气热水器因煤气泄漏致死人命的事件，会引起热水器滞销，造成产品积压，企业亏损；股票热的兴起，可使出版商以出版股票书籍而发财，也可使银行存款下降、国库券卖不出去，等等。

（3）同行业环境调查。同行业环境包括社会组织在同行业中的地位、竞争与合作状况，材料能源供应状况，风险与机会和消费者需求状况，同行业社会组织相关的各种机构状况，社会组织开展公共关系活动的经验、教训和技巧等。这种调查的目的在于“知己知彼”，在同行业竞争中处于领先地位。

4. 社会组织形象调查 组织形象是公众对组织的认识、看法和评价，对于组织的生存和发展至关重要。良好的组织形象不仅能提升组织的知名度和美誉度，而且能大大地增强组织在同业中的竞争能力。组织形象调查一般包括组织成员形象调查、组织管理形象调查、组织实力形象调查和组织产品形象调查等方面。

（1）组织成员形象调查。组织成员形象调查包括组织领导者形象调查、公关人员形象调查、组织内部典型人物形象调查。

1）组织领导者形象调查。组织的领导者形象是组织形象的一个主要方面。一个好的领导者应当努力树立好自己的形象，加强组织内部的公关工作，处理好和上级、同级、下级之间的关系。在领导实施管理的过程中，不断提高自身的政治思想品德、业务素质和管理水平，促进组织内部公共关系的良性发展，与员工同心同德树立起组织的良好形象，赢得公众对组织的好感和支持。

2）公关人员形象调查。公关人员是组织形象的主要代表，对组织卓有成效地开展公关活动有较大的影响。公关人员肩负着组织内外沟通、协调，保证组织信息畅通，塑造组织良好形象的使命。因此，对公关人员进行调查，主要是调查公关人员是否具有较高的组织能力、观察能力、思维能力、开拓能力、交际能力和良好的心理素质等。对公关人员的形象进行调查，是组织进一步搞好公关活动不可忽略的一项极为重要的工作。通过调查，使组织了解到公关人员的现状，使公关人员及时了解自身的优缺点，明确新的发展目标，提高开展公关活动的能力，为组织的形象塑造增光添彩。

3）组织内部典型人员形象调查。任何一个组织内部，总存在先进、中间、落后三部分成员，一般而言，“两头”是少数，中间是大多数。组织中的先进典型能起到带动中间和落后的作用，因此在先进与落后的典型调查中，又要以先进为主，对组织内部落后的典型可选择少量，作为总结教训的参考。如上海一家中外合资企业，每当年终总是要拿出一笔数额可观的奖金用以奖励先进的职工，因而，厂长要求公关部开展调查，提供先进典型的材料。先进工作者除了有高额的奖金和奖状外，企业还要组织先进工作者及其家属去外地观光旅游，这种宣传先进的组织行为极大地鼓舞了职工士气，增强了组织的凝聚力。

（2）组织管理形象调查。组织管理是一种系统性的控制，其目的在于调动每个成员的聪明才智，发挥组织的整体功能，更好地实现组织的管理目标。当组织内部各个环节的各种要素都能充分发挥作用并达到高度的和谐统一时，就反映出组织管理的水平较高，组织管理形象较好。如果组织内部各个系统互不协调，各项工作相互推诿，职责不明，分工不清，内部混乱无序，其管理肯定是不成功的，也必然会产生不良的组织管理形象。

组织管理形象调查主要是对组织管理对象的精神状态、组织内部系统的运行状况进行的调查、分析。它主要包括：第一，调查组织内部成员岗位责任制的履行情况，工作态度是否端正，有无工作责任心和劳动积极性。第二，对组织管理人员的职、责、权进行调查，检查管理人员能否真正做到职、责、权相统一；能否明确自身肩负的责任；能否合理使用手中的权力，协调组织内部的各个环节；能否以身作则，起到模范带头作用。第三，对组织内部计划工作进行调查，包括对时间、空间的合理分配，人力、物力、财力的合理使用等方面。

第四，对组织内部管理制度、组织纪律、职业道德情况进行的调查。组织内部要有系统的管理制度、严明的组织纪律、良好的职业道德，这是组织创造良好形象的保障。

（3）组织实力形象调查。组织实力一般是指组织自身的物质基础和技术力量，组织成员的文化层次、知识结构，组织的科研技术力量、工作环境、设备及组织成员的福利和待遇等。组织实力形象调查主要包括以下几个方面。

1）组织物质基础调查。调查可直接从组织拥有的空间规模、机器设备和办公用品着手，对于组织来说，物质条件是基础。组织如果有较大的生产空间、先进的物质设备、现代化的办公用品且使用效率高，则说明社会效益明显，组织实力雄厚。

2）组织成员的工资待遇和劳保福利调查。组织成员的工资收入有保障、福利待遇好，说明该组织的生产经营有方，效率高，有雄厚的经济实力来改善组织成员的生活。对组织成员待遇和福利的调查，可以从组织成员的工资收入及现行福利措施入手，这样比较简单易行，较易得到满意的调查结果。当然，对组织成员待遇和福利的调查结果要辩证地看，有些不善于经营的组织，其经济效益不佳，组织发展无活力又不注重回笼资金进行扩大再生产，却盲目攀比，用获得的有限资金，滥发奖金和补贴，这样的组织不属于实力雄厚的组织。

3）组织拥有技术力量调查。组织拥有一大批懂技术、专业知识丰富且又有实干经验的科技人才，这是组织的宝贵财富。对组织拥有技术力量的调查，不仅要对组织成员特别是科技人员的技术水平和科研能力进行调查，而且还须对组织生产的尖端技术产品和技术咨询的内容进行分析。正常情况下，科研力量雄厚，设施齐全，设备先进，管理科学，就应当生产出上乘的产品。

（4）组织产品形象调查。从公共关系的角度分析，组织产品包括物质产品和精神产品。组织物质产品的形象包括产品的设计、外观包装、所用的材料、使用的商标以及产品的名称、产品的质量等。从公众需求的角度来看，通常要求组织的产品新颖、实用、价廉物美。组织的精神产品主要是指组织举办的各种宣传活动的效果和文化价值，如新闻发布会、简报、新闻报道、广告文化等，其形象要求真实、健康，富有活力。组织的产品形象是较直观的形象，易于影响公众，为公众所识别和评判。良好的组织产品形象是使组织获得公众的信任和好感，在公众中树立组织最佳形象的重要途径。对组织产品形象的调查，首先可以从对物质产品的直观观察入手，了解组织物质产品的外观，继而收集公众对组织生产产品的意见，同时对物质产品的性能和使用价值加以评估。其次，对精神产品进行调查，了解它在公众中产生的影响和社会效益，社会效益好、为公众喜闻乐见的精神产品，能体现出组织良好的产品形象。

小案例

某商厦整体形象调查内容

以下是某商厦根据整体形象，委托一家公共关系咨询公司设计的一份调查内容清单：

第一项，信誉：①在商厦经营管理领域中的声誉。②在同行业中的知名度。③在顾客中的支持率。④上级组织对商厦的评价。

第二项，商品的品种和质量：①商品品种的种类和数量。②名特优产品的营销情况。③商品价格、包装与升级换代。④商品进货渠道、质量检查制度、对假冒产品的处理态度。

第三项，服务态度：①工作时间和文明礼貌服务的商业道德。②售前、售中与售后服务的措施。③维修和退换的制度。④送货上门和分期付款的情况。

第四项，商厦的效益：①营业额和上缴的利税。②职工的工资、奖金和保险、福利待遇。③赞助社区建设和公益活动的项目。④银行的贷款和商厦未来发展的规模。

第五项，商业文化：①商厦的特色和标志。②商厦的历史和传统。③商厦的人文景观和美学透视。④商厦的橱窗、柜台和铺面布置的文化色彩。

第六项，商厦职工：①职工人数、文化程度、岗位设置。②职工的营业水平和服务技巧。③职工中的先进典型和先进人物。④职工的组织意识和主人翁思想。

第七项，商厦的环境：①商厦所处地点、入口、交通、文化氛围。②商厦的社区公众。③社区服务和社区建设。④商厦社会网络、消费者组织及监督机构。⑤商厦的国际公众、对外贸易、跨国公司。

第八项，商厦的硬件设施：①商厦的内外装潢。②商厦的传播设备与电脑管理。③商厦的占地面积和横向联营。④商厦硬件建设的经费与投资。

第九项，商厦的经营管理：①寻求新业务的迫切程度。②价格表、说明书和组织的宣传材料情况。③展览、示范、现场操作和导购人员的情况。④现金、外币、转账、信用卡的支付方法。⑤商厦内部的管理制度和岗位责任制。

第十项，商厦的公共关系：①商厦的公共关系部门、人员配备。②商厦的公共关系技术运用情况。③商厦接待、营销、广告中的公关技巧。④商厦的公关专题活动开展情况。

训练与练习

1．什么是公共关系调研？

2．公共关系调研对一个组织有什么重要意义？请举例说明。

3．对于一个生产型企业来说，你认为哪些项目的调研内容是重中之重？请举例说明。

5.2 公共关系调研的程序

公共关系调研的程序是指具有一定规模的某项公关调查，从调查准备到调查结束全过程的先后次序和具体步骤。

5.2.1 确定调查课题

确定调查课题是整个调查的第一步。这一步的主要任务是明确调查目的，解决“调查什么”的问题。为了有针对性、有目的地进行公关调查，避免盲目行动导致的工作失误，必须切实做好调查的第一步工作。

确定调查课题一般分两个阶段。一是明确调查目的，提出调查课题设想。重大的公关调查一般都是在组织内外部出现了新情况或新问题的条件下进行的。在这一阶段，要尽量掌握组织内外部出现的新情况和新问题，了解组织领导人进行公关调查的真实意图，弄清“为什么要调查”，然后，在此基础上提出比较抽象的、可能是多个或不成熟的调查课题。二是分析论证，筛选调查课题。对多个或不成熟的课题，需经过必要的分析论证，必要时还可以组织非正式的试探性调查，以明确问题的症结所在，从而筛选出针对性强的、恰当的课题。一般来说，所确定的调查课题越具体、越明确越好。如，新产品上市之初，早期接受者对产品的态度调查比组织形象调查更具体明确，更具有现实性。

公共关系调研课题一般有两种类型。一是描述性课题。这类选题的确定，通常是由于调研者对调查对象情况知之甚少，需要通过调研来详尽描述对象的轮廓和细节。二是解释性课题。这类课题确定的目的是力图通过详细阐述既成事实为何或如何发生的原因，解释某些急需了解的现象的因果关系，以便采取对策。

5.2.2 制订调查方案

为了使整个调查工作有计划、有步骤地进行，保证整个活动的科学性，在确定了调查课题以后，调查者必须根据调查的课题制订调查方案。制订调查方案是公共关系人员根据组织形象的现状和目标要求，分析现有条件，设计最佳方案的过程。

一个完备的调查方案一般应包括以下内容：

（1）调查的指导思想、目的、意义和研究课题。

（2）调查的范围和分析单位。

（3）研究类型和调查方式。

（4）调查对象的选择方案或抽样方法。

（5）调查的内容、调查指标和调查项目。

（6）调查的场所、时间和进度。

（7）调查所需要的经费和物质手段的计划与安排。

（8）调查人员的选择、培训和组织。

从程序上看，制订调查计划要注意以下两个问题：一是调查方案要做可行性论证。调查的规模、范围多大才合适，人力、物力、财力能否承受得了，时间上是否来得及，经费估算、工作进度和日程安排是否合理等，都应进行比较充分的可行性论证，以保证调查计划的科学性和可行性。二是调查方案既要全面又要简单明了。调查计划中，凡应包括的主要内容都应简明扼要写清，既不能丢三落四，也不能烦琐冗长。

公共关系调查成败的关键就是看调查方案制订的好坏，方案制订得科学、正确，可以确保调查工作有条不紊地展开，使调查有良好的效果。

5.2.3　搜集调查资料和实施调查方案

搜集调查资料阶段也就是具体调查阶段，是整个公共关系调查过程中最为重要的阶段。它的主要任务就是按计划的要求与安排，系统地收集各种资料，包括各种数据和被调查者意见。

调查资料一般分为两类：一类是原始资料，也称第一手资料，这是调查人员通过各种调查方法进行实地调查所取得的资料；另一类是现成资料，也称第二手资料，这是由他人收集的现有资料。一般来说，现成资料容易取得，花费较少，而原始资料取得难度较大，花费较多。因此，在收集资料时，要充分利用现成资料，能够取到真实、可靠现成资料的，就尽量不再费力去搜集原始资料。当然，就一项较大规模的调查来说，仅有现成资料是不够的，它的主要资料还是来源于实地调查。

在搜集调查资料的过程中应该运用科学的方法和手段，公共关系调查人员要采取科学的收集方法，如调查问卷方法等，及时而又全面地收集调查资料。

5.2.4　分析整理调查资料

由于调查获得的资料大都比较杂乱，公共关系调查人员只有将调查搜集的资料、数据进行整理分析，才能准确把握存在的问题，指导公共关系活动的开展，从中找出事物的实质和规律性。公共关系资料的整理分析阶段主要有以下几方面任务。

（1）检查核实。首先要按照真实性、准确性、完整性及标准性的要求对调查资料进行审核，检查资料是否齐全而无遗漏，是否有重复与矛盾，是否有与事实不相符合的情况。一旦发现上述情况，要及时复查核实并予以剔除、删改、订正和补充，即剔除错误的资料，删除重复的资料，修改、订正有差错的资料，补充遗漏的资料。

（2）分类汇编。资料经过检查核实后，根据调查目的对信息资料进行分类、编码和登录，形成卷宗档案，便于下一步分析研究和对资料开发利用。在整理数据资料过程中，一定要做到准确、清楚、及时，以确保所收集到的信息资料有真正价值。

（3）分析论证。公共关系调查资料的分析是指调查者运用一定的科学分析方法，对公共关系调查资料的内容进行深度加工的过程。这一过程所运用的分析方法很多，一般可以概括为定性分析方法和定量分析方法两类。所谓定性分析，是以资料或经验为依据，主要运用演绎、归纳、比较、分类和矛盾分析的方法找出事物本质特征或属性的过程。所谓定量分析，是运用概率论和数理统计的方法测量、计算及分析技术，对社会现象的数量、特征、数学关系和事物发展过程中的数量变化等方面进行的描述。为了取得比较符合实际的结论，不仅要进行定性分析，而且要进行定量分析。

在这一过程中，调查者可以通过对已经整理的调查资料进行由此及彼、由表及里、由浅入深的测算，通过比较、推理、判断，提示调查资料中所包含的重要信息，发现其规律性，提出对策措施，形成公共关系调查的科学成果。

5.2.5 撰写调查报告

当完成了调查资料的分析整理后，一般还要撰写调查报告。所谓调查报告，就是指用以反映公共关系调查所获得的主要信息成果或初步认识成果的一种书面报告。撰写调查报告的目的，是为制订科学的公共关系计划方案提供依据，为领导者决策提供参考，寻求领导的支持和帮助。

1. 公共关系调查文体格式与写作要求 公共关系调查报告一般分为标题、导言、正文、结尾、署名及附录等几个部分，一般意义上设置公共关系调查的文体格式与各部分的写作要求如表 5-1 所示。

2. 撰写调研报告的注意事项

（1）要考虑读者的观点、阅历，尽量使报告适合读者阅读。

（2）尽可能使报告简明扼要，不要拖泥带水。

（3）用标准格式写作，使用普通词汇，尽量避免行话、专业术语。

（4）务必使报告所包括的全部项目都与报告的宗旨有关，剔除一切无关资料。

（5）仔细核对全部数据和统计资料，务必使资料准确无误。

（6）充分利用统计图、统计表来说明和显示资料。

（7）按照每个项目的重要性来决定其篇幅的长短和强调的程度。

（8）务必使报告打印工整匀称、易于阅读。

表5-1　公共关系调查文体格式

文体格式		常用形式	基本内容	写作要求
标题		直叙式、观点式、问题式	表达调查主题	题目精练新颖、高度概括、有吸引力
主体部分	导言	叙述式 提问式 总结式	介绍调查工作概况：如调查时间、范围、方式、内容、目的等	点明主题、高度概括、精练简短
	正文	逻辑分叙式 表格说明式 条文列举式	现状资料分项目汇总叙述：分析造成该现状的内外原因和影响因素	主题明确、中心突出、材料典型、逻辑性强、条理清晰、语言简洁、有说服力
	结尾	归纳式 警告式	全文小结并提出建议和措施	概括全文、得出结论、提出建议
署名		标题之下 全文之后	调查单位与写作时间	简单明确
附录		原件、资料卡、表格等	调查表、典型材料、数据库	根据正文需要

在撰写调查报告时，一是要坚持实事求是，确保调查报告内容的客观性和真实性；二是确保调查报告整体的系统性和完整性，资料的取舍要合理，推理要合乎逻辑；三是确保调查报告表述的准确性和可读性，要在主题、语言上下功夫。

训练与练习

1. 确定公共关系调研课题应该注意什么？请举例说明。
2. 一个完备的调研方案一般应包括哪些内容？
3. 公共关系调查报告的撰写应该注意哪些问题？
4. 请根据你所感兴趣的课题，制订一份完整的公共关系调研方案。

5.3　公共关系调研的原则与方法

5.3.1　公共关系调研的基本原则

进行公共关系调研必须遵循的基本原则主要有全面性原则，实事求是、客观公正的原则，讲求效益的原则和定量化原则。

1. 全面性原则 公共关系调研必须注意要全面反映调研对象的内外特征，调研工作应全方位展开。一是调研对象要具有广泛性，同时要具有代表性；二是调研资料的全面性，对调研对象的正反两个方面的意见都要听取；三是要综合运用各种调研方法，进行全面的分析与论证。

2. 实事求是、客观公正的原则 公共关系人员应实事求是，尊重事实真相，客观公正地了解和掌握各方面信息情况，准确分析社会组织问题的实质，并据此制订出正确的公共关系计划与方案。在公关调查中遵循实事求是的原则极为必要，因为公关调查要取得成效，必须依赖真实可靠的资料，并按照事物内在的规律性去进行分析推理，得出符合实际的结论，否则，整个公关调查就毫无意义。

遵循实事求是的原则，要按照事物的实际情况办事，从实际出发，努力寻求事物的内在规律性，坚决反对弄虚作假。收集资料时，要广泛听取正反各方面的意见，不能偏听偏信，更不能搞假材料；分析研究时，结论要由调查的真实材料推出，尊重结论的客观性并如实报告。只有遵循实事求是、客观公正的原则，才可能保证所取得的调查资料具有真实性，所得到的结论具有实用性，其调查活动才具有意义。

3. 讲求效益的原则 讲求效益的原则，就是要求在公关调查中，以较少的人力、物力、财力投入来办更多的事，使调查取得最佳效果。这一原则是从事公关调查的组织和个人必须遵循的。资金短缺的情况下，就更应强调少花钱多办事。

遵循讲求效益的原则，首先要树立艰苦奋斗、勤俭节约的观点，能节约的尽量节约。其次要科学组织调查活动。较大型的公关调查要有计划、有方案，并要进行可行性论证，以避免由于决策上的失误带来的最不经济后果。整个调查活动，要精心组织，一环套一环，尽量减少不必要的环节，避免走弯路。提高公关调查的效益，关键要在科学地组织调查研究活动上下功夫。

4. 定量化原则 定量化与定性化两种方法互相补充，已经成为现代科学调查研究中普遍应用的方法。对客观事物从定性分析进入定量分析，标志着人的认识从笼统、模糊的阶段走向了精确、清晰的高级阶段。在一定意义上，运用数学也就是运用定量方法来分析和显示认识结果。在社会调查中，定量化原则包含着这样两层意思：一是运用统计学的原理对调查资料进行统计和分析；二是运用数学关系来显示和表达调查结论。如果说客观性原则旨在防止调查出现误差，那么定量化原则是防止出现误差的强有力措施。

5.3.2 公共关系调研的方法

公共关系调研方法多种多样，科学正确地使用这些方法，能保证调研的顺利进行并取得预期的效果。公共关系调研最常用的方法有普遍调查法、抽样调查法、问卷调查法、访谈法、观察法、文献法等。

1. 普遍调查法　普遍调查又叫全面调查，它是对调查对象的全体所做的无一遗漏的逐个调查。普查一般有两种情况使用较多：一是调查对象总体数目不多，人力、物力和时间不用消费太多就可以完成，如组织对自身员工基本情况的调查，包括职称、学历、家庭成员等方面的调查；二是调查对象数目比较大，但必须要全面掌握准确的情况，需要花费很大的人力、物力和时间进行调查，比如我们国家的人口普查工作就属于这一类。

从普查的特点看，它能够取得调查总体全面的原始资料和可靠数据，全面而准确地反映客观事物。因此，当某一组织需要全面而准确地了解某一现象的基本情况，进行重大决策的时候，就可以进行普查。但当调查对象过于庞大时，人力、物力、财力和时间方面就会消耗很大，受到限制的因素就会比较多。

普查一般在较小规模的公关调查中运用，较大规模的公关调查一般不采用普查方法。

2. 抽样调查法　抽样调查，是遵循一定的原则从调查总体中抽取一部分样本，通过这部分样本的调查结果推算、估测、分析来推断总体调查对象的一种调查方法。抽样调查与其他调查相比，具有明显的优点。

（1）准确性较高。随机抽样调查尤其如此。因为随机抽样调查是按随机原则抽取样本的，其样本具有充分代表性，能够用样本数据来推断总体特征，只要样本足够大，其推断的情况就比较接近实际。

（2）节省时间和费用。在总体较大时，抽样调查往往只要从总体中抽取几十分之一甚至几万分之一的样本，就可以得到具有一定精确度的结果。由于它调查的样本较少，因而不仅能节省大量的人力、物力、财力，而且可以较快地取得调查结果。

（3）灵活性较大。抽样调查的具体方法较多，各种调查方法还可以根据不同调查目的和要求选取不同的样本，因而具有较大的灵活性，适用范围广，各种情况的调查都能适用。

正是由于抽样调查具有以上优点，所以抽样调查，尤其是随机抽样调查，已成为公关调查中运用广泛的主要调查方法。进行公关民意测验，更离不开抽样调查。常用的抽样方法主要有以下几种。

（1）简单随机抽样。这是一种最基本的随机抽样方法，也叫单纯随机抽样，即对总体单位不进行任何组合，仅按随机原则直接抽取样本，常见的有三种。

1）直接抽取法。直接抽取法就是从调查总体各单位中直接抽取样本，如从某课堂的学生中，直接随机选择若干学生作为样本，对他们进行调查。

2）抽签法。抽签法就是将总体各单位编上序号，将号码写在纸片上，掺和均匀后，再从中抽选，被抽到的号码所代表的单位，就是样本。

3）随机数表法。抽签也可以说是随机的，但真正科学的方法是使用随机数表。它由计算机打出，确保各数码之间毫无关系，可以把这些随机选取的数码与一些名册，如电话簿、户籍册、身份证配合使用。比如我们从随机数表中选三个数码：23107、09411、19010，将这三个数码用于电话簿，可以从第 231 页选第 7 个户名，第 94 页选第 11 个户名，第 190 页选第 10 个户名，所以体彩摇奖都是简单随机抽样。

（2）等距随机抽样，又叫机械随机抽样、系统抽样。它首先是将总体所有单位按一定顺序排列起来编上序号；其次，用总体单位数除以样本单位数得出抽样间隔；再次，在第一个抽样间隔内随机抽取一个单位作为第一个样本单位；最后，按间隔作等距抽样。比如，从 1 000 个总体单位中抽取 50 个样本的具体做法是：首先，将 1 000 个总体单位按照顺序排列，编上 1～1 000 序号；其次，用总体单位数除以样本单位数，求出抽样间隔为 1 000÷50 = 20；再次，在第一个抽样间隔即 1～20 序号内，随机抽取一个单位作为第一个样本单位，假定为 7；最后，依照间隔距离依次确定样本单位，即 27、47、67、87……到 50 个样本单位为止。

（3）分层随机抽样，又叫类型随机抽样。它首先将总体各单位按一定标准（如属性、特征）分为若干层（或类型）；其次，根据各层单位数与总体单位数的比例，确定从各层中抽取样本单位的数量；最后，按照随机原则从各层中抽取样本。比如，要了解太原市企业形象的情况，决定从该市 400 个企业中抽取 20 个企业作为样本进行调查，其具体的做法是：首先，将这 400 个企业按所有制性质不同（也可按产业、行政区划等标准）分为三层或三类，假定国有企业 200 个，集体经济企业 160 个，私营企业 40 个；其次，按各类企业在总体中所占的比重，确定其抽取样本单位的数量，其中，国有企业按比例应抽取样本企业为 10 个，集体经济企业应抽取样本企业为 8 个，私营企业应抽取样本企业为 2 个；最后，采用简单随机抽样或等距抽样方法从各类企业中抽出上述数量的样本单位。

（4）整群随机抽样。前面介绍的抽样方式，都是以总体单位作为抽样单位。在实践中，当调查总体数目很大时，可以利用总体单位现成的群，以群为单位进行抽样。每抽一次就是一群，群内所有单位都是样本单位，最后利用所抽取各群的调查结果推断总体。比如，在进行城市家庭调查时，可以以一个企业、一个机关、一个学校为群，作为抽选单位，抽到哪一群，就对哪一群的群内所有人员进行调查。整群抽样法比较简便，适用于群间差异小，每群都具有调查总体特征的情况。

（5）多级随机抽样，也叫多阶段随机抽样。多级随机抽样就是把抽取样本单位的全过程分为几个阶段进行，即先抽大单位，再在大单位中抽取中单位，在中单位中再抽取小单位。如从全国的土地中抽取若干块土地进行实测，可以按全国、省、市、县、乡、村一级一级地抽取，最后再抽选样本土地。这种抽样方法一般适用于大规模的社会经济情况调查。

3. 问卷调查法　问卷调查法是把所要调查的内容设计成一组问题，以设问的方式或表格的形式形成一份问卷，通过让调查对象填写问卷来收集信息的一种调查方法，也是一种专门为调查特定公众对某些问题的知晓、态度、意图等情感与行为的反应而设计的书面测验。

问卷依照其问题的构成特点可分为封闭式问卷和开放式问卷两种。封闭式问卷的提问是在提出问题的同时，还给出若干个备选答案，并要求被调查者选择其中一个或几个作答；开放式问卷的提问是只提出问题，不提供具体答案，而由被调查者自由填写答案。此外，问卷还可依照发送方式分为邮寄问卷和送达问卷两种。

从问卷的结构来看，一般地说，各种问卷往往都包括封面信、指导语、问题、答案、编码等几个部分，其中问题和答案是问卷的主体。在问卷设计的过程中，关键是要设计好问卷的问题和答案。问卷调查法的优点在于：可以节省时间、经费和人力；具有较好的匿名性，有利于收集真实的信息；所获得的信息资料便于定量处理和分析；可以较好地避免调查者的主观偏差，减少人为误差。其缺点在于：回收率一般较低；不适于对文化水平低的人做调查；由于被调查者填写问卷时调查者一般不在场，因而所获得信息资料的质量往往难以保证。

按问卷选择答案的性质可以划分为定类、定序、定距和定比问题，各类问题的答案设计各不相同。从技巧上看，可以从以下几类来理解。

（1）定类问题，是要求对被测定对象的性质做出分类的问题。这类问题的答案设计要注意：一是可供选择的答案要互斥；二是答案要穷尽。例如，“您认为下面哪些人最适合做这种工作？（请在选择项右边的□中划上√）老年人□　中年人□　青年人□”或“男人□　女人□”，但就是不能把以上两种选择答案混在一起。再如，“目前，您在日常生活中最迫切需要的是什么？（选三项）第一位□　第二位□　第三位□　①增加个人收入。②提高社会地位。③发挥才能，做出成绩。④对公共事务有更多的发言权。⑤人与人之间的感情联系。⑥丰富文化生活。”这一例中，答案显然没有穷尽，被调查者最迫切需要满足的很可能是“房子”或“找个对象”，等等。因此，像这一类难以列举完答案的，应在其后加上“其他”，使答案穷尽，如上例就应加上“⑦其他（请您自己填写）”。

（2）定序问题，是要求对被测定对象的排列次序作答的问题。对这一类问题的设计，一般采用五级或三级定序答案。如，“你对××公司的信心如何？①充满信心。②毫无信心”。这两者之间存在着很大的空当，较好的答案是：“①充满信心。②相当有信心。③有点信心。④信心甚少。⑤信心毫无。”或者是：

"①超过一般。②一般。③低于一般。" 前一种是五级定序，后一种是三级定序。

五级定序答案一般采取"①极喜欢（极满意、极可靠）。②喜欢（满意、可靠）。③无所谓或拿不准。④不喜欢（不满意、不可靠）。⑤极不喜欢（极不满意，极不可靠）。" 这样的基本形式。三级定序答案的基本形式是把五级定序答案中的两级极端情况即①、⑤去掉后的部分，即由②、③、④构成。有时，根据需要还可以采取不平衡的做法，即偏向某一方面的答案数目加多。例如，"您对我厂公关人员的态度有何看法？非常好□ 好□ 一般□ 不好□"。这一例中，好的方面的答案数目就偏多。

（3）定距问题，要求设计出来的答案之间的顺序关系保持一定距离。如，"您的月基本收入是①750 元以上□。②700～750 元□。③650～700 元□。④600～650 元□。⑤600 元以下□"。答案之间的顺序关系都保持 50 元的等距。

（4）定比问题，要求设计出来的答案之间的顺序关系成比率。在公关调查中，定比问题极少见。

小案例

××刊物读者调查表

《××刊物》的大朋友、小朋友们，你们好！自《××刊物》创刊以来，我们始终在尽可能地吸取大家的建议，努力从各方面提高刊物的质量。但是，我们深感在多方面还有差距。为了进一步加强与读者的联系，了解读者的需求，我们设计了一份调查表，以求从中得到更加广泛和全面的信息，从而更好地改进我们的刊物。

1．您看《××刊物》有多长时间了：____

A．1 年　　B．2～3 年

C．3 年以上　　D．只是偶尔看看

2．您与《××刊物》见面的方式：____

A．邮局订阅　　B．邮局零售

C．书摊购买　　D．邮购

3．您希望隔多长时间看一期《××刊物》：____

A．一个月　　B．半个月

C．一周　　D．无所谓

4．您觉得《××刊物》的优点是：____

A．内容多　　B．描写的都是身边的事

C．价格便宜　　D．逗乐

5．您觉得《××刊物》的缺点是：____

A．制作不太精良　　B．内容还不够多

C．彩页太少　　D．不够逗乐

6．您周围的同学、朋友是否喜欢看《××刊物》：____

A．喜欢　　B．不喜欢

C．无所谓　　D．不知道

7．您周围的朋友拥有《××刊物》的情况是：____

A．很多人有　　B．很少人有

C．没有　　D．不知道

8．您觉得《××刊物》的价格怎么样：____

A．太贵　　B．较贵

C．合适　　D．便宜

9．您希望在今后购买《××刊物》的最佳方式是：____

A．全年从邮局订阅　　B．全部从邮局、书摊或书店购买

C．有选择地购买　　D．邮购

10．编辑部从现在开始为读者办理邮购本刊的业务，请问您认为这对您有好处吗：____

A．有　　B．没有　　C．无所谓

11．请您选出您最喜欢的《××刊物》的栏目和故事：____

A．小刺猬照镜子　　B．心里美　　C．动物乐园

D．滑稽世界　　E．少年漫画　　F．小小漫画家

G．民间故事　　H．连环漫画　　I．一件逗乐的事

J．佳作欣赏　　K．看谁续得巧，看谁续得妙

4．访谈法　访谈法也称访问法，是调查人员同被调查者直接接触，通过有目的的谈话来收集资料的一种调查方法。谈话方式一般多样，既可采取个别访问的形式进行交谈，也可以采用座谈会的形式进行交谈，还可以采用电话和网络等形式进行交谈。这种方法能及时进行双向沟通，调查者可主动控制调查的环境气氛，成功率比较高。但这种方法成本高、花费时间长、所调查的对象数量不能太多，对调查者本身素质要求也比较高，同时也不适合于调查一些比较敏感的问题。

（1）集体访谈技巧。集体访谈的主要形式是召开座谈会，而座谈会进行调查的效果在很大程度上取决于调查者的技巧。从技巧上看，一般召开座谈会时要注意以下两个方面。

第一，充分做好准备工作。准备工作包括：①准备访谈提纲。访谈提纲包括访谈的目的，访谈中准备提出的问题以及提问的先后顺序等。一般来说，座

谈会主题越明确越好，各种问题想得越深入越好，并尽可能估计多种可能的情况。②选择访谈对象。要对参加座谈会的人员进行选择，尽量挑选那些对所调查问题比较熟悉的人做代表；同时，还要尽可能使与会者具有各方面的代表性。考虑到会议的需要，座谈会的规模不宜过大，一般以 5～8 人为宜。

第二，精心主持会议。在主持会议时应注意：①要制造轻松和谐的会议气氛。良好的气氛是真诚相见、各抒己见的前提，主持者应牢牢把握这一点。②要把握会议讨论的方向。座谈会围绕主题进行，这是调查者始终要重视的。调查者要见机行事，发现有人发言离题时，要用比较巧妙而简短的插语把会议拉回到主题上来。

（2）个人访谈技巧。个人访谈的最大困难是被调查者不愿意合作，主要原因：一是被调查者不愿意被调查活动占去时间；二是被调查者对调查有顾虑；三是被调查者不相信调查者能解决问题；四是被调查者看不惯调查人员的穿着打扮、行为举止。

要使被调查者愿意接受调查，排除访谈中的障碍，调查者必须掌握好四个方面的技巧。

一是进见技巧。进见时，一般要注意：①服饰打扮庄重大方。②有条件的，尽可能有人引见。③进见时，要注意礼节，给人良好的印象。④遵循进见程序。通过引见人介绍，或通过出示有关证件和其他方式，告诉被调查者自己是谁，代表什么机构，然后说明自己为什么而来，及时说清调查的目的和意义。⑤采用肯定的进见方式。要采取肯定的进见方式，使被调查者感到非接受调查不可，不管被调查者忙闲与否，调查员都可以说“打扰了，希望能和您谈谈这个问题，相信您一定能尽力帮助”，而不要说“我能和您谈谈吗”或“您有空吗”等有可能使被调查者马上拒绝的问话。

二是融洽关系技巧。进见以后，调查者要尽量主动，给人以礼貌、友好、健谈的印象，可以从同龄人、老乡、从事过相同职业或有相同的爱好等入手，缩小感情上的距离；或以当天发生的趣闻为题漫谈，尽量找共同点；或从已发现的对方优点、特长、光荣历史等着手，通过言辞、表情等表达对被调查者的尊重友好之情，从对方心理满足上找出路，等等。总之，要在短时间内，尽量变陌生人为熟人，与被调查者建立融洽的关系。

三是交谈技巧。调查者要注意的问题：①要注意交谈气氛。整个交谈中，调查者都要使交谈气氛和谐、融洽，要尽量消除被调查者的顾虑。②不要表示带倾向性的意见。调查主要是征求别人的意见，不要发表带倾向性的意见。③要把握交谈的主题。交谈中，要抓住要领，防止偏离主题。④要随时注意新情况。交谈中，调查者往往会发现一些事先未料到的新情况、新问题，在按原定主题逐渐展开的条件下，也应了解这些有价值的新线索。⑤要认真做笔记。在一般情况下，能够不录音的尽量不录音，如果实在需要，征得被调查者同意后，才可录音。

四是告别技巧。告别时，调查者应对被调查者所给予的合作做出中肯的、恰如其分的肯定，并对其表示诚挚的感谢。这样做，可以使被调查者获得心理满足，有利于组织形象的塑造，也为下次合作打下基础。

5. 观察法　观察法是调查人员通过自己的眼睛或其他辅助工具，如望远镜、摄像机、闭路电视等，对被调查者进行直接观察以获取信息的调查方法。这种调查方法能在被观察者处于自然状态和正常活动时，观察、收集到大量即时性信息，因此，其调查结果较为客观。但采用观察法，只能了解被观察对象的表面现象和行为活动，而不能看出被观察对象的内部特征，尤其不能看出被观察者的内心世界和了解被观察对象的行为动机、态度和打算等，因而调查深度往往显得不够。

6. 文献法　文献法也是公共关系调查中较为常用的一种调查方法，是公共关系人员从有关的各种文献资料中为组织及其公共关系工作搜集信息的调查方法。文献的来源一般有出版物、政府和社会团体的档案以及个人文献。出版物包括公开出版的报刊和内部发行的通讯、简报等各种印刷材料。这类文献数量多、材料系统，便于查找，但多为加工利用过的第二手资料，很容易受到具体作者的主观因素影响。政府和社会团体的档案包括文件、统计材料、会议记录、大事记等。这类材料比较原始，真实可靠，研究价值很大，但得到这些材料一般不太容易，有些还不能公开引用。个人文献包括私人信件、日记、笔记、账目、契约、回忆录及其他形式的资料。这类资料一般真实可靠，研究价值大，但这些资料的取得必须合乎法律手续，需要得到本人的同意。

训练与练习

1. 公共关系调研应遵循的原则是什么？请举例说明。
2. 常用的抽样调查法有哪些？请举例说明。
3. 结合所学习的理论，请自己选择一个项目，设计一份调查问卷并制订详细的调研活动方案。

学习指导

1. 学习建议

学习本章内容，重点要掌握公共关系调研的主要内容、公共关系调研的基本程序和步骤以及公共关系调研的基本方法。本章内容的实践性很强，应该以基本原理的学习与实际操作相结合，在讲与练结合的过程中，让学生理解和掌握公共关系调研的基本理论。学习本章内容，从实务的角度至少完成三个方面的任务：①确定好一个主题，制订一份完整的调研方案。②掌握调研报告的撰写要求与格式，进行针对性的训练。③熟练掌握和运用问卷调查方法，设计好一份问卷并进行调查。

2. 学习重点与难点

(1) 学习重点

1) 公共关系调研的内容。

2) 公共关系调研的基本程序和步骤。

3) 公共关系调研常用的基本方法。

(2) 学习难点

1) 公共关系调研课题的确立。

2) 各种不同调研方法在公共关系调研中的运用。

3. 核心概念

公共关系调研　组织形象　调查课题　调查方案　调查报告

普遍调查法　抽样调查法　问卷调查法　访谈法　观察法　文献法

课后思考与练习

1. 公共关系调研的内容有哪些?
2. 试述公共关系调研的程序和步骤。
3. 公共关系调研的基本方法有哪些?
4. 什么是抽样调查法? 常用的抽样调查方法有哪些?
5. 如何设计调查问卷?

案例分析

长城饭店的日常调查

北京长城饭店是 1979 年 6 月由国务院批准的全国第三家中外合资合营企业。它于 1983 年 12 月试营业，是北京五星级饭店中开业最早的饭店，也是北京第一座玻璃大厦，是北京 20 世纪 80 年代十大建筑之一。随着改革开放的深入发展，北京新建的大批高档饭店投入运营，饭店业竞争日益加剧。长城饭店之所以能在激烈的竞争中立于不败之地，成为京城饭店中的佼佼者之一，除了出色的推销工作和优质服务外，饭店管理者认为公关工作在塑造饭店形象上发挥了重要的作用。一提到长城饭店的公关工作，人们立刻会想到那举世闻名的里根总统的答谢宴会、北京市副市长证婚的 95 对新人集体婚礼、颐和园的中秋赏月和十三陵的野外烧烤等一系列使长城饭店声名鹊起的专题公关活动。长城饭店的大量公关工作，尤其是围绕为客人服务的日常公关工作，源于它周密系统的调查研究。长城饭店的调查研究通常由以下几个方面组成。

1．日常调查

（1）问卷调查。每天将调查表放在客房内，表中的项目包括客人对饭店的总体评价、对十几个类别的服务质量评价、对服务员服务态度的评价以及是否加入喜来登俱乐部和客人的游历情况等。

（2）接待投诉。几位客务部经理 24 小时轮班在大厅内接待客人，倾听客人反映情况，随时随地帮助客人处理困难、受理投诉、解答各种问题。

2．月调查

（1）顾客态度调查。每天向客人发送喜来登集团在全球统一使用的调查问卷，每日收回，月底集中寄到喜来登集团总部，进行全球性综合分析并在全球范围内进行季度评比。根据量化分析，对全球最好的和进步最快的喜来登集团旗下饭店给予奖励。

（2）市场调查。前台经理与在京各大饭店的前台经理每月交流一次游客情况，互通情报，共同分析本地区的形势。

3．半年调查

喜来登总部每半年召开一次世界范围内的全球旅游情况会，其所属各饭店的销售经理从世界各地带来大量的信息，相互交流、研究，使每个饭店都能了解世界旅游形势，站在全球的角度商议经营方针。

这种系统的全方位调研制度，宏观上可以使饭店决策者高瞻远瞩地了解全世界旅游业的形势，进而可以了解本地区的行情；微观上可以了解本店每个岗位、每项服务及每个员工工作的情况，从而使他们的决策有的放矢。

综合调查结果表明，任何一家饭店，光有较高的知名度是远远不够的，要想保持较高的“回头率”，主要是靠优质服务，使客人满意。怎样才能使客人满意呢？经过调查研究和策划，喜来登集团面对竞争提出了“宾至如归”方案。方案中提出在 3 个月内对长城饭店上至总经理，下至一般服务员进行强化培训，不准请假，合格者发证上岗；在每人每年 100 美元培训费用的基础上另设奖金，奖励先进，其宗旨就是向宾客提供满意的服务，使他们有宾至如归的感觉。随着这一方案的推行，饭店的服务水平又有了新的提高。

【案例思考题】

结合案例，请分析长城饭店日常调查的主要内容。

实训应用

1．实训项目

观察法的运用。

2．实训目的

通过观察一条步行商业街，使学生掌握观察什么、怎样观察以及观察要注意的问题。

3．实训内容

（1）步行街上5公里范围内的居民都属于什么类型？

（2）周围的办公楼里的各种公司属于什么类型？

（3）现在步行街有多少不同种类的商品店？

（4）销售的主要商品是哪几类？怎么看出来的？

（5）步行街的各种商店和周围居民与各种机构的关系是什么？

（6）你认为步行街的市场定位是什么？

（7）步行街内哪几种商品的销售情况不妙，原因是什么？

（8）你是如何判断的？你印象最深的事物是什么？

（9）观察给你什么启发？如果让你在步行街上经营一个很小的店铺，你打算如何做？原因与证据是什么？

4．实训要求

（1）把课前准备的观察内容写成书面总结材料。

（2）开一个汇报会，让一些做得好的同学在全班汇报他们是怎样进行观察的，把观察到的内容及在观察中遇到的问题，以及如何解决的，在全班做一个说明。

（3）教师总结。

（4）学生写出实训小结。

5．实训组织

将全班分成若干个小组，每组观察一项内容。

6．实训成绩考核

（1）每位学生需填写实训报告。

（2）根据每位学生在实训过程中承担的任务，由小组长给出成绩评定分数。

（3）教师根据学生课堂上的发言表现评定学生的成绩，并给出评语。

第6章 Chapter6

公共关系策划

学习目标

1. 理解和把握公共关系策划的含义
2. 掌握公共关系策划的内容与程序
3. 理解公共关系策划的基本原则
4. 掌握公共关系策划的基本方法

案例导入

红塔皇马中国行

2003年盛夏，备受“非典”煎熬而变得异常阴沉的中国大地上，因一场轰轰烈烈的足球比赛而阳光灿烂——这场比赛叫作“2003红塔皇马中国行”。

红塔集团从一个名不见经传的小厂，经过改革开放的风雨洗礼和市场经济的大浪淘沙，不断成长、不断成熟，一跃成为中国烟草行业中的龙头企业，位居世界前列的现代化大型企业集团。红塔集团确定“山高人为峰”作为新的企业核心理念，具有时代特色，体现着以人为本、不断超越自我、不断进取攀登的精神。

红塔集团作为大型国有企业，本身肩负着义不容辞的社会责任，长期致力于社会公益事业，捐助涉及震灾、赞助、助学等领域。但要通过怎样的方式才能将红塔品牌的新活力和回报社会的愿望展现与表达出来呢？正当红塔集团苦苦找寻能推广“山高人为峰”的企业理念，并进一步树立富于社会责任感公众形象的时候，西班牙皇家马德里队即将来华的消息传来，决定了红塔集团选择赞助的必然，因为“皇马中国行”必将为红塔踢出丰富形象、激活品牌的关键性的一球。

皇家马德里俱乐部是世界上最著名、最成功的俱乐部，拥有当时世界上最著名的三位“世界足球先生”、六大国际足球巨星，特别是该赛季中贝克汉姆的加盟更使其国际影响力非凡。他们来到中国也等于把世界的眼球吸引到了中国，所以“皇马中国行”的热点效应是世界性的，也就是在全球化背景下的热点赛事效应。皇马具有足够强、足够多的“第一”价值，而且在某些“第一”指标上与红塔的文化内涵有着很强的共通性和互补性；同时，足球比赛本身所具有的极强的竞技性和活力四射，必然会为红塔企业及品牌形象注入新的内涵；足球比赛的受众群体集中在年轻的、富有激情的这样一些男性群体中，也就决定了皇马与红塔牵手的必然。

当皇马即将入住昆明红塔基地的消息传来，红塔的名字开始因为皇马的到来而显得格外突出，媒体的热炒使本来就享有极高知名度的红塔再度成为大众的关注点。红塔集团及时抓住了这个千载难逢的机会，独家获得了这次活动的总冠名权，把这次活动一锤定音为“2003 红塔皇马中国行”。可以说，“山高人为峰”在最合适的时间、最合适的地点，通过最合适的人得到了最佳诠释和最佳传播效应。红塔集团利用这次足球赛事，成功地进行了一次公共关系策划，展现了自己良好的形象。

【问题引入】

1. 红塔集团是如何进行“皇马中国行”策划的?

2. 一个成功的公共关系策划对组织的生存与发展会产生什么样的影响?

6.1 公共关系策划概述

6.1.1 公共关系策划的含义

策划，简单地说，即筹划或谋划，是指策划者利用手中有限的资源去创造性地谋定有效而可行的实施方案，以图实现组织预期目标的思维全过程。在《中国公共关系大辞典》中，策划被定义为：“是指人们为了达成某种特定的目标，借助一定的科学方法和艺术，为决策、计划制作策划方案的过程。”公共关系策划，就是公共关系人员根据组织形象的现状和目标要求，分析现有宏观和微观的条件，谋划、设计出相应的公关战略并筛选出最佳方案的过程。

公共关系策划是公关人员的工作，是由公关人员来完成的，是为组织目标服务的。任何公关策划都是建立在公关调研基础之上的，既非凭空产生，也不能囊括所有公关活动。公关策划可以分为三个层次：一是总体公关战略策划，如组织形象的长期规划；二是专门公关活动策划，如“蒙牛”牌牛奶成功赞助了湖南电视台 2005 年“超级女声”总决赛；三是具体公关操作策划，如典礼、联谊会等。公共关系的策划过程，就是在调查研究的基础上，通过综合分析，提出可行性计划，确立目标体系和达标手段，通过实验、反馈、调整、实施，使组织达到理想公共关系状态的过程。

6.1.2　公共关系策划的意义

1. 有利于加强组织公关工作的整体性　通过公关策划，使公关目标与组织的性质、目标、任务密切配合起来，使实现公关目标的活动成为组织管理系统中的一个有机组成部分，从而使组织的政策和各部门的活动统一到树立良好组织形象，提高组织整体效益和社会效益上来，使组织的每项公关活动都与一定的目标相联系，成为构成良好组织形象这个花环上的一朵绚丽鲜花，从而发挥公关工作的整体效果。

2. 有利于提高组织公关工作的可控性　通过公关策划，形成一种长期与短期结合、创新与维持组织形象相结合的公关目标体系，并以此为基础妥善安排好日常工作、定期活动和专门活动的内容和项目，编制恰当的费用预算和时间预算，形成一张既积极主动又稳妥有序的公关活动进程表，以此作为控制公关工作、检查评价公关效果的依据，从而使公关工作在目标和计划的控制之下稳步开展，取得预期的效果。

3. 有利于增强组织公关工作的预见性　通过公关策划，可以使公关工作建立在充分调查研究的基础上，依据大量的公众和环境资料，预测趋势，分析后果，区分轻重缓急，提出既主动又灵活的适应环境变化的有力措施，以此影响组织的政策，争取组织决策者对公关工作的支持；影响组织各部门和全体人员的言行，争取组织各部门和全体人员的合作，从而尽量减少危机事件，使公关工作主动超前，避免“救火”。

4. 有利于促进组织公关工作的成熟性　通过公关策划，在情境分析的基础上，形成目标、方案和预算，使公关组织机构和人员有可能以此为依据，分析、评价、实现公关目标，执行公关方案和预算的情况，发现工作中的成绩，找出工作中存在的问题，从而分析原因，吸取工作中的经验教训，以指导今后的工作。总之，公关策划有利于明确组织的公关目标、积累工作成果；有利于控制工作过程、评价工作效果；有利于增强工作的预见性，减少危机事件；有利于积累工作经验，提高工作水平，保证公关活动达到预期目标。

训练与练习

1．请举例说明公共关系策划的三个层次。

2．公共关系策划具有什么样的重要意义？

6.2 公共关系策划的内容与程序

公共关系策划是一个动态的过程，是一项系统工程，包含许多层次的内容与步骤。

6.2.1 目标确定

公共关系策划目标就是组织单位通过公共关系活动的实施所希望达到的形象状态和理想标准，公共关系调查在及时发现组织存在的现实或潜在的公共关系问题，并对相应的公众进行深入了解之后，公共关系人员就开始确定公共关系策划目标，构建目标体系，为下一步公共关系策划打下基础。

1. 公共关系目标分类方法

（1）按公共关系策划目标的时间长短划分为长期目标和短期目标。

长期目标：指涉及组织长远发展和经营管理战略等重大问题的目标，它与组织的整体目标相一致，塑造组织的总体形象。长期目标比较抽象地反映了组织在公众中应具有的形象以及能够对社会所起的作用，是组织理想的信条。一般不是短期内能实现的，时间跨度在五年以上。

短期目标：指围绕长期目标制定的具体实施目标，其内容具体，有明确的指向性，对公共关系工作有实际的指导作用，时间幅度一般在五年以下。常见的是年度工作目标，它依据每年度的日常工作、定期活动、专题活动的内容，确定年度工作目标和步骤，这是实施长期目标的积累过程。

（2）按公共关系性质划分为一般目标和特殊目标。

一般目标：指依据各类或几类公众的权利要求、意图、观念或行为的统一性制定的目标，它是构成组织总体形象的要素。如增加某企业的销售量是企业员工、股东、政府、顾客等公众权益要求中的一个共同点，所以，促进产品销售量的增加就成为公共关系工作的一般目标。

特殊目标：指针对那些与组织目标、信念、发展以及利益相同或相近的公众提出的特殊要求而制定的目标。特殊目标具有特殊的指向性。

小案例

保业姆瓷器公司的公关目标

美国有一家叫保业姆的瓷器公司，在老板娘从其过世的丈夫手中接管之前，只是一个规模很小、名气不大的专门生产花草鱼兽等瓷雕艺术品的小公司。老板娘接管之后，决定制定一系列的公共关系策划目标，从根本上改变公司形象。她给公司确定了两项长远的宏伟目标：一是本公司要以艺术家形象著称于世，其产品要跻身于美国国家博物馆珍品之列，以此抬高身价；二是本公司要以慈善家形象著称于世，其产品要象征人类保护的野生动物，并向保护自然生态环境的世界组织捐款，以此提高声誉。为了实现这两个长远目标，她又制定了近期目标，将公司的产品分为三条线：一条生产高档艺术品，不挣钱，目的是创名牌，扩大声誉；一条生产中档艺术品，盈利并拿出部分利润捐助一些慈善机构，逐步扩大影响；一条生产低档产品，目的是培养人才，同时各种产品均要以手工制作，以显示其艺术价值。由于该公司树立起与众不同的形象，很快引起公众的瞩目。1972 年尼克松总统访华前夕，正苦于寻找一种能代表国家的礼物。该公司闻讯后，抓住良机，迅速向尼克松献上该公司生产的一尊天鹅群瓷器珍品。因为瓷器的英文正是 China，尼克松非常惊喜，于是把这尊具有双重意义的艺术品带到中国。小小的保业姆公司也因此而声名大振，营业额急速上升。

（3）按目标之间的关系划分为整体目标和分目标。

整体目标：是在组织战略目标之下制定的公关活动的总目标。无论是长期计划目标还是短期计划目标，它们都是整体目标的一个组成部分。

分目标：是组织的整体目标之下的子目标。公关工作人员在制定公关活动的整体目标与分目标时，一定要注意它们之间相互制约、相互连续、相互协调。

2. 常用的公共关系目标　英国公共关系专家弗兰克·杰夫金斯绘制出了公共关系目标清单，其范围是十分广泛的，概括起来有 16 种。

（1）新产品、新技术、新服务项目开发过程之中，要让公众有足够的了解。

（2）开辟新市场、新产品或新服务推销之前，要在新市场所在地的公众中宣传组织的声誉，提高知名度。

（3）企业转产时，要调整组织对内、对外形象，使新的组织形象与新产品相适应。

（4）参加社会公益活动，并通过适当的方式向公众宣传，增加公众对组织的了解和好感。

（5）开展社区公共关系活动，与组织所在地的公众沟通。

（6）本组织的产品或服务在社会上造成不良影响后，进行公共关系活动。

（7）为本组织新的分公司、新的销售店、新的驻外办事处进行宣传，使各类公众及时了解。

（8）让组织内外的公众了解组织高层领导关心社会、参加各种社会活动的情况，以提高组织声誉。

（9）发生严重事故后，要让公众了解组织处理的过程、采取的方法、解释事故的原因以及正在做出的努力。

（10）创造一个良好的消费环境，在公众中普及同本组织有关的产品或服务的消费方式、生活方式。

（11）创造股票发行的良好环境，在本组织的股票准备正式挂牌上市前，向各类公众介绍产品特点、经营情况、发展前景、利润情况等。

（12）通过适当的方式向儿童宣传本组织产品的商标牌号、企业名称。

（13）争取政府对组织性质、发展前景、需要得到支持的情况，协调组织与政府的关系。

（14）赞助社会公益事业。

（15）准备同其他组织建立合作关系时，对组织的内部公众、组织的合作者及政府部门宣传合作的意义和作用。

（16）处在竞争危急时刻，通过联络感情等方式，争取有关公众的支持。

杰夫金斯的目标清单说明，一个组织的各个方面都能成为公共关系的计划目标。不过，各类组织的实际情况不同，编制目标时要根据实际和制定公共关系目标的原则来确定。

3. 确定目标需要注意的问题

（1）公共关系目标要明确，具有可操作性，选择和确定目标要准确、有效。为了做到这一点，调查研究阶段所获取的各种资料一定要尽可能详尽、准确。

（2）公共关系目标要强调合理性。它要为组织和公众的双方利益服务，在符合组织利益和公众利益的同时，还必须符合社会道德和社会行为准则。

（3）公共关系目标体系具有完整性，总目标与各个子目标之间要具有科学而紧密的逻辑关系。公共关系人员在选择公共关系目标时，必须有助于实现组织的整体目标，要从组织整体利益出发，做出通盘考虑。

（4）公共关系目标要有一定的弹性。要考虑到突发性因素对实施计划的影响，在时间上留有余地，但同时也要防止把留有余地当作“留一手”，结果目标定得较低，经费预算偏高，不能获得应有效益。

6.2.2 确定公众

作为公共关系工作对象的公众，是指任何因面临某个共同问题而形成的，有着某种共同利益并为某一特定组织的工作产生互动效应的社会群体。公关活动的目的是，要在公众中树立组织的良好形象。但是，公关活动不可能面对所有的公众，它所面对的往往是与组织有特定关系的公众。

确定公众一般分为两个步骤：

一是鉴别公众对象的权利要求。公共关系在本质上是一种互利关系，一个成功的计划必须能达到互利要求，并将其作为策划的依据之一。

二是对公众的各种权利要求进行概括和分析，先找出各类公众权利要求中的共同点和共性问题，把满足各类公众的共同权利要求作为设计组织总体形象的基础。对公众的各种权利要求进行分析与概括：①分析各类公众对象的意图、观念、行动的同一性，概括出各种权利要求的相对共同点，作为制定公共关系一般目标和计划的基本内容。②评价公众对象的特殊权利要求，选定那些与组织的存在和发展休戚相关的权利要求，作为制定公共关系特殊目标的基本内容。

6.2.3　公共关系的具体行动方案

公共关系的具体行动方案是公共关系目标的具体化。为了实现某一目标，在确定了公众对象之后，就涉及确定公共关系活动的主题、具体项目、时机和传播方式等。

1. 确定主题　主题是指公共关系活动中联结所有项目、统率整个活动的思想纽带和思想核心。提炼公共关系活动的主题，是公共关系策划过程中的一个极其重要的环节，能否提炼出鲜明突出的公共关系活动主题，主题能否吸引公众、抓住人心，可以说是公共关系策划成败的一个重要标志。主题的表达可以不拘一格，可以是一种简洁的陈述，也可以是一个寓意深刻的警句，还可以是一句鲜明的口号，但无论采用何种形式来表现主题，都要求含义明确、观点鲜明、便于记忆、贯穿始终、切合实际、诚实可靠。华而不实的口号，往往适得其反，引起公众的反感。提炼和确定主题应当注意以下一些问题。

（1）目标的一致性。提炼主题，是为了更好地体现公共关系目标，主题必须与公共关系活动的目标保持一致，主题必须服务于目标。

（2）主题的实效性。主题的实效性，一是表现在是否符合公共关系活动的客观实际，不能说得好听但做不到；二是要能真正打动公众的心，切中公众心愿；三是要考虑社会效果，一味哗众取宠、迎合低级趣味的主题是要不得的。

（3）主题的稳定性。主题一经确定，就应贯穿公共关系活动始终，不得半途而废、中途改换，以免造成公众感知的混乱。

（4）主题的单一性。一次公共关系活动，只应有一个主题，一般不得出现多个主题。对于大型的综合性公共关系活动，虽然也可设计一些次主题，但不能喧宾夺主，造成主题的杂乱无序。

（5）主题的客观性。公共关系活动的主题，要展示公共关系精神、体现时代气息，不可商业化十足，也不宜宣传口号太重，主观不要太强，以免招来公众的反感。

小案例

四个 2016 年奥运会申办城市的口号

美国芝加哥、日本东京、巴西里约热内卢和西班牙马德里，它们申办2016年奥运会时的口号分别如下：

芝加哥：让友谊绽放光芒！

东京：日本有能力办新奥运！

马德里：我有预感！

里约热内卢：把奥运首次带到南美洲！

2. 确定活动项目 具体公共关系项目类型总体上有以下几类。

（1）以信息传播为中心内容的宣传型活动项目。这类活动项目包括新闻发布会、记者招待会、演讲会、各种竞赛活动、庆祝活动、颁奖仪式、新产品与新技术展览会、信息发布会、印发公共关系刊物、制作视听资料等。

（2）利用组织已有设施建立社会关系网络的交际型活动项目。这类项目包括举办各种招待会、座谈会、知名人士周末茶会、工作晚餐会以及记者、经理、厂长联谊会、参观内部设施与管理、信件往来等。

（3）以提供各种优惠服务为主的服务型活动项目。这类项目是以服务于一切社会公众为导向而确定的。如工业企业的售后服务、消费教育、消费指导，商业、服务行业的优质服务，公共事业的完善服务，政府机构和党派组织的服务，等等。无论哪类组织，以自己独特的方式向社会公众提供各种必要的服务，来树立和维持组织的良好形象，是一个基本的重要公关途径和方式。

（4）以社会性、公益性、赞助性活动为主的社会型活动项目。

1）参加组织所在地或其他组织举办的有影响的活动。如当地传统的节日活动、公益赞助活动、慈善事业等，还包括全国性的重大节日、纪念日举办的庆祝会等。

2）组织本身的重要活动。如开业庆典活动、剪彩仪式、周年纪念等。

3. 确定活动时机 一个良好的公关行动方案，如果错过了有利时机，就不能有效地发挥作用。选择公关时机，对于一个组织来说至关重要。

一般来说，组织可预先选定利用的时机有以下几种：

（1）组织创办或开业之时。

（2）组织更名、转产或与其他组织合并时。

（3）组织开业或新产品、新项目、新服务、新技术推出之时。

（4）组织内部改组、转型、品牌延伸之时。

（5）组织迁址之时。

（6）组织周年庆典或周期性纪念活动之时。

（7）组织股票上市之时。

（8）国际、国内各种节日和纪念日之时。

组织需要即时捕捉稍纵即逝的时机主要有：

（1）重大的社会活动和社会事件出现之时。

（2）组织形象出现危机之时。

（3）组织或社会突发性灾害爆发之时。

（4）国家或地方政府新政策出台或新领导人上台之时。

（5）公众观念和需求发生转变之时。

（6）组织经营出现困难之时。

（7）国际、国内政治经济大环境、大气候转变之时。

（8）组织内部资源条件发生变化之时。

确定活动时机，要求公关人员有较高的敏锐性和创造性，要独具慧眼，才能不失时机地开展富有成效的公共关系活动。

4. 选择传播媒介　各种媒介各有所长、各有所短，要想达到预期的传播效果，公共关系策划者必须了解各种媒介，了解各种媒介各自的优点，并要善于通过巧妙组合的方式，造成优势互补、交相辉映的整合性传播效果。至于如何确定各有所长的媒体，应当是根据不同的情况去做不同选择，最常见的有以下几种方法。

（1）根据公共关系工作的目标去选择。选择媒介应先着眼于组织公共关系的目标和要求。如果组织的目标是提高知名度，则可以选择大众传播媒介；如果组织的目标是缓和内部紧张关系，则可以通过人际传播与群体传播，通过会谈、对话等方式加以解决。

（2）根据不同公关对象来选择传播媒介。不同的对象适用于不同的传播媒介，要想使信息有效地传达到目标公众，就必须考虑到目标公众的经济状况、教育程度、职业特点、生活方式及他们通常接受信息的习惯等；根据这些情况决定选用什么样的媒介。比如，对流动性较大的出租汽车司机最好采用广播；要引起儿童的注意和兴趣，制作电视节目和卡通片效果最好；对文化较落后、又没有电视的山区农民，则采用有线广播与人际传播；对喜欢阅读思考的知识分子，应多采用报纸、杂志等传播媒介。

（3）根据传播内容来选择传播媒介。不论是个体传播、群体传播还是大众传播，每种形式都有鲜明的特点和一定的适用范围。选择媒介时，应将信息内容的特点和各种传播媒介的优劣势结合起来综合考虑。比如，内容较简单的快讯可以选择广播，它覆盖面广，传播速度快，对文化水平要求不高；对较复杂、需要反复思索才能明白的内容，最好选择印刷媒介（如报纸、杂志、图书等），那样可以使人从容研读，慢慢品味；对开张仪式、大型公共关系活动的盛况，采用电视、电影表现生动、逼真，能产生非常诱人的效果。

另外，还需要注意的是：只对本地区有意义的信息就不要选用全国性的传播媒介，只对一小部分特定公众有意义的消息，就没必要采用大众传播媒介，而对个别消费者的投诉，则只需要面约商谈或书信往来。

（4）根据经济条件来选择传播媒介。俗话说“看菜吃饭，量体裁衣”，组织的公共关系活动经费一般都很有限，而越是现代化的传播媒介，费用越高。所以，成功的公共关系策划，就要选择恰当的媒介和方式，以较少的开支争取最好的传播效果。

5. 编制经费预算 任何公共关系活动都需要一定的经费支撑。在策划公共关系方案时，必须进行经费预算。公共关系预算是按照目标、实施方案，将所需的费用分成若干项目并编绘出单项活动及全年活动的成本。通过经费预算可以确定活动规模的大小，合理地分配人力、财力和物力；同时，在活动结束时，可以及时评估活动的效果。

公共关系活动经费预算通常是由行政开支和项目开支两大部分构成。行政开支是维持公共关系部门或专业公共关系公司生存与发展的基本费用。项目开支是实施公共关系活动项目所需要的费用，尤其是那些大型的专项活动，所需要经费较多，日常固定开支难以支付，必须专门立项拨款。其具体构成情况如下。

（1）行政开支。

1）人工报酬。人工报酬指专业工作者和一般工作人员的薪金或工资，还包括外聘公共关系顾问的工时报酬。这是公共关系预算项目最大的一项，大约占预算的三分之二。

2）设施费用。此项费用由公共关系活动运用的设施所决定，一般包括：各种印刷品、纪念品、摄影设备和材料、美术工艺器材、视听器材、展览设施和所需各种实物、用品等。

3）日常行政费。日常行政费用包括房租、水电费、保险费、电话费、办公室文具费、通信费用、交通费、照相、洗印、餐旅费、交际费（一般不超过总费用的 2%）等。

（2）项目开支。项目开支包括实施各种公共关系活动项目所需费用。

1）原有项目的开支。公共关系许多活动项目属于战略性的，时间上往往跨年度。公共关系人员在编制年度预算时，应从公共关系目标入手，推算出计划方案中各项活动费用，对那些跨年度的活动项目，要在新一年度考虑适当增减。

2）新增项目的开支。新增项目的开支指实行计划方案过程中的新增加项目，如本年度内组织周年纪念、起用新商标、对外发行月刊等。公共关系人员在编制预算时，就要考虑人员、设备的增加和具体活动所需的各项开支，还要考虑到物价等因素。

3）突发事件的开支。公共关系不仅是一种预测性、计划性工作，而且灵活性也很强，往往一些突然事故、偶然机会都会改变或调整计划，如赞助、庆贺、公益一类的活动。公共关系人员编制预算时，应事先设置临时应变费用，从资金上保证公共关系的应变能力。

公共关系预算是一件非常琐细而复杂的事，为了达到组织预期的公共关系目标，本着勤俭节约、精打细算的原则，在编制过程中要注意以下一些问题：

- 要以能够实现的目标或计划方案为标准来确定预算。公共关系活动的时间、方式、支出都要同组织效益相联系。
- 公共关系人员在编制预算时，必须提出一份实施计划与活动项目的清单，了解各项公共关系活动所需的费用。
- 公共关系工作灵活性较强，预算时要考虑在时间分配上有一定的弹性。经费预算的一部分是每月或每季公共关系工作项目和所需要的花费，可表示为时间-活动-费用表；另一部分为应付特殊事件和突发事故情况费用表。两部分可在当月或当季预算中协调使用。
- 要制定正常开支和超支的有关规定，以保证经费的效益原则。
- 要及时检查预算执行情况并考察公关工作的绩效。

6.2.4 方案优化

公关人员常常可能针对不同的公众选用不同的公关活动模式，提出各种不同的方案，做出各种形式的公关设计，但这些方案未必都那么适宜，也不可能同时都采用，因此必须再进行方案优化。

方案优化可以从三个方面去考虑，即增强方案的目的性、增加方案的可行性、降低耗费。通常的方案优化方法有以下几种。

（1）重点法。公共关系策划者在对同一个方案进行优化时，可先分析在目的性、可行性、耗费三个方面中，哪个方面的增加或减少对该方案的合理值影响最大，影响最大的方面则确定为重点。比如，方案中目的性和可行性都很强，就是费用太高，就可将耗费定为重点；如果目的性和耗费都很合适，只是可行性较差，就可以增强可行性为重点。

（2）轮变法。将方案诸要素中的一个要素作为变数，其他的作为定数并对作为变数的要素做量的增减，在其他要素不变的情况下提高合理值，直到不能再增减为止。然后换另一个要素作为变数，又将原来的那个要素与其他要素一起作为定数，直到最后合理值不能再提高为止。如此通过各要素轮换作为变数，最终找出各要素最优化的程度。

（3）反向增益法。这是以一个要素的较小变动去求得其他要素的较大变动的方法，即考虑如果增加少量成本，能否增加大量收益的可能性。这与人们通常考虑如何降低成本以增加利润的思路正好相反。

（4）优点综合法。这是将各个方案中可以移植的优点都综合到被选上的方案中，使策划方案好上加好，以达到取优的方法。

6.2.5 撰写公共关系策划书

公共关系策划经过论证后，必须形成书面报告。公共关系策划书是一份完整的公共关系策划方案的书面报告，是公共关系策划工作的最后一项程序。职业化的公共关系工作都应该建立完整齐备的工作档案系统，因而每一次具体的公共关系策划活动都必须形成文字，以一份清晰充实的公共关系策划书的形式留存下来。这样做不仅便于工作的回顾和检验，也可作为向组织决策层进行报批并获取批准的书面依据。

公共关系策划书的基本结构可以分为下列 10 项。

（1）封面。封面不能太随意，要大方、典雅，涉外活动时，要在允许的情况下尽量精美，向国际接轨；格式一定要规范；厚度要比内文的纸厚些。封面要注明：①标题。②密级（可以分为秘密、机密、绝密，或密级：A、AA、AAA）。③策划的主体（策划者及所在公司或部门）。④日期。

（2）序文。序文是指把策划书内容概要加以整理，简明扼要，让人一目了然。序文一般不超过 400 字，视情况可加些说明，不过也不要超过 500 字。

（3）目录。目录务求使人读后能了解策划的全貌，它具有与序文相同的作用，十分重要。

（4）宗旨。这是策划的大纲，是对策划的必要性、社会性、可行性等问题的具体说明，目的在于告诉读者策划者到底要干什么。

（5）内容。这是策划书中最重要的部分。内容因策划种类的不同而有所变化，但必须以让读者能一目了然为原则，切忌过分纷杂。内容层次一定要清楚、具体。

（6）预算。策划必须进行周密的预算。在预算经费时最好绘出表格，列出总目和分目的支出内容，既方便核算，又便于以后查对。

（7）策划进度表。把策划活动起讫全过程拟成时间表，对各项具体工作加以标示，作为策划进行的检查表。如未按表行事，而一旦完成日期已定，便需要重新制定进度表。

（8）有关人员职务分配表。此项非常重要，一旦发生权责不分的情况或某个环节出现差错可马上更换有关人员。

（9）策划所需的物品及场地。在何时、何地提供何种方式的协助，需要什么样的布置也要细致安排。

（10）策划的相关资料。这部分内容可附也可不附，只是给策划参与者提供参考。资料不能太多，择其要点而附之。

训练与练习

1．请举例说明公共关系策划目标分类方法。

2．简述公共关系策划书的基本结构。

6.3　公共关系策划的原则和方法

6.3.1　公共关系策划的原则

为使公共关系策划过程更加科学合理，使所形成的方案更加符合实际，在进行公共关系策划时，必须坚持一定的原则。

1．目标导向原则　目标导向原则是指组织的公共关系策划活动必须在一个明确目标的指引下完成。它一方面指出公共关系策划活动必须是“有的放矢”，就是在每次公共关系策划活动之前，策划者必须清楚此次策划究竟是为了解决什么问题，以及问题的大小难易程度。另一方面，它指的是公共关系策划的每一个步骤和环节都必须紧扣组织的公共关系总目标，在公共关系策划的思维全过程中，必须始终围绕着既定的目标来进行。

2．真实性原则　公共关系策划应符合社会生活的真实、组织的现实状态。它主要强调公共关系策划应充分考虑组织具体的内外部环境，策划的活动应符合生活实际。公共关系目标的确定和行动方案的选择都必须建立在实事求是的基础之上，要处理好创新与实用的关系，切忌夸大其词。

3．创造性原则　具有创造性的公共关系策划，才能更好地实现公共关系活动的任务，具有更高的价值。公共关系策划是公共关系人员充分发挥想象力和创造力的过程。创造性的策划要求公共关系人员要有敏锐的思维能力和捕捉“战机”的能力，要有丰富的知识面和社会经验，要掌握大量的事实材料。创造性的策划不是胡编滥造、虚构事实和玩弄公众，它必须以真实性原则为基础。同时，创造性的策划还要和可行性联系起来，没有可行性的创造性，只能是空中楼阁。

4．可行性原则　公共关系策划必须切实可行，这种可行性包括可操作性和可实现性两个方面。在策划时，一定要尊重客观实际，对收集整理的信息做可行性分析，在公共关系组织力所能及的范围内进行制定。任何策划都要根据组织的现有条件和因素来制定目标，制定目标要恰到好处，否则目标太高了不能实现，但也不能定得太低，太低了就失去了公共关系的业绩。

5. 利益驱动原则 利益是公共关系策划和公共关系行为的原动力。组织的利益由组织的经济效益和社会效益两方面构成，组织的公共关系行为虽然不表现为经济效益的直接获取，但组织良好形象的塑造和公众环境的协调，必定给组织带来有利于生存发展的优越条件和因此而发生的更为深远的经济效益和社会效益。

6.3.2 公共关系策划的方法

1. 公共关系策划中的创造性思维 创造性思维是通过直觉、灵感（顿悟）、推理、实践而形成的高级思维过程，是科学智慧的升华，是智力、想象力的高级表现形态，也是思维本身的创新。创造性思维具有思维的敏锐性、独创性、多向性、跨越性及综合性的特征。公共关系策划的新意源于公共关系人员的创造性思维方法。

（1）灵感的激发。在公共关系策划中，新形象、新假设的产生往往带有突发性，是突如其来的闪电般的顿悟，它的产生往往借助外部信息的激发，与人们头脑中的知识信息巧合，便产生了灵感。活跃的灵感在创造性思维中起着非常重要的作用，一般来说，人们在获得灵感时，思维异常活跃，也最富有创造力。而公共关系策划者要想在策划中出现灵感就要善于发现和利用各种信息，进行自我激发并通过量的积累，触类旁通、闪现灵感，使公共关系策划产生新意。

（2）想象的突破。所谓想象是指策划者对记忆中的表象进行加工后，得到的一种形象思维。它是在对以往事物感知的基础上，创造出前所未有的对策划对象的想象力，是在观察、思维等基础上的一种特殊形式的思维活动方式。在公共关系策划中，同样需要借助想象，公共关系策划者把对组织公共关系现状的认识和对组织未来的预测等各种感知，通过想象得以突破，不断建立和完善新的形象概念，因此，公共关系策划的成果，往往也是想象思维的结果。

（3）诸因素的组合。在公共关系策划中，从思维的角度而言，由目标的制定找到了相应的公众，从诸多的信息中产生了主题，继而设计出各种计划和工作步骤，这是从思维展开角度而言的。而从思维展开后必须聚拢的角度来说，众多的因素又必须组合为一个有机的计划，这个创造性思维的过程，可以称为因素组合法。

（4）头脑风暴法。它是 1939 年美国 BBDO 广告公司创始人奥斯本创立的，用于集体创造活动的创新技法。其基本要点：针对要解决的问题，召集 5～10 人的小型会议。会议规定一些必须遵守的规则，以产生启发创造力的情境。与会者按照一定的步骤，在轻松融洽的气氛中，敞开思想、各抒己见、自由联想、畅所欲言、互相启发、互相激励，让创造性思想火花产生共鸣和撞击，以引起连锁反应，从而激发出大量的创新设想。在头脑风暴法中，所要遵循的规则：一是构思的方向越多越好；二是创意属于异想天开，似天方夜谭也不许嘲笑；三是彼此之间不批评对方着眼点的好坏；四是可以从别人所想到的地方得到暗示，而自由附加想出新点子。

（5）逆向思维与类比启迪。人们在进行思维时，往往喜欢按照习惯的思路去探求问题的答案，然而，这种解决问题的方法往往陈旧落套、缺乏新意，问题也难以理想解决，如此，这就需要人们从与习惯思路相反的角度，来突破常规定式，用反向思维找到出奇制胜之道。所谓类比启迪法是指人们根据已知的事物或道理，比喻性地启迪我们以相类似的方法去解决未知的问题。这种方法，美国的创造学家称之为“提喻法”，它是以不同的知识背景、不同气质的人组成小组，相互启发、集体攻关。提喻法有两个重要的思考出发点：一是变陌生为熟悉，即进行拟人类比、直接类比、象征类比、幻想类比；二是变熟悉为陌生，以已知的各种事物，运用新知识或新角度来观察、分析和处理，其过程同样必须进行各种类比。最后，再通过特定的标准，对想象力产生的各种类比进行选择和判断，得出最佳的创造性思维成果。

2. 公共关系策划的创意技法 所谓创意，就是创造性的意念，是策划的灵魂。公共关系策划中常用的有四大创意技法。

（1）运势。势是一种比喻的说法，指的是事物本身以及与影响事物的环境共同形成的一种倾向性的无形力量。在“势”的面前，人们及组织并非只能逆来顺受，并非只能消极被动地承受“势”。一方面我们应当充分认清自身的优势与劣势，利用自己的优势，回避自己的劣势；另一方面，要善于变被动为主动，学会通过主观努力去“运势”，即能动地蓄势、融势、借势、造势和导势。

1）蓄势。蓄势就是在对抗和竞争行为中，通过积蓄准备，来造成双方在实力对比、心理状态、舆论倾向、士气斗志等方面的反差。它通常体现为对主客观条件的逐步完备和对成熟时机的等待。

2）融势。融势就是把组织自身的力量，融入社会大潮之中，以此增强组织社会形象的做法。关心社会大趋势、大热点，是组织融势的前提。

3）借势。借势就是借助比组织更受人们关注的各种事物，与组织即将要进行的公共关系活动结合起来，从而把新闻及公众的关注目光转移到本组织方面，起到公共关系活动的良好效果。一是借名人之势。名人具有一种“光环效应”，吸引着广大的公众，也是新闻记者追踪的对象，因此，公共关系策划者往往借名人之势进行策划。二是借“热点”之势。“热点”是新近流行或被人们普遍关注的事物或现象，公共关系策划如果能恰到好处地借用到“热点”，那么往往能收到意想不到的效果。

4）造势。造势不同于借势，它是凭借自己的智慧和力量，积极主动地创造出一种有利于自己的态势、格局和趋向。一般来讲，造势有两种方法：一是无中生有，就是在没有任何可资凭借事物的情况下，公共关系人员经过策划，酿造出有利于组织的舆论势头；二是小中造大，就是抓住一个微不足道的小事或小细节，将其中动人的或丰富的内涵通过公共关系传播予以放大，造成一个有利于组织公共关系建立和发展的良好态势。

5）导势。导势就是当形势发展使组织处在不利境地或面临形象危机时，改变和引导形势朝着有利于组织的方向转变的方法。导势是在形势变化不利于自己的时候以变应变，夺取主动权的行为，通常称之为危机公共关系。

小案例

限量刺激

日产汽车公司推出一种被认为极具浪漫风采、名为“费加洛”的中古型轿车。日产公司在新闻发布会上宣布：这种车只生产 20 000 辆，保证以后不再生产这一车型。该款车将在一定时间内接受预订，然后抽签发售。消息传出后，在全国引起轰动。前来预订的人超过 30 万，能中签买到车的人当然欣喜万分，没有中签买到车从而买走其他车型的人也比平时多很多。

这种限量刺激的创意，无非就是使市场上出现一定的“不饱和状态”，利用消费者“物以稀为贵”的心理，来刺激其购买欲。这是反向思维的创意。

（2）用奇。组织要想在竞争中立于不败之地，公共关系策划没有点儿独出心裁、超凡脱俗的主意和办法，不采取出奇制胜的谋略，是不能够成功的。公共关系策划中的“用奇”表现为以下几个方面。

1）谋为天下先。一方面表现为组织公共关系策划要有独创性，要创造第一，公众对组织的兴趣、关注和反响，与组织是否具有独特个性有很大关系。另一方面表现为在竞争和对抗中要处处力争主动，抢占先机，先人一步，高人一招，方能后来居上，脱颖而出，先机制敌，步步领先。

2）想旁人所不敢想。世上只有想不到的事，没有做不到的事。不破不立，只有敢想，才能出奇，敢于突破常规，变不可能为可能，方为非常之举，才称得上是“奇”。

3）反其道而行之。在公共关系策划中，反向思维的切入点很多，只要善于反向思维，往往会收到意想不到的效果。在公共关系中要善于做到冷点中求热点、平凡中出新奇、共性中求个性。

（3）求变。公共关系策划要运用求变思维去创新，主要应从知变、应变、改变、促变四方面入手。

1）知变。知变指对环境变化和自身变化的了解和判断，它表现为组织对环境信息的灵活反应度。公共关系策划先应从变化中去发现和抓获时机，以求创新。创新就是利用变化。

2）应变。应变指在知变的情况下采取相应的变化策略。应变又分为有准备的应变和无准备的应变。有准备的应变即在事情发生之前，通过调查、分析和预测，对未来可能发生的变化，以及一旦发生这些变化应当采取的对策，做一个谋划。无准备的应变是指事前并无预先准备或预先准备始料未及的变化一旦发生，临时采取的对策。公共关系中许多战术性或具体操作性的策划，都属于这种情况。

3）改变。改变指当环境或自身条件已经发生变化时，如何采用与原有方式不同的策略，造成不同，即为改变。

4）促变。促变指运用主观能动的力量，促使事物向着有利于组织的方向去转变的策略。公共关系策划必须破除头脑呆板、思想僵化、死板教条、墨守成规的弊端，去积极创造，锐意求变。

（4）谋合。公共关系策划中，经常需要考虑如何去运用组合这一法则。比如，目标、需求的组合，传播媒介的组合，传播交流形式的组合，时间与空间的组合，组织资源利用的组合，形象因素的组合，营销、广告公关的组合等。利用联想思维方式，考虑借组合产生综合效应，或将一些看似不相关联的事物经过有序的思维碰撞去产生组合的创意，这都是公共关系策划争取事半功倍的途径。

小案例

世纪列车：北京大学百年校庆活动

1998年，北京大学举行百年校庆。给母校怎样的贺礼，这是北大未名生物集团的人早就开始思考的问题。几位北大人原来曾想过更换未名湖旁的旧椅子，为北大幼儿园添置新设施等方案，但后来都觉得没有发一趟校庆专列好。这是一列世纪列车，尽管有颠簸、有风雨，但永远是向前的。另外，专列还象征着时代列车。深圳是改革开放的前沿，专列从深圳始发，象征着祖国沿着改革开放之路滚滚向前。

开这个专列还有一个切实的考虑：校友们毕业后即奔赴四面八方，从事不同的工作。工作繁忙使他们很难有机会相聚畅谈，而专列运行32个小时，校友们可以心情放松地畅谈交流。基于以上的种种考虑，百年校庆专列的大胆想法形成了。

这个创意得到了铁道部及其下属单位的大力支持。深圳到北京有一趟列车，但京九线沿途的省会城市少，不方便，所以决定走京广线，可是京广线的始发站是广州。铁路部门做出一个前所未有的决定：专列起始站改到深圳，然后走京广线。铁路相关人员还专门组织召开了铁路有关部门与北大校庆筹委会参加的联席会议，会上专题研究了北大校庆筹委会提出的有关车内彩旗、横幅等宣传布置问题，车上就餐问题，车上广播娱乐活动，老弱病残服务问题以及车上安全问题，对这些问题双方逐一进行了协商。

1998 年 4 月 30 日 20:05，专列在盛大的欢送队伍的注视下顺利发车，激昂的情绪始终伴随着大家。“北大往事”演讲最初由一个车厢推举一人参加，后来，则是大家踊跃报名，抢着要说。一名校友为百年校庆做了几首歌，一上车，他就教大家唱，然后许多车厢开始对歌。由三节硬座车厢组成的“长明教室”，使很多人回忆起学校彻夜开放的教室。大家聊天、唱歌，久久不肯睡去。在长 5 米，宽 1 米的条幅上签名留念，使校友们激动欢喜，这条签名条幅将送到北大校史馆收存。列车每到一站，车上的校友就敲锣打鼓下车迎接上来的校友，“欢迎北大专列‘新生’的横幅令每个准备上车的校友备感亲切。已经 60 多岁的一位老校友说：“‘新生’两个字让我想起了刚入学的情景，仿佛自己又是一个无知青年，再次回到北大怀抱。”

训练与练习

1．举例说明公共关系策划中的创造性思维方法。

2．举例说明公共关系策划中常用的四大创意技法。

学习指导

1. 学习建议

学习本章内容，重点要掌握公共关系策划的内容和程序、公共关系策划的原则与方法。本章的学习应坚持理论与实际相结合的原则，注重原理的实际运用。学习本章内容，至少要完成三个方面的任务：①理解为什么要进行公共关系策划，其重要性体现在哪里。②如何进行公共关系策划，应该从哪些方面入手。③怎样进行最佳的公共关系策划，更好地体现出公共关系策划的价值。通过本章的学习，要树立一种公共关系策划的意识并拟定项目，进行一次实际的公共关系策划。

2. 学习重点与难点

（1）学习重点

1）公共关系策划的内容和程序。

2）公共关系策划的原则。

3）公共关系策划的方法。

（2）学习难点

1）公共关系策划中的创造性思维。

2）公共关系策划的创意技法。

3. 核心概念

公共关系策划　公共关系策划目标　公共关系策划书　创造性思维
创意技法

课后思考与练习

1. 什么是公共关系策划？
2. 试述公共关系策划的内容和基本程序。
3. 公共关系策划的原则有哪些？
4. 试述公共关系策划与创造性思维的关系。
5. 谈谈你对“一个点子救活了一个企业”这个观点的看法。

案例分析

沙宣再创辉煌，世纪大行动

（一）案例介绍

1998年7月，沙宣在北京成功地举办了全国性品牌推广活动，从而使沙宣在不到一年的时间内，迅速进入中国护发产品市场的前列。此时，沙宣机构正推出新徽标及新产品，以展示其世纪新形象。为加强沙宣品牌知名度以及让广大目标受众了解沙宣品牌的发展状况，爱德曼公关公司与宝洁（中国）有限公司于1999年7月在北京隆重举行“沙宣再创辉煌，世纪大行动”，旨在通过一系列公关活动扩大沙宣目标群体的数量，使其覆盖面涉及专业发型师、零售商、媒体和消费群体。

（二）项目调查

项目策划之前，爱德曼公关公司做了大量调查研究工作，通过对消费者做电话及当面寻访、新闻报道分析及市场报道分析等工作，取得了沙宣品牌在中国的形象树立及市场营销的第一手资料。

（三）项目策划

1. 活动策略

（1）以独特方式展示沙宣新世纪形象。

（2）向媒体、消费者和发型师讲解沙宣新产品系列的优越性。

（3）聘请沙宣发型师举办专业发型创作展，宣传沙宣作为美发界权威的形象。

2．活动主题

世纪风采由你而来。

3．目标群体

（1）年龄在18～34岁的消费群体。

（2）专业人士。

（3）新闻媒体。

（4）美发协会及发型师团体。

（四）项目实施

1．工作安排

“沙宣再创辉煌，世纪大行动”项目于1998年4月正式启动。最初由爱德曼公关公司与伦敦沙宣发廊的一批著名发型师举行碰头会，提出初步设想以便推出适合中国市场的新世纪发型表演。爱德曼公关公司所承担的主要任务是策划项目内容和协调整个项目规划，制定并实施针对各个目标群体的各项活动。

2．前期新闻资料发放

为了向媒体发送活动信息，并为它们提供背景资料，爱德曼公关公司于1998年6月就提前向媒体发送了关于沙宣世纪大行动的前期新闻稿，为媒体提供在发型展示会之前就能发布消息提供了条件。

爱德曼公关公司还充分考虑到杂志社的截稿时间往往比发稿时间提前30天左右，就此爱德曼公关公司向杂志社发送新闻稿的时间又比报社提前了一个多月。在活动前期共收到30余篇新闻简报，报道面涉及北京、天津、上海、广州、大连、沈阳、长春和哈尔滨等城市。

3．与合作伙伴的系列公关策划

（1）与沙宣伦敦发型师合作拍摄沙宣中国特色发型照片。为了展现具有中国特色的沙宣新世纪发型，爱德曼公关公司特约沙宣国际创意总监、国际知名摄影师及名模胡兵等共同在具有中国古典建筑风格的古庙智化寺拍摄了一组极具中国特色的沙宣新世纪发型。爱德曼公关公司为成功组织拍摄这组照片进行了大量工作，从寻找地点、预订拍摄场景、协调摄影师的工作、用计算机进行加工处理、预约模特儿、对摄影场景的现场管理、挑选及复印照片和向媒体发送等。

从媒体发稿情况来看，这组照片得到媒体的青睐，超过50%的媒体选用了部分或全部照片。

（2）与亚洲音乐电视（MTV）合作。这次活动所选中的合作伙伴是MTV电视网亚洲部。对方所承担的工作包括提供两位名牌节目主持人，录制并播放5次长达5分钟的促销电视片和为时10分钟的专题片。播放的内容包括：

1）沙宣1999年发型展示会。

2）为著名节目主持人制作发型的过程。

3）发型的未来趋势。

4）沙宣的辉煌经历。

5）“沙宣再创辉煌，世纪大行动”整体活动内容及对社会名流和模特的采访。

爱德曼公关公司与MTV电视网亚洲部进行了密切合作，向节目主持人、电视制作组及导演等人员介绍情况，编写主持人台词及有关沙宣的文字及图像资料。此外，爱德曼公关公司还安排了对中国宝洁洗发护发用品总经理戴怀德先生（David Taylor）和沙宣国际创意总监夏特里先生（Tim Hartley）的专访，并与主持人一起安排新闻发布会。由于对发型展示会及主持人的活动进行了实地排演，从而确保了新闻发布会及发型表演的顺利进行。

（3）与时尚界名流的合作。台湾地区名模、影星兼电视节目主持人孟广美是沙宣选定的1999 / 2000秋冬季沙宣发型亚裔女性代表。她还出现在国内拍摄的沙宣去头皮屑洗发露广告片中。在发型展示会上，孟广美身着由中国时装设计师王一扬设计的逸飞品牌时装。在新闻发布会上，她作为发言人，对沙宣品牌及其新款去头皮屑洗发露产品给予了极有价值的赞誉。

中国名模、演员兼歌手胡兵是沙宣发型展示会的主持人。在活动中，他作为模特在沙宣中国特色照片中亮相，并在新闻发布会上发言。

王一扬是中国逸飞女装公司的设计师。他在5月的上海时装周上就崭露头角，但这是他首次与沙宣合作。孟广美就是身着他设计的服装出现在T型台上的。他还应邀在新闻发布会上与媒体对话。

从媒体对活动的报道看，邀请社会名流参与活动成效显著。爱德曼公关公司不仅为活动找到社会名流作为合作对象，而且还就发邀请函、签约、介绍情况、编写发言稿及现场管理等事宜进行了协调工作。

4．新闻发布会及为媒体举办的发型展示会

共有161名文字记者和摄影记者出席了在北京举办的“沙宣再创辉煌，世纪大行动”新闻发布会，其中56位记者专程从外地赶来参加此次活动。爱德曼公关公司还为新加坡媒体的专访安排了日程，并协调了两家国际新闻机构——路透社和美联社的报道工作。此外，爱德曼公关公司还向另外8个省市发送了专题资料并安排了所有活动的细节，包括制定媒体代表名单，与有关地方媒体进行协商，发送邀请函及新闻资料，为所有发言人员编写发言稿，向宝洁管理人员及沙宣伦敦工作组介绍情况，组织排练，现场管理及对全国媒体报道的跟踪等事宜。

5．媒体专访

在为期三天半的活动期间，59位媒体代表对沙宣伉俪及宝洁（中国）有限公司洗发护发用品总经理戴怀德先生和逸群女士进行了单独或集体采访。三个采访室的活动都是由爱德曼公关公司协调管理。其工作内容包括媒体采访日程、现接待、准备媒体资料、与客户联络、日程的最后一分钟修改、回答媒体咨询等方面的工作。

6．摄像与摄影服务

在这项活动中，录像与摄影起着关键作用，有利于对沙宣新产品的报道。爱德曼公关公司于 1998 年 7 月 8 日这一天与摄像人员一起干了个通宵，编辑所有新闻资料及照片，以便在次日发送给媒体。录像资料不仅包括活动现场内容，而且包括由沙宣赞助的伦敦时装周的内容。这项工作确保了各家电视台获得有关活动的全部资料，为促进媒体报道起到重要的作用。媒体单位由于获得高质量的资料，因而愿意进行深入报道，编辑较长的电视节目。

7．媒体报道情况

爱德曼公关公司不仅为这次“沙宣再创辉煌，世纪大行动”邀请了来自 119 家新闻媒体的 161 位文字记者、摄影记者和电视制作人员，而且邀请了来自 31 家外地新闻单位的 56 位记者到北京参加这次的各项活动，新闻发布会开得异常成功，媒体的有关报道非常踊跃。共有 11 个省市的电视台做了报道，媒体对由爱德曼公关公司编辑合成的新闻资料带的应用极其成功。此外，文字媒体对孟广美的照片和沙宣发型展的照片及沙宣中国特色发型照片都进行了广泛报道。

8．专业美发师培训及发型展

爱德曼公关公司与宝洁品牌业务部及沙宣伦敦创作组人员密切合作，为中国的发型师举办了两次发型培训及发型展，包括现场剪发和染发，许多国内知名的发型师应邀出席，此次发型培训及展示会在发型界引起极大的反响。

9．晚宴及发型表演

爱德曼公关公司代表沙宣夫妇及宝洁（中国）有限公司，邀请了 200 名社会名流及演艺界人士出席了这次晚宴及发型表演，包括艺术家陈逸飞，世界花样滑冰冠军陈露，流行歌星井冈山、黄格选、杭天琪、艾静、张咪、耿乐、谢雨欣、潘劲东和满江等，再一次利用沙宣夫妇的名人效应唤起了中国的社会名流对沙宣品牌的关注和赞誉。

【案例讨论题】

1．本案例中公共关系活动的目标是什么？公共关系活动的公众都有哪些？

2．本案例中都运用了哪些调查方法？选择了哪些媒介？

3．这次公关策划取得成功的主要原因是什么？

实训应用

1．实训项目

化妆品新产品的策划。

2．实训目的

通过对目前市场上出现的化妆品新产品的市场调查，探讨这些新产品策划的主要策略和方法，在评析的基础上，进一步要求学生理解和掌握产品策划的理论与策划方法。

3．实训内容

（1）调查对象：选择某一种化妆品新产品，如小护士、羽西、欧珀莱、美宝莲、靓妃、欧莱雅、雅芳、绿世界、安利、自然美等。

（2）调查内容：某一种化妆品新产品品名、品牌、知名度、美誉度、满意度、价格、包装、渠道、销售及服务等内容。

（3）调查报告：围绕以下问题，化妆品新产品推向市场的背景、主要特点、策略方法、新产品策划成功和不足之处等。

4．实训要求

（1）调查阶段：按调查内容，拟订调查提纲，进行实地调查和网上调查。

（2）评析与研讨阶段。

（3）实训完成后，完成某化妆品的调查分析研究报告一份。

5．实训组织

（1）全班按寝室分组。

（2）每组推举一两个人进行全班交流。

（3）把课前准备的观察内容写出书面总结材料。

（4）开一个汇报会，让同学在全班汇报他们是怎样进行调查的，把调查到的内容及在调查中遇到的问题以及如何解决的，进行讨论。

（5）学生写出实训小结。

6．考核方式及成绩评定

（1）每位学生需填写实训报告。

（2）根据每位学生在实训过程中承担的任务，由小组长给出成绩评定分数。

（3）教师根据学生课堂上的发言表现评定学生的成绩，并给出评语。

Chapter7 第7章

公共关系活动的实施

学习目标

1. 了解正确选择公共关系模式的意义，把握公共关系活动基本模式分类
2. 理解和掌握公共关系计划实施的原则与方法
3. 掌握公共关系计划的实施过程
4. 理解危机公共关系的含义，了解公共关系危机的类型
5. 掌握公共关系危机的实施

案例导入

可口可乐公司竞争中的胜利

1978年，与可口可乐公司竞争几十年的百事可乐公司第一次夺走了可口可乐公司保持了将近一个世纪的领先地位，在美国国内销售中荣膺冠军。面对败局，可口可乐公司进行了全面改革。它首先开发出适合社会需求的新产品——“节食可口可乐”，进而又着手改良使用了近一个世纪的老配方，研制出更为柔和爽口的新配方。为此，公司从1983年年中开始，在全国范围内对两种配方的消费意向进行了历时18个月、涉及19万多名消费者、耗资400万美元的大规模品尝试验，这也是公司历史上最大规模的一次产品调研。结果显示，受试者对新老可口可乐的选择比例是61∶39，即新可乐的选择率高于老可乐22个百分点。1985年4月，公司决定把新产品投放市场，在两个月时间里，一多半美国人品尝了新可口可乐，其中35%的人打算继续购买，这比上市前的调查结果更令人鼓舞。但是新的问题出现了，出于对老产品的饮用习惯和长期形成的感情依恋，很多消费者接受不了新配方取代老配方的做法。他们有的组成怀旧团体，还有很多人打来

电话要求恢复老配方。到 6 月，已有不少人对新配方采取了消极抵制行动，舆论形成了不利的潮流。可口可乐的包装商甚至称，这样下去，有可能在一夜之间被百事可乐夺去市场。根据消费者的要求，公司在 7 月又恢复了老可口可乐的生产。几天里，致谢的电话电报如潮水般涌来，公众的热情是空前的。到 1986 年可口可乐公司庆祝它的 100 周年纪念日时，可口可乐已在与百事可乐的新一轮竞争中取得了根本性的胜利。

【问题引入】

1．可口可乐公司在与百事可乐公司的竞争中，是如何取得最后胜利的？

2．公共关系计划实施的重要性是什么？

公共关系实施是指公共关系主体（社会组织）为了实现既定公共关系目标，充分依据和利用实施条件，对公共关系创意策划进行策略、手段、方法设计并进行实际操作与管理的过程。公共关系实施是解决公共关系问题和实现公共关系目标的重点环节，只有通过扎实、有效的实施工作，才能直接、实际、具体地解决问题。即使是完美无瑕的公共关系策划，如果不经过实施，而是束之高阁，也只能是毫无意义的“纸上谈兵”。

7.1 公共关系活动模式

7.1.1 正确选择公共关系模式的意义

公共关系模式是一定的公共关系工作方法系统。它由一定的公共关系目标和任务以及这种目标和任务决定的若干具体方法和技巧构成，并具备某种特定的公共关系功能。公共关系模式是以文字叙述为表达形式，因而能比较简单、清楚地揭示公共关系任务和目标之间的关系。正确选择公共关系模式，对提高公共关系工作的效率和效益有着重要意义。

1. 正确选择公共关系模式，决定着公共关系计划的实现及其实现程度 公共关系计划中所确定的任务、实现的目标，在很大程度上取决于公共关系人员是否能够正确选择公共关系模式。正确的公共关系模式，为公关人员提供最有效的途径和手段，恰当的方法和技巧，能使公共关系活动收到事半功倍的效果。若选择模式失误，不仅不能实现计划的目标，有时还可能使计划中想要解决的问题恶化，甚至完全与计划目标背道而驰，从这个意义上讲，正确选择公共关系模式，不仅决定了公关计划能否实现，而且也决定了计划实现的程度。

2. 正确选择公共关系模式，影响着公共关系活动的经济效益和社会效益 任何一项公共关系活动都要花费一定的人力、物力、财力，任何一项公共关系活动的完成不论成功与否，都会在社会上造成一定的影响和后果。各种公共关系模式又都有其特定的功能，都是为公共关系的某一目标服务的。因此，正确选择公共关系模式，能使公共关系人员在公关活动经费有限的情况下，以较少的开支争取最好的效果，并通过积极的活动扩大组织的社会影响，提高组织的知名度和美誉度。

公共关系模式是多种多样的。不同类型的组织机构，或同一组织的不同发展阶段，或同一阶段中针对不同的公众对象和不同的公共关系任务，都需要选择不同的公共关系模式来进行活动。在选择时应注意如下因素：

（1）活动的影响范围。无论采用何种模式，都应考虑到一次具体活动会引起多少人对本组织的关注，又都是什么样的人对本组织关注，即活动影响范围的大小。

（2）活动的针对性。不同的公众，有着不同的需求以及不同的工作环境、生活习惯。要开展公共关系活动，对公众施加影响，就必须根据不同公众的类型，采取不同的活动方式。

（3）活动影响的威力。同样是针对某类目标公众进行公关活动，由于选择模式不同，有的可能威力大，有的可能威力小。如何增强公共关系活动的威力，其中大有文章可做。

（4）活动影响的持久性。由于采用公关活动的模式不同，有的可能在很短的时间内引起公众的关注和反响，但很快又被公众忘却；有的可能在某一段时间里慢慢地引起公众的关注，逐渐地产生反响，但其影响力却很持久。两种活动对企业的活动效果明显不同，所以在选择公关模式时，需要注意活动影响力的持久性。

7.1.2 公共关系活动基本模式分类

公共关系活动的模式按不同标准划分，有着不同的类型。

1. 按组织面向的公众类型划分

（1）宣传型公共关系。宣传型公共关系是运用大众传播媒介和内部沟通方法，开展宣传工作，树立良好组织形象的公共关系活动模式。其主要做法是：利用各种传播媒介和交流方式，进行内外传播，让各类公众充分了解组织、支持组织，进而形成有利于组织发展的社会舆论，使组织获得更多的支持者与合作者，以达到促进组织发展的目的。例如对内部公众常用企业报纸、职工手册、黑板报、宣传窗、演讲会、讨论会等媒介。对外部公众常用举办展览会、新闻报道、经验介绍、记者招待会等媒介。它同广告的区别在于，它利用各种媒介不是单纯为了推销产品或服务，而是把重点放在宣传本组织的方针政策上。这类公关活动模式的特点是单向性的信息传播，主导性、时效性强，沟通面广，推广组织形象效果快。

小案例

1036传情五环

广东电台“城市之声”员工为台庆五周年设计了一个方案：立足将城市之声五周年台庆与申办奥运活动相结合，通过电子传播媒介，传达“城市人盼奥运”的城市之声电台的时代强音，并把这一理念传遍全世界。

围绕“一首歌曲——五个‘1036’系列活动”策划主题进行城市之声五周年台庆活动。一首歌曲即是以都市人热心申奥为主题，在活动中它将作为一条主线贯穿整个台庆活动始终。五个“1036”意指与主题有关的五个系列活动：1036个5岁的孩子亲手画制的图画；1036米长的都市人亲笔签名横幅；1036个市民支持申奥的声音；1036封孩子亲手寄出的信；1036张录有主题歌的CD光盘，在送给1036名市民之时，传递城市之声支持申奥的热诚。活动的实施与网络活动相结合，从而扩大影响与传播范围。

（2）交际型公共关系。交际型公共关系是在无媒介的人际交往中开展公共关系工作的一种模式。目的是通过人与人的直接接触，进行感情上的联络，为组织广结良缘，建立广泛的社会关系网络，形成有利于组织发展的人际环境。其方式有两种：一是团体交际，包括各式各样的招待会、座谈会、宴会、茶话会及舞会等；二是个人交往，其形式有交谈、拜访、祝贺、谈心、信件往来等。

交际型公共关系在公关活动中应用最多，是极为有效的公共关系活动模式。它不仅以感情投资的方式，达到组织与公众互助、互利、互惠的目的，而且还是一种特殊的获得信息的方法。在人与人的接触交谈中，捕捉到许多有价值的信息，因而，它具有直接性、灵活性的特点。

值得注意的是，在开展交际工作时要坚决杜绝使用各种不正当的手段，更不能把一切私人交际活动都作为公共关系活动。

（3）服务型公共关系。服务型公共关系是以实际行动——提供优质服务为主要手段的公共关系活动模式，目的是以实际行动来获取社会的了解和好评，建立自己良好的形象。

社会上任何一类组织都能以自己独特的方式向公众提供必要的服务。完善良好的服务型公共关系对一个组织来说，它带来的声誉，往往不亚于产品的质量和技术。因而，服务型公共关系最显著的特点是实实在在的服务，通过实实在在的工作密切组织与公众的联系。

（4）社会型公共关系。社会型公共关系是组织利用举办各种社会性、公益性、赞助性活动塑造组织形象的模式。其目的是通过积极的社会活动，扩大组织的社会影响，提高社会声誉，进而获得公众的支持。社会型公共关系的形式有三种：一是以组织机构本身的重要活动为中心而展开的活动，如本组织的开业剪彩、庆典，邀请各界嘉宾，渲染喜庆气氛，借此加深了解；二是以赞助社会福利事业为中心开展的公共关系活动，如赞助社会福利机构、参与慈善事业、资助公益设施建设等，通过这些活动，提高组织的社会责任形象；三是资助大众传播媒介举办各种活动，如以组织或产品名称举行的有奖征文、文体明星评优、竞赛等，以提高组织的知名度。

社会型公共关系活动从近期看，不会给组织带来直接的经济效益，而且使组织付出额外的费用，所以它的显著特点在于长远性和整体性。

（5）征询型公共关系。征询型公共关系是以采集社会信息为主的公共关系模式。其目的是通过采集信息、舆论调查、民意测验等工作，了解社会舆论，为组织的经营管理决策提供咨询，保持组织与社会环境之间的动态平衡。

征询型公共关系可采用多种形式，如开办各种咨询业务、建立来信来访制度、开展有奖测验、设立监督电话等。征询型公共关系的特点是长期性、复杂性、艰巨性，另外需要持之以恒，日积月累，一旦赢得公众，组织就会收到较大成效。

小案例

假如我是广州市长

广州市委、市政府先后举办过直接为市长做参谋的“假如我是广州市长”征文活动（后定名为“市长参谋活动”），为政府职能部门出谋献策的“房改方案千家谈”“菜篮子工程千家谈”等“千家谈系列活动”，讨论广州市风和广州人精神的“羊城新风传万家”和“羊城居委新形象”等大型公众活动等，运用报纸、杂志、广播、电视等媒介，动员了成千上万的市民参政议政、各抒己见，收到了良好的社会效果，提高了政府对市民的凝聚力。

2. 按组织的社会环境状况或发展的不同阶段划分

（1）建设型公共关系。建设型公共关系是采取较多的宣传和交际的高姿态，向社会公众主动作自我介绍，主动结交各方朋友，努力让尽可能多的人了解自己、理解自己并进一步接近自己。其目的是和各类公众建立良好的公共关系，提高组织的知名度。

建设型公共关系主要适用于组织开创阶段，例如开业广告、开业庆典、免费招待参观及开业折价酬宾等。

（2）维系型公共关系。维系型公共关系是通过各种传播媒介，以较低姿态，持续不断地向社会公众传送组织机构的各种信息，在不知不觉中造成和维系一种有利的气氛，使组织的良好形象潜移默化地在公众中产生作用。其目的是以低姿态的活动为特色，将组织的良好形象维系于公众的长期记忆系统之中，推动公众对组织的认识、理解、行动。如设立于大型建筑物顶上，仅以厂名或商标为标志的巨型广告牌。

小案例

加多宝“没关系”

2013 年 2 月，广州中院裁定加多宝立即停止使用“王老吉改名为加多宝”等宣传用语后，加多宝随即在微博上发布四张“对不起”广告，即“对不起，是我们太笨，用了 17 年的时间才把中国的凉茶做成唯一可以比肩可口可乐的品牌”“对不起，是我们太自私，连续 6 年全国销量领先，没有帮助竞争队友修建工厂、完善渠道、快速成长”“对不起，是我们无能，卖凉茶可以，打官司不行”“对不起，是我们出身草根，彻彻底底是民企的基因”。“对不起”广告在网络迅速走红，加多宝输了官司，却华丽转身。

（3）防御型公共关系。防御型公共关系是指组织公共关系可能出现失调的时候，采取以防为主的对策，使组织提前做好准备应付突变环境的一种模式，其目的是堵塞漏洞。

防御型公共关系模式主要是发挥组织机构的内部职能，及时向决策层和各业务部门提供外部信息，特别是反映有关批评组织的信息，提出改进的参考方案，协助人事部门调整内部职工关系。可见，防御型公共关系是处理一切关系失调问题的“上策”。

（4）进攻型公共关系。进攻型公共关系是指组织与外部环境发生某种冲突时，迅速改变政策，以积极主动的方式改造环境，创造新局面的一种活动模式。其目的是改变组织对原有社会环境的依赖，不断拓展新的市场和新的产品，吸引新的顾客群。

进攻型公共关系具有明显的主动性，它一方面可能避免本组织受环境过多的牵制，另一方面又有可能开辟和设立一种新的环境。

小案例

“奥康”火烧劣质鞋：诚信打造鞋业航母

1999 年 12 月 15 日在杭州市郊中村，奥康集团总裁王振滔和温州市永嘉县政府领导一起，在这块曾让温州鞋蒙羞的土地上举起火把，点燃了从全国各地收缴来的堆积如山的假冒奥康鞋，向世人表明温州人同样痛恨假冒伪劣，随后还举行了“温州皮鞋展销会”。

在此之前，奥康集团开展了全国性的打假，在工商部门的配合下，在山东、江苏、湖北以及浙江的许多地方对假冒奥康皮鞋的行为进行打击。这次活动中烧的鞋，就是他们打假的“战利品”。

2003 年 2 月下旬，奥康集团国际贸易部接下了意大利客商的一笔订单，双方谈好产品单价为 23 美元并签订了购销合同。但在产品投产时，他们发现生产部门在核算成本时将皮料的价格算得过低，若按实际成本计算，每双鞋的出口价格最少还要增加 1 美元。当奥康集团国际贸易部负责人将这个情况汇报给公司总裁王振滔，并请示是否与外商洽谈加价时，王振滔表示：“既然签了合同，就是亏本，这笔买卖也要做。”

意大利客商听说后十分感动，主动提出在原有价格上增加 1 美元，但被奥康集团总裁王振滔婉言谢绝了。王振滔表示：奥康多赚 1 美元或少赚 1 美元并不重要，重要的是我们要恪守信用。这位意大利客商当即决定追加订单，将原来 20 多万美元的订单一下子增加到 100 多万美元，还表示要和奥康集团建立长期合作关系。

（5）矫正型公共关系。矫正型公共关系是组织的公共关系严重失调，形象严重受损时，采取一系列有效措施，挽回组织声誉的一种模式。其目的是分析公共关系失调原因，提出纠正措施，协助有关部门解决实际问题，并利用各种传播媒介向社会公众公布纠正措施和进展情况，平息风波，恢复形象。

矫正型公共关系一般分两种情况。一是外部矫正。由于外在的某种误解、谣言，甚至人为的破坏，而损害了组织形象。公关部门应迅速查清原因，公布真相，澄清事实，以纠正或清除损害组织形象的因素。二是内部矫正。由于组织内在的不完善造成产品质量、服务态度、环境保护、经营方针等方面的问题，从而导致外部公共关系失调。公关部门应设法暂时降低组织的知名度，尽量控制影响面，同时将外界舆论迅速反馈给决策层和有关部门，提出纠正措施，恢复信任。

训练与练习

1．正确选择公共关系模式具有什么样的重要意义？

2．举例说明公共关系模式的分类。

7.2 公共关系活动实施

7.2.1 公共关系实施的任务与特点

1．公共关系实施的任务 在公共关系实施阶段，承担着四个方面的任务。

一是把公共关系策划方案按计划转化为现实的公共关系活动，使之接受广大公众和实践的检验，充分展示公共关系人员的实际操作能力和专业水平。

二是按预定计划向公众集中地传播某些方面的信息，引起目标公众的关注，使他们加深对组织的了解，形成组织所期望的态度与行为。

三是解决组织公共关系方面存在的具体问题，实现公共关系工作的既定目标。

四是实施阶段，公众反馈的信息、取得的成效、出现的问题，既可以用来检测、评估公共关系活动的效果以及组织的公共关系状态、环境变化和无形资产的质量，同时也为开展后续的公共关系工作创造新的条件，提供新的奋斗目标。

2. 公共关系实施的特点

（1）动态性。公共关系计划的实施是由一系列连续活动构成的过程，是一个思想和行为需要不断变化、不断调整的过程。这是由于：一方面，一项公共关系计划无论制订得多么周密、具体和细致，与实际情况总会存在或多或少的差异；另一方面，随着时间的推移，实施的进展，环境的变化，实施过程中仍会遇到一些新情况和新问题。因此，不断地改变、修正或调整原定的实施方案、程序、方法、策略等是实施活动中不可避免的正常现象。这种现象的出现说明计划实施正处于顺利状态，并非在实施计划中有随意性。如果不考虑社会环境发展引起的条件变迁，只是按一个固定的模式去机械地“执行计划”，那就不仅不能实现计划目标，反而会给组织招来新的麻烦。实施过程的动态性并不意味着实施人员可以随意以一些无关大局的变化为借口而不按原计划去实施。公共关系计划实施的动态性与实施人员的主观随意性不可混为一谈。

（2）创造性。由于计划的实施是一个不断变化和需要调整的动态过程，实施者需要依据整个实施方案的原则，比较自己所处的环境和面临的条件来确定自己的实施策略。如准确地选择传播渠道、媒介与方法，合理地选择时机，正确地分配任务，灵活地调整步骤等。公共关系计划实施的过程绝不是一个简单的“照章办事”的过程，而是一个由一系列不同层次的实施者发挥主观能动性的过程。实施人员应该充分地发挥自己的积极性、主动性和创造性。从这个意义上说，公共关系计划实施的过程不仅是一个对原计划进行艺术的再创造过程，也是一个不断丰富公共关系实务经验的过程。

（3）广泛性。一项公共关系计划涉及众多的因素和变量，会对各类公众产生广泛的影响。然而，公共关系计划所产生的影响在方案策划阶段还只是“纸上谈兵”，只有在计划实施后这种影响才能真正地体现出来。公共关系计划实施所产生的广泛影响主要表现在以下两个方面。

首先，公共关系计划的实施会对众多的目标公众产生深刻的影响。一项公共关系计划成功实施后，常常会使该社会组织的异己力量变为自己的合作者和支持者。即使有时不能让目标公众从立场上进行彻底的转变，也能在观点、态度等方面使其产生不同程度的变化，至少可以令目标公众从对社会组织的负态度（敌视、偏见、漠然、无知）向正态度（了解、理解、感兴趣、支持）方向有所转化。

其次，公共关系计划的实施有时还会对整个社会的文化、习俗产生深刻影响。看似平平常常、简简单单的快餐业，作为一种快餐文化，正在悄悄改变新一代美国人的生活方式。可以肯定地说，60 年前，绝大多数美国人还在家吃饭，下馆子被视为是奢侈之举，但到 20 世纪 80 年代，美国人 1/3 以上的饮食生活费都花在餐馆里了，如今，这个比例很快达到了 50%。美国《幸福》杂志高级编辑比尔·赞布里托专门对饮食服务业做过追踪报道。他认为这种由厨房走向餐馆的现象折射出美国人生活方式已产生了巨大而深刻的变化，尤其是在第二次世界大战后出生的美国人，他们几乎是伴随快餐业的繁荣而长大的。美国的连锁快餐店正在走向世界，它不仅征服了年轻一代美国人，也正在试图征服包括中国在内的新一代外国人。由此可见，一项公共关系计划的实施所产生的影响和作用往往不局限于计划本身所制定的目标，而会对整个社会的进步产生推动作用。

7.2.2 公共关系计划实施的原则与方法

1. 目标导向的原则与方法 所谓目标导向的原则是指在公共关系计划实施过程中，保证公共关系实施活动不偏离公共关系计划目标。执行目标导向的原则实际上是加强控制的一种手段。从广义上说，控制就是掌握住事物的发展及进程，不使其任意活动或越出范围。控制也被看作是管理的一个职能，而且多是与实施活动联系在一起的，比如管理科学中的“五要素说”（计划、组织、指挥、协调、控制）和三种“有机职能说”（计划、组织和控制）。实际上，公共关系计划的实施过程也离不开控制，控制过程就是实施人员利用目标对整个实施活动进行引导、制约和促进，以把握实施活动的进程和方向。因此，目标导向原则也叫目标控制原则。不同的控制有不同的控制主体、客体和手段。目标控制的主体是实施公共关系计划的社会组织，客体是社会组织的公众，其手段就是目标本身。

在公共关系实施过程中，为了使目标导向的原则得到正确的运用，人们常常采用线性排列法和多线性排列法，将所有公共关系行动和措施按先后顺序有机排列组合起来，然后再加以实施。线性排列法是按公共关系行动和措施的内在联系为先后顺序逐一排列，一步一步地向目标迈进，如图 7-1 所示。

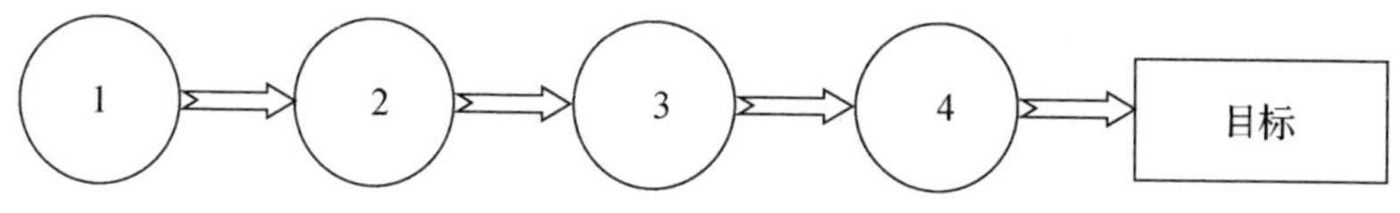

图 7-1　线性排列法

例如，美国一家牛奶公司意欲将该公司的消毒牛奶打入日本市场，但是它却遇到了一系列障碍：

（1）日本消费者对喝这种消毒牛奶有好处持怀疑态度。

（2）日本消费者联盟反对这种产品，担心消毒牛奶的安全问题。

（3）靠近大城市的牛奶场主反对消毒牛奶的分销，害怕与此竞争。

（4）由于有关利益集团施加压力，几家大零售商表示不愿意经销这种牛奶。那些依靠国内货源兴旺起来的牛奶专业商店，也反对消毒牛奶的引进。

（5）卫生福利部门和农林部门表示，他们首先将等待并观察消费者能否接受消毒牛奶，然后再决定赞成还是反对消毒牛奶进行广泛销售。

为了排除这些障碍，公司的第一步行动是与日本卫生部门联系，使之批准销售该产品，因为没有该部门的批准，公司就无法实施下面的计划。第二步，说服大零售商来经销消毒牛奶。第三步，与牛奶场取得联系。第四步，对消费者进行指导消费教育。这四步均是在前一个行动取得成功的基础之上，逐步迈向目标的。线性排列法的优点在于，当前一步行动没有取得成功的时候则不要急于开展第二步工作，以避免浪费人力、物力与资金。

多线性排列法是将几个行动同时展开、共同向成功迈进的排列方法，如图 7-2 所示。

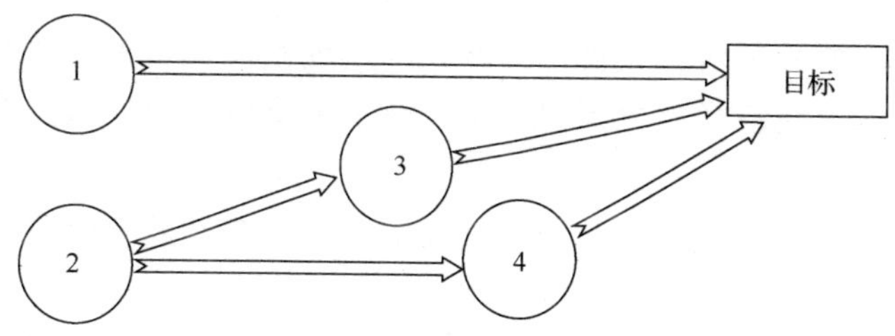

图 7-2　多线性排列法

这种排列方法可以缩短整个计划实施的时间，但花费的人力、物力、资金相比第一种排列的方法要多，而且一旦前面一步的工作不能获得成功，下一步工作将造成浪费。

2. 控制进度的原则与方法　控制进度的原则就是必须按照公共关系实施方案中各项工作内容实施时间进度的要求，随时检查各项工作内容的完成进度，及时发现超前或滞后的情况，搞好协调与调度，使各项工作内容按计划协调、平衡地发展，并确保按时完成。

3. 整体协调的原则与方法 所谓整体协调的原则就是在计划实施过程中使工作所涉及的方方面面达到和谐、合理、配合、互补、统一的状态。协调则强调实施过程中的各个环节之间、部门之间及实施主体与其公众之间相互配合，不发生矛盾或少发生矛盾，当矛盾产生时，也能及时加以调节解决。

最普遍、最常见的协调有两类，一类是纵向协调，一类是横向协调。

纵向协调是指上下级之间的协调。为了保证此类协调的效果，须注意以下几点：第一，上级部门对下级部门要有充分的了解；第二，上级部门提出的新行动和措施不可在下级部门毫无思想准备和组织准备的情况下突然付诸实施；第三，实施计划中的主要目标和措施必须告知下级部门及全体实施人员；第四，下级部门必须实事求是，如实反映情况。

横向协调是指同级部门或实施人员之间的协调。横向协调通常采用当面协调、文件往来等形式沟通信息，从而达到协调的目的。

无论是纵向协调还是横向协调均要依赖信息的沟通，沟通过程中传递的信息应具有明晰性、一致性、正确性、完整性等特点。

明晰性是沟通的信息要有清楚明确的表达，并能在实施人员的心目中形成清晰的印象。如果不能明确地表达实施计划的指令和概念，目标上下不能统一，那么实施人员就不能抓住整个公共关系计划的重心，协调工作也会因目标不明确而无所适从。

一致性的特点在于，实施人员所接到的指令往往不止一个，这种先后发布的指令必须前后一致，否则，实施人员就会对指令感到困惑不解，协调只会成为空谈。

正确性是指要避免信息失真，不要在沟通过程中有意无意地曲解信息的内容并加上自己的主观解释，否则协调工作会不可避免地因信息失真而偏离既定的目标。

完整性的要求是建立双向交流的信息通路。只有通过双向的信息交流，才能有效地进行协调。

总之，协调的目的是要使全体实施人员在认识上和行动上取得一致，保证实施活动的同步与和谐，提高工作效率，减少或杜绝人力、财力和物力的浪费。

4. 反馈调整的原则与方法 反馈是控制论中的一个重要概念，也是公共关系计划实施中的一个重要概念。所谓反馈，就是指把施控系统的信息作用于受控系统（对象）后产生的结果再输送回来，并对信息的输出发生影响的过程。由于人们通常要用这种反馈后所获得的认识来调整整个公共关系计划的实施活动，所以又称之为“反馈调整”。它的特点是根据过去实施的情况来调整未来的行为，如图 7-3 所示。

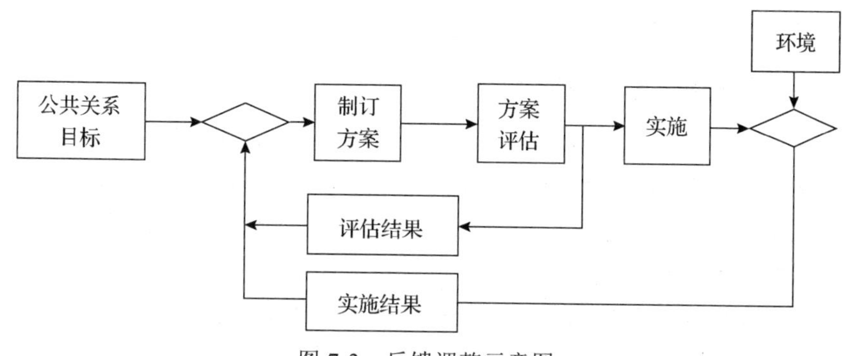

图 7-3　反馈调整示意图

反馈调整的过程是：

公共关系计划制订者确定公共关系目标，并根据公共关系计划的目标制订具体的实施方案，实施方案制订好后，组织有关部门和人员对方案进行评估，然后，把评估结果与原定的公共关系目标进行比较，发现问题后再重新修订整个公共关系计划，这是第一步。第一步工作之后，则开始将经过修订后的公共关系方案付诸实施。实施后再将实施结果与原定的目标进行比较，再影响、调整下一步公共关系计划的制订与实施。

由于公共关系计划实施的环境和目标公众的情况是复杂而变化的，因而，在实施过程中，必须不断地把公共关系计划在客观环境中实施的结果与公共关系目标相对照，如有偏差，应及时对计划、行动或目标做出相应的调整。要依靠各种形式的信息反馈渠道，把方案实施的各种信息及时、准确地搜集汇总上来，经过研究分析，作为采取调整行动的依据。这里应该说明一项公共关系计划的制订与实施，并非做一次反馈调整便可解决一切问题，它需要经过多次循环往复的反馈、调整，使实施不断完善，直至完成公共关系计划，实现战略目标。

5. 正确选择时机的原则与方法　正确选择时机是提高公共关系计划成功率的必要条件。忽视时机这一因素，常常会导致计划实施的失败。正确选择公共关系计划实施的时机，要注意以下几点：

一是要避开或利用重大节日。凡是同重大节日没有任何联系的活动都应该避开节日，以免被节日冲淡；凡是同重大节日有联系的公共关系计划则可以考虑利用节日烘托气氛，扩大公共关系活动的影响。

二是要注意避开或利用国内外重大事件。凡是需要广为宣传的公共关系活动都应避开国内外的重大事件，以免被重大事件所冲淡；凡是需要为大众所知，又希望减少震动的活动，则可选择在重大事件发生之时。

三是要注意不宜在同一天或同一段时间里同时开展两项重大的公共关系

活动，以免其效果相互抵消。

7.2.3 公共关系计划的实施过程

在公共关系计划的实施过程中，尤为重要的是信息传播。实施公共关系计划就是通过公共关系活动的开展来获得相关公众的了解、理解、信任和支持的过程，实质上是一种信息传播活动。策划传播是整个公共关系活动的中心环节，是计划具体落实、付诸执行的过程。在这一过程中，公共关系人员将以公共关系目标和公众的需要为出发点，选择最有效的途径和手段，通过组织中全体人员的共同努力，在公众心目中树立起本组织的良好形象。

1. 优化传播效果 为了获得最佳传播效果，必须注意两个方面。

（1）考虑目标公众利益。公共关系活动实质上是针对目标公众而进行的信息传播活动。如果要使这种传播活动取得最大的效果，就必须使发出的信息全部或大部分为目标公众所接收，这就需要选用目标公众所习惯使用的传播媒介，并传播与目标公众利益相关的信息。公共关系人员在设计、制作信息时，一定要充分考虑在调查研究过程中了解到的目标公众的文化、社会和心理等各方面的特点，制作和编写适合公众胃口的新闻稿件、广告稿、展览说明和小册子，从而引发公众的兴趣，这样才能使传播活动达到最优化的效果。

（2）控制信息传播活动。没有计划就没有控制，反之没有控制或控制不好，计划也不能顺利实施和实现。计划是控制的基础，控制是实现计划的保证，两者从组织公共关系计划实施开始直至终结，始终紧密联系在一起。二者关系处理不好，优化公共关系传播效果也就无从谈起。

公共关系传播计划的控制程序包括这样五个方面：一是检查公共传播计划目标是否切合实际；二是检查公共关系传播计划的执行情况并衡量执行结果；三是建立控制标准，把传播计划执行结果与控制标准进行比较；四是发现偏差，分析原因；五是采取纠偏措施，保证公共关系传播计划的顺利实施和公共关系目标的实现。

2. 进行媒介整合 实施公共关系工作方案、实现公共关系目标要借助一定的媒介。按照活动目标、受众特点等将媒介进行组合，以达到整合传播的效果。如“V26 减肥沙淇晶”，通过编制《招商指导书》与目标公众－经销商见面；通过拍卖经销权这一活动进入市场；同时广告策略选用的是卫视电视台的黄金时间段进行强行灌输。借助这种销售方式和渠道，从 1998 年 9 月 20 日～10 月 10 日，近 20 天的时间里，V26 产品就出现在中国每个城市的大街小巷，从此风靡全国。因此要使活动获得最佳效果，必须进行媒介整合。根据公共关系目标、根据受众的数量、分布范围、年龄、文化水平、兴趣爱好等，选择电视、广播、网络、报纸等媒介形式；选择人际传播、群体传播、大众传播等传播渠道；选择演讲、新闻发布会、记者招待会、娱乐活动等活动形式；选择宣传手册、招贴画、标语等方式。在进行充分论证分析的基础上，进行与消费者的沟通，保证所选定的传播渠道及其整合达到预期成效而耗费最省。

3. 设计传播过程　实施公共关系计划先要根据沟通的目的，选择传播（人际传播、组织传播、大众传播）的类型，在此基础上，再选择合适的通道，充分考虑信息传播要素（信源、信宿、编码、译码、信道）中每一个环节，使它们互相配合，协调一致，共同服务于目标。

4. 排除沟通障碍　在实施公共关系计划过程中，可能出现各种矛盾和问题，对此要防患于未然，不能等到事情闹大或问题堆积才想到去解决，应该把矛盾和问题消除在萌芽状态，这样才能扫清实施公共关系计划过程中的一切障碍，使公共关系计划得以顺利实施。

第一，要了解信息沟通发生障碍的原因。

（1）信息发出者的影响力。信息发出者对信息接收者具有影响力，例如知名度高、权威性强，容易使信息贯通到对方，否则容易发生障碍。

（2）信息对接收者的吸引力。对信息接收者有意义、有价值的信息容易贯通到对方，否则容易发生障碍。

（3）编码的技术性。编码后的内容准确，不会发生歧义；编码的形式多样，有利于多信道传输；编码后的信号容易破译，信号容易还原为信息，否则容易发生障碍。

（4）信道传送的速度。信道传送的速度越快，信息的保真度越高，信息的价值也越大，否则信息容易失真，“过期”的信息没人感兴趣，沟通也会发生障碍。

（5）干扰“噪声”的强弱。信息接收者接收到的是被“噪声”干扰过的信号，“噪声”越强，信号越弱，要准确地译码就越困难，这也会给信息沟通造成障碍。

（6）信息接收者的状态和能力。信息接收者持积极态度并具有准确译码的能力，容易将受干扰的信号还原为信息，否则容易使信息沟通发生障碍。

由于信息沟通中存在着上述六种可能出现的障碍，信息沟通的过程有可能被阻断，不过，这实际上只是一种静态的分析。事实上，信息沟通往往是多个信源和信宿相互交叉着传递信息，它可以突破某种障碍。另外，信源和信宿又如两个受人工控制的水泵站互相送水一样，发现水没有送达对方或对方收到的是油库中泄漏出来的油，则会采取调整措施加大水泵的压力或送出油液，使“沟通”恢复正常。所以积极地接收对方发送的信息和及时地发现并克服输送中的障碍，对保持信息沟通具有决定性的意义。

第二，进行计划实施前的测试。在方案正式实施之前，为了增加可靠性，可以进行一些必要的测试工作。如果要测试信息内容的可读性，可以找一些目标公众来试读，看他们能否正确理解；如果要测试设备的可靠性，可以看录音、录像设备运转性能是否良好，检查标语的内容、展牌的位置、资料袋的内容等。这些准备工作要尽可能周全、认真仔细，做到防患于未然。

第三，做好各项协调工作。公共关系活动涉及面广，协调工作显得十分重要。一要协调好各个部门之间的关系，特别是宣传、供销、广告等部门与团体之间的关系，避免互相脱节、互相牵扯甚至互相矛盾的现象产生，否则各部门间会产生抵消作用，影响公共关系计划的实施进程。二要协调好各个项目之间的联系，各个项目在实施过程中既相互区别又相互关联，要做到有机过渡、有机衔接，必须精心协调。三要协调好人员、物资的运转关系，大型公共关系活动的人员调用、物资运输是一门技术，可以用图表形式将人员、物资和运输之间的相互关系明确地呈现出来。

第四，处理好突发事件。对公共关系计划实施的干扰，最大的莫过于突发事件。这里所说的突发事件包括两大类：一类是人为的纠纷危机，诸如公众投诉、新闻媒介的批评、不利舆论的冲击等；另一类是不以人的意志为转移的灾变危机，诸如地震、水灾、火灾、空难等。这些重大的突发事件对公共关系计划的实施干扰极大。突发事件一般具有以下几个特征：①发生突然，常常令人始料不及。②来势迅猛，常常令人措手不及。③后果严重，危害极大。④影响范围大，易给整个社会带来恐慌和混乱。一个社会组织如果不善于处理突发事件，那么不但会使整个公共关系计划难以实施，甚至会影响到本组织的生死存亡。

面临突发事件应当保持头脑冷静，防止感情用事，认真剖析原因，正确选择对策。据一位日本公共关系专家介绍，面临突发事件时，在传播沟通方面应注意以下六个问题：

（1）实事求是地发表消息。不清楚的情况要坦率地告诉对方，不要把主观臆测混杂其中。

（2）发表消息的时机很重要。不能因过于慎重而贻误时机，以致使流言、谣言产生，引起混乱。

（3）发表消息时尽量统一，形成文字，因为口头讲话容易被误传。

（4）为防止外界误传，宣传中要统一口径，不能随便发表言论。

（5）有些社会影响大的问题发表消息越早越好。

（6）一旦事故出现，应有专人联络新闻界，把情报工作抓起来，尽快平息混乱。

7.2.4 公共关系实施应注意的问题

在整个公共关系工作过程中，编制计划是先导，实施计划是中心。因为，计划是对未来行动的一种预见和设想，只有经过努力，将它转变为现实，才有实际意义。公共关系计划付诸实施，不是简简单单地按部就班去进行，而是要经过一系列的准备和筹划工作，特别是一些关键性的问题，应加以注意和把握。其问题主要有以下几种。

1. 分析公关形势，注意时机的选择　由于客观环境的变化，特别是组织面对公众是处在不断的发展变化之中，情况的发展变化与制订计划时对形势的预测是否一致，直接关系到计划能否落实。若实际的公共关系形势或组织面临的整个形势与计划发生出入，就应根据实际情况对计划进行必要调整。同时，公共关系的实施时机选择也是公共关系工作的重要技巧问题。如促销性的公共关系活动安排在商品销售旺季到来之前比较妥当，否则得不偿失，又如利用新闻媒介传播组织的新闻时，要避免在发生重大的全国性或国际性事件的时期向报社发稿，因为发去的稿件很可能被重大新闻挤掉，这是公共关系人员主观上无法控制的因素。经验丰富的公共关系人员在实施计划时总是考虑一切影响行动时机的因素，设法将无法控制的因素转化为可控制的因素，抓住一切有利时机，主动开展公共关系活动，努力使公共关系实施目标得以实现。

2. 注意做好开展公共关系活动的要素准备　实施公共关系实际上是针对目标公众而进行信息传播的过程。要使传播过程达到预期效果，要准备好四方面的要素：一是公共关系活动的主持者为开展公共关系准备的物质条件；二是目标公众与组织相互沟通惯用的传播媒介；三是制作能够为公众对象所接收的公共关系信息；四是实施公共关系情况的控制机构与措施。

3. 重视公共关系活动的开展与实现组织目标的一致性　在实施公共关系活动时要严格控制工作进度，保证按计划进行，使公关活动的开展与实现组织目标取得一致。若发现某一阶段或局部工作的进展忽略了整体目标，或出现脱节倾向，要及时调整，修订原公共关系计划，以保证每个局部工作都能紧扣整体目标。

4. 注意排除干扰　由于组织公共关系的传播本身出现障碍，加上社会公众的复杂性、多变性，某项计划、某个行动在实施中常常会受到谣言、其他信息的威胁和干扰，有的竞争对手采取非法竞争手段，甚至故意制造谣言，引起混乱，混淆公众视听。对此，要非常敏锐地察觉到，迅速将真相向公众传播，及时澄清谣言，取得公众和社会舆论的理解，以实现公共关系计划和目标。

训练与练习

某商业零售公司对 1 000 名消费者进行抽样调查表明，有 400 人知道该公司，其中只有 20%即 80 人对该公司表示赞许，10%即 40 人表示进行消费行为时首选该公司。根据这一调查结果，你认为该公司应如何开展公共关系工作?

7.3 公共关系危机管理

7.3.1 危机公共关系的含义

危机指的是突然发生的、严重危害组织正常运作的、对组织的公众形象造成重大损害的、具有比较大的公众影响的偶然事件。所谓危机型公共关系指的就是发生危机事件时的公共关系管理活动，即用公共关系手段减少危机给组织与公众带来的影响，进而寻求公众对组织的谅解，以重新树立和维护组织形象。

危机通常表现为突发性、不可预见性、普遍性、严重性和危害性。当出现危机时，无论处在哪一种状态，我们都不能等闲视之，都要积极行动，使损失减少到最低的程度。具体到公关工作中，如果出现了公关危机状态，我们就要积极地应对，以在力所能及的范围内达到最大可能的挽回。危机公关是衡量企业公关综合实力的标准，也是任何企业的立足之基、发展之本。对于企业而言，危机公关实际上就是企业在处理危机时所采取的一切手段和策略，以恢复公众信任，重塑企业形象。危机公关是个系统工程，它需要调动企业各个方面的力量以及企业日常公关工作逐步积累的社会关系网络，为危机的尽快消除奠定基础。

7.3.2 公共关系危机的特性

1. 潜在性 冰冻三尺，非一日之寒。一个组织突然爆发了危机，事实上不会没有任何潜在的因素，无论是来自主观，还是客观，还是两者都有的原因，都是公关人员平时疏于警觉的后果。即使是非常偶然的人为因素和意外的自然灾害，也有其暗含的内在规律，而这种规律不论周期多长，都具有反复出现的特性。对于这些难以预测的、在暗中起作用的因素，任何公关组织都要有专门的研究、清醒的认识和高度的防范。美国公关专家菲克对《财富》杂志排名前500强的大公司进行的危机调查显示，现代企业面对危机是必然的事情，因此更要加倍地重视这方面的研究。

2. 危害性 如果说危害程度不大的话，也就称不上是危机。凡是对公关组织造成影响甚大的危机事件，都是对其伤害很严重的事实。而且这种危机解决越不及时，越不果断，危害就越深，损失就越大，造成的社会影响就更加恶劣。这种影响如不及时挽救和消除，甚至会产生很长时间的不良作用，直到给组织带来灭顶之灾。

3. 偶然性 一个危机的出现，事实上是不良作用的结果，是由量变到质变的结果。因为我们平时疏于注意，所以在我们不经意的情况下出现，给我们的印象就是突然爆发，才让我们感到偶然。事实上，一次偶然的毒气泄漏，会是管理或器具性能的漏洞造成的；一次偶然的食物中毒，往往是平时不注意严格把握细节造成的；一次突然出现的恶意中伤，即对组织形象、信誉的伤害，是组织平时在人际关系中疏于努力造成的。因此，往往由于危机有我们猝不及防的突发性，更要提醒我们在平日的公关工作中，对我们认为不重要的、不去注意的细节也要加以重视。

4. 层次性　如同任何事物都有程度一样，公关危机事件的出现，也是在一种程度上表现出它的危害性。有时危机呈现出的危害只处在初始阶段，如果及时阻止，防止它恶化，就能把损失减少到最小；有的危机一旦爆发就危害很大，这就需要我们投入很大的精力和财力，全力以赴，控制事态，以免带来灭顶之灾；有的危机事件在出现时已成定局，没有继续变化的势头，这时就只能尽量消除影响，处理善后，使危机不要波及其他领域以至于影响其他方面的工作。

5. 可变性　无论是什么程度的危机事件，不存在不可收拾的情况，哪怕是影响极大、后果严重的灾难性事件，也要根据危机不同的危害程度，制定相应的处理措施。任何一种危机事件的出场都是事物运动、发展、变化的结果，我们发现它后，就可以让它在我们能力所及的范围内得到扼制、扭转和向好的方向发展。只是我们对危机形势的认识和判断是很关键的。如果我们对危机的形势判断不准确，就不会制定出相应的、有效的措施；如果措施不得力、方法不正确，就不会在危机公关处理中发挥应有的效用；如果在这方面产生偏差就会使危机加深，起到适得其反的作用。

7.3.3　公共关系危机的类型

按照不同的分类标准，可以将危机分为多种类型。但是在公关工作中，关于危机的根本分类标准就是按危机的内容和形式两个方面去划分，因为任何事物的基本组成部分是内容和形式两个方面。

1. 从内容方面来看，公关危机可以分为信誉危机、效益危机和综合危机

（1）信誉危机。信誉危机是指公关组织由于在经营理念、组织形象、管理手段、服务态度、组织宗旨、传播方式等方面出现失误造成的社会公众对组织的不信任，甚至怨愤的情绪。信誉危机也称为形象危机，这种危机尽管看上去是软性的、人气方面的，但是它直接影响组织的经济效益和可以量化的其他收益。因此，信誉危机是真正意义上的公关危机，它是组织形象在公众心目中的倒塌，是公关工作的重大失误，如不及时想办法挽救，很快就会波及组织的其他领域，带来灾难性的损失。

小案例

亚都“收烟”的风波

5月30日是世界禁烟日，颇具声势和规模的戒烟活动在全国各地接连举行。黄浦江畔的上海外滩，由上海市吸烟与健康协会主办的万人戒烟签名活动如期举行，政府官员、接受咨询的专家学者和闻讯而至的市民云集陈毅广场。以生产空调换气机在市场上颇为火爆的北京亚都科技股份有限公司（简称亚都公司）上海办事处斥资30万元，也介入了这次活动。在活动的前一天，亚都公司在上海有影响的两家报纸上，以“亚都启事”为题打出广告：“请市民转告烟民——亚都义举，全价收烟。”其具体内容是，亚都公司按市价收集参加此次活动的烟民的已购香烟，并在公众的监督下集中销毁。为使活动顺利圆满，亚都公司的工作人员兑换了用于收烟的5万元零币，购置了“销烟”用的大瓷缸、生石灰，并按当地商场的零售价格核准了烟价，可谓万事俱备。

上午10时，活动开始后，人群向亚都戒烟台前聚集并排起了长队。队列中既有老者，也有时髦女郎，还有小孩，这与亚都人设想中的烟民形象相去甚远，更引人注目的是，排队中的许多人拎着成条的香烟，少者一两条，多者达20条，绝大多数还是价格不菲的“中华”“红塔山”“万宝路”等高档香烟，但从外包装上一眼就能看出是假烟。精于计算的上海人让亚都公司的工作人员乱了阵脚。收烟台前，为了鉴别烟的真假，吵嚷、争吵之声时有所闻。为使活动得以进行，亚都公司临时决定，每人只限换一条，香烟是真是假也不再计较。可烟民也有对策，让工作人员奈何不得。下午2时，亚都公司的5万元现金已经用光，宣布活动结束。尚在排队的数百名烟民不干了，他们把收烟台和10余名工作人员团团围住，纷纷指责亚都公司“说话不算数”、活动内容和广告不符云云，并对工作人员有撕扯、推搡的现象。双方僵持了约半个小时，仍没有缓和的迹象。为平息事态，尽早脱身，工作人员只得拿出200件文化衫免费发送，之后，在闻讯赶来的保安、巡警的协助下，工作人员才得以离开广场。

（2）效益危机。这种危机是指组织在直接的经济收益方面面临的困境。例如出现了同行业产品价格下调、原材料价格上涨；出现了行业的恶性竞争；或者是该产品市场疲软，产品过剩；或者是组织的投资出现了偏差，等等。这方面的危机出现后，也是很棘手的，因为效益是一个组织存在的生命，所以面临直接的、单纯的经济效益灾难时，要想办法、想策略及时补救，做到统筹全局，使亏损降到最小。

（3）综合危机。它是指兼有信誉危机和效益危机在内的整体危机。这种危机的爆发往往是出现了影响重大的突发性事件，而且情况总是从信誉危机引起，由于处理不及时，或者是事态发展太快而造成了经济利润的全面下降，促成了互相联系的连锁损失。在这种情况下，就需要公关组织刻不容缓、竭尽全力，尽快找到问题的突破口，迅速、果断地控制事态发展，有效地解决面临的问题，使组织尽快走出困境。

2. 从形式方面来看，公关危机包括点式危机、线性危机、周期性危机和综合性危机

（1）点式危机。这种公关危机事件的出现是独立的、短暂的，和其他方面联系不大，产生的影响比较有限，往往是产生在一定范围内的局部性危机，这也是一种程度较轻的危机状态。在实际的公关工作中，这种危机常属于一般性危机的范围，大部分情况下，处在隐性危机状态，它可能是组织内部某些局部和一些具体因素由于控制不严造成的具体方面的失控和混乱，但是这种危机是大危机到来前的征兆，如不及时将问题消灭在萌芽状态，就会酿成大祸。

（2）线性危机。这是指由某一项危机出现的影响而造成的事物沿着发展方向出现的一系列接二连三的危机连锁现象。这种状况往往造成的是一个危机流，如不赶紧阻挡事态发展的势头，就会造成更大的灾难。线性危机的根本原因在于事物之间的联系。当组织在公关的某一方面工作中出了问题，面临危机时，一定要措施得当，力度适当。如果某一环节上出现偏差不及时处理，造成失控，那么困难的局面就会像多米诺骨牌一样发生连锁反应，最终由一次危机演变成一系列的危机。

（3）周期性危机。这是一种按规律出现的危机现象，也就是由于事物的性质和发展规律造成了某些公关工作在经过一段时期后，有节律地出现困难现象的危机状态。例如某些产品的销售有旺季，也有淡季，当进入淡季后，就要有相应的处理措施，以应付不利的局面。这种周期性困难是一种可以预测，能够预防的危机，也就是说公关人员经过几次危机的锻炼后，就会找到危机出现的规律。当积累了一定经验后，就能够把握其规律，控制这种危机的出现，避免危害的发生。

（4）综合性危机。这种危机是指在一个社会组织中，突然出现了兼有以上几种危机汇成的爆炸性危机。它是一种迅速蔓延，向四面发展的危机状态，也是一种最严重的危机状态。它一般是先由点式危机处理不得力造成了线性危机，再加上其他因素的作用，使危机的事态急剧恶化，短期内迅速发展成一种一败涂地的重度危机局面。这种危机的程度最深，挽救和扭转相当困难，一般而言，必须组织内部群众群策群力，上下同心去面对。必要时也要聘请相关方面的专家，提供专业的意见和建议，或者汇集公关专业人士协同组织的管理者和决策者对危机事态进行紧急会诊，及时找到解决的突破口，不然就会彻底葬送组织建立的事业。

7.3.4 公共关系危机的实施

1. 公共关系危机的发现和认识

（1）关于公共关系危机的发现。所谓公共关系危机的发现是指公关工作者在日常的公关工作中，通过一些事物的现象和自己长期的工作经验，对危机事件出现时的及时发现和判断。具备发现危机的能力相当重要，它可以使组织的损失在及早发现的情况下得到降低。

关于公关危机的发现包括两个方面，一种是隐性状态下的发现，一种是显性状态下的发现。

1）隐性状态下公关危机的发现。在这种情况下，公关工作还处在表面正常的状态，但是隐患已经在某些因素或环节中存在。例如组织内部干群关系、部门关系、上下级关系的不和；或者是组织内部管理出现了混乱，效益停滞不前；或者是时代进步了，组织发展的脚步却越来越慢，跟不上形势；或者是出现了组织和公众之间的不协调；或者是组织与政府、社区、同行业产生了摩擦，等等。在这种情况下，有经验的公关人员就会发现这些隐患不合乎目前的发展状态，只是萌芽，随着事物的进程和发展规律，就会由量变到质变，特别是会由局部发展到全局。因此，当一些细小的环节或因素上呈现问题时，就要及时发现，马上处理。这种发现问题的能力需要学习和长期经验的积累，它不仅是理论学习的结果，也是社会经验、工作经验的体现。

2）显性状态下公关危机的发现。我们知道，比起隐性状态，显性状态下的公关危机比较容易被发现。稍有一些公关经验，或者是任何一个人都可以判断显性公关危机。这是因为它是既成事实的危机状态，而且多是影响较大的突发性危机，常常以重大的损失作为标志，容易为人所重视。但是对于重大显性危机的危害程度的认识和判断却需要有很多的公关经验和很高的判断水平，因为它涉及对危机处理的决策和处理手段的制定，以及处理措施的实施。

（2）关于公共关系危机的认识。当发生突发事件或重大事故的时候，组织的公共关系便处于危机状态之中，它要面对强大的公众舆论压力和危机四伏的社会关系环境。对危机事件的处理，往往需要进行细致的调查和清醒的认识。对于危机事件的认识，应当从以下三个方面着手：

1）查明事件的性质与危害程度。

2）查明事件的起因、后果及影响。

3）查明事件牵涉的公众对象和在社会中产生的直接和间接的影响力。

重大事件发生后，先应该运用有效的调查手段，迅速查明情况，判断事件的性质、现状、后果及影响，为制定应对政策及应急措施提供依据。

2. 公共关系危机的防范和处理 危机事件的防范和处理是危机公关的核心内容，它既要求在思想上重视，也强调在行动上妥善处理，所以它涉及危机公关防范和处理的宗旨、方针、原则、态度、对策和措施等内容。

（1）危机公关的宗旨。处理危机事件的公关宗旨是：面对现实，尽力挽救。当事件发生后，组织的公关人员应当积极行动起来，深入到事件中去，细致地了解真实的第一手资料，不能凭主观猜想，更不能让情绪左右思维和判断。只有真实、准确地掌握了第一手信息材料，才能在处理措施上做出正确的判断和决策，才能取得卓有成效的挽救结果，也才能获取公众的信任，争取公众的谅解、配合和帮助。这样就会把握舆论的主动权，变不利因素为有利因素，尽快消除损失，恢复组织的社会声誉。

（2）危机公关的基本方针。危机公关的实施，总是针对危机事件发生后的事实而进行的。因为既成事实的危机事件往往影响较大，时间较急，处理起来很棘手，对于处理手段的把握要遵循一定决策和行动的基本方针，它一共包括以下几个方面的内容。

1）面对现实，深入调查。

2）掌握数据，稳定公众。

3）承担责任，争取主动。

4）发动资源，寻求帮助。

5）科学分析，正确对待。

6）积极稳妥，讲求策略。

7）稳定情绪，控制局面。

8）平息风波，挽回影响。

（3）危机公关的基本原则。公共关系部门在处理危机事件、实施危机公关时，绝不是随心所欲、跟着感觉走的行为，必须按照一定的处理原则，妥善地加以处理，用稳妥的方法赢得公众的谅解和信任，尽快恢复组织的信誉和形象。所以在危机公关中应当遵循的基本原则有下面几项。

1）积极性原则。公共关系部门遇到危机，就要有负责的、积极的态度，主动投入到调查、了解、分析、判断、决策的工作当中去，寻求最佳的解决方案，争取专家的帮助和公众的支持与谅解，这是危机公关的起码态度。

2）主动性原则。作为组织的公关人员也是组织的主人，一旦本组织内部陷入了困境，作为组织内部的人员就要挺身而出，勇于承担责任，寻找解决问题的契机，变被动为主动，使不利因素变为有利因素。

3）及时性原则。危机公关的目的在于处理突发性事件，尽最大可能控制事态的恶化和蔓延，把因危机造成的损失减少到最低程度，在最短的时间内挽回组织的损失，维护组织的形象。因此，事件发生后，公关人员要迅速做出反应，果断进行处理，赢得了时间就等于赢得了形象。

小案例

青岛天价虾事件

2015 年 10 月 4 日，四川广元的游客到青岛旅游，点了一盘大虾，结账的时候，发现这盘虾是以只来计算的，一只 38 元，总共 1 520 元。发现被宰后，游客报警，民警表示这事不归他们管，就离开了。再报警，派出所干脆就不出警了。后来，老板拿棍子威胁，反报警说有人吃霸王餐，警察来了后，还是不管。警察不管，游客打电话给物价局。物价局表示，现在不上班，等节后上班再说。被宰是 4 日，8 日上班，要等 4 天，危机处理的最佳时机就被耽搁了。很快微博上出现了被宰的信息，引起了全国人民的关注。在传播的过程中，呈现出娱乐化的倾向，比如点了一盘花生米，最后以个来算价钱；去理发店理发，最后以根来算等。在网友调侃的过程中，青岛大虾事件得到了最大范围内的传播。山东政府花巨资营造的“好客山东”形象被大虾毁于一旦，这是非常可惜的。

4）冷静性原则。公关人员面对危机的灾难和混乱局面，情绪千万不能激动，要沉着、冷静、富于理性精神，更不能急躁、随意、信口开河。具有稳定而积极态度的人，才是在处理危机中应付自如、卓有成效的人。

5）真实性原则。对于头绪繁多、变化多端的突发性危机，往往会让人在混乱的表象面前产生种种猜疑、误解，甚至会流传出许多谣言。这时只有本着实事求是的态度，公布事实真相，让事实说话，才能防止流言蔓延，防止影响组织的形象。

小案例

一张坦诚的说明书

日本美津浓体育用品有限公司生产的运动衣口袋里，无一例外的都有一张这样的说明书：“这件运动衣在日本是用最优秀的染料，用最优秀的技术染色，但是我们仍觉得遗憾的是，茶色的染料还没有达到不褪色的程度，还是会稍微褪色。”可如今在日本，美津浓已成为体育用品的代名词。

同样，《北京晚报》曾刊登了一则广告：“好来西向上帝道歉。”广告用不长的文字告诉消费者，如“凡是好来西衬衣，在衣领洗破前，如在正常水洗时，领口、袖口出现气泡，公司予以调换或者全部赔偿，并赠好来西西服一套”“4 万件名衬衫已有主，却有 6 件不满意，尽管承诺已兑现，负疚之意仍未去，因为 6 件对我们属于 1.5/10 000 的偶然，对‘上帝’却是百分之百的遗憾。因此，我们怀着深深的歉意向您道一声‘对不起’”！

6）责任性原则。无论事件的危害有多么严重，作为组织也要勇于承担责任，做到不推卸、不埋怨、不寻找客观理由，这样才能赢得社会的谅解和好感。

小案例

LG 翻新事件

LG 翻新事件起源于 2006 年，在 2007 年上半年愈演愈烈。2007 年 1 月，地下翻新工厂遭曝光后，LG 声称背后有人敲诈；2 月，又有媒体曝光工商局封存 5 台 LG 疑似翻新空调，随后 LG 承认更换部分产品包装；3 月，湖南省消费者张洪峰披露了湖南省质量检验协会的鉴定结果，确认“其购买的 5 台 LG 空调都是翻新机器”，5 月，张洪峰通过博客再次披露了 LG 空调的质量问题。LG 翻新事件随着全国媒体的不断报道，从 LG 冰箱翻新、LG 空调翻新到 LG 彩电翻新，不断有新的猛料被曝光，LG 品牌一时陷入了空前的品牌危机。

点评：在系列产品的翻新事件被曝光之后，LG 方面躲躲闪闪，没有承认自己的错误，未能采取有效的应对措施，再加上广大网友在网络上对 LG 翻新行为的声讨，其品牌形象与企业声誉大打折扣。由此我们可以看出，作为国际知名品牌的 LG 在危机公关方面的短视。

7）善后性原则。危机事件带来的不良社会影响，不可能在一朝一夕消失殆尽，因此还要做好危机事件的善后工作，包括对公众损失的补偿、对社会的歉意、对自身问题的检讨等。

8）灵活性原则。公关工作中出现的危机事件是形形色色的，因此对不同的公关危机的处理手段也不尽相同。所有针对不同情况下的危机情况要具体问题具体分析，只有根据具体情况，才能进行有针对性、灵活性的处理。由于危机多属于突发性的，不可能有既定的措施和手段，因此，根据实际情况，灵活处理很重要，也很关键。

（4）危机公关的基本对策。危机公关的对策包括总对策和具体对策：

1）总的对策：重视事实，迅速调查，妥善处理，做好善后工作，再造组织形象。

2）具体对策：根据不同的公众对象分别采取不同的对策。

首先是企业内部的对策，迅速成立处理事件的专门机构；判明情况、制定对策；安抚受损人员及相关人员，奖励有功人员。

其次是针对受害者的对策，认真了解受损情况，实事求是地承担责任并诚恳道歉；冷静听取受害人的意见，做出赔偿损失的决定；避免发生不必要的争执；给受害人以同情和安慰；派专人负责受害者要求并给予重视。

小案例

奔驰汽车安全风波

2007 年 6 月 5 日，洛阳王先生驾驶德国原装进口奔驰 S350 在连霍高速公路 385 千米处与一辆“东风”货车追尾相撞，奔驰车前部及顶部严重损坏，但该车配置的 8 个气囊均没有弹出，乘坐该车的车主和女儿受伤。其后，车主就安全气囊问题多次与奔驰郑州经销商及奔驰公司中国总部交涉未果。12 月 16 日，王先生将自己面目全非的奔驰轿车拖到郑州市区以北的黄河岸边，面对母亲河发誓“今生只用国货”。一时间威震全球的奔驰被推到了“火山口”。

点评：据当事人称，就这起事件，奔驰公司方面回应“车没撞到位，没达到安全气囊开启的条件”。在中国市场，奔驰公司凭借强势与霸气、拿声誉来换市场的做法，是一种随时可能出现公关危机的做法。

最后是针对新闻界的对策，实事求是，不回避，不隐瞒；设置临时记者接待场；主动向新闻界提供事实真相和相关的信息，并表明自己的态度；在事实结果没有明朗之前，不信口开河、盲目加以评论，与新闻界密切合作，表现出主动和信任；以客观公正的态度表明自己的看法，不带有主观情绪；借助新闻媒介表达自己的歉意，并向公众做出相应的解释。

小案例

农夫山泉“标准门”

2013 年 4 月，华润怡宝发起《中国瓶装水企业社会责任倡议书》，同时《京华时报》持续 28 天以连续 67 个版面、76 篇报道，称农夫山泉“标准不如自来水”，引发农夫山泉指责竞争对手“阴谋论”，并开始与《京华时报》死磕，上诉要求《京华时报》赔偿损失 6 000 万元。农夫山泉的反应过于强烈，导致事件影响持续扩大，拉低了其在消费者心中的品牌形象，并直接反映到销量上，最后农夫山泉不得不宣布：放弃北京桶装水市场。

（5）危机公关的基本措施。危机公关的基本措施包括总措施和具体措施。

1）总措施。首先要在实际工作中贯彻“以防为主”的方针，树立全员预防危机的意识。其次要建立科学的预报系统，包括人员的和物体的，例如建立自检制度，健全信访和调查制度等。在日常工作中促进沟通，和社会公众加强交流，要建立一种牢不可破的相互信赖关系，经得住风吹雨打和各种突发事件的考验。最后，还要养成积极主动、认真负责的组织精神，一旦出现问题，要视为己任，勇于承担责任，积极献计献策，投入行动。

2）具体措施。首先是控制事态，阻止谣言，具体包括指定专人处理事件，宣传事实真相，召开新闻发布会；妥善处理不利于本组织的报道和舆论。其次是实事求是地解决问题，以客观公正的态度对待事件本身，它包括多看、多听、少下结论、少推脱责任；另外是主动积极、尊重公众、勇于担负责任，它包括深入实际调查研究，主动和多方进行协调、交涉，以负责的态度满足各方的要求。最后是从组织形象和公众利益出发，合理地解决问题，它包括明确事件处理的主体，以公众对组织的态度转变为核心，尽最大努力做到组织、公众和社会各方都比较满意。

在处理公关危机事件时，还要注意努力做到虚心听取各方的意见，认真调查、核实事实，了解社会各方情况，最终协商解决问题。当危机处理工作告一段落后，不能忘记总结经验和教训，研究危机产生的原因，找到处理危机的规律，以防止类似的事件再度发生。

小案例

光纤被挖断事故中的支付宝

2015 年 5 月 27 日晚上 18 点左右，杭州、上海、武汉等地的用户纷纷反映支付宝 PC 端和移动端均无法使用支付转账功能，余额宝也不能显示余额。事件发生半个小时后，支付宝在微博上回应称，事故是杭州市萧山区某地光纤被挖断造成，运营商正在抢修，支付宝工程师正紧急地将用户请求切换至其他机房，资金安全不会受到影响等。随后的时间内，支付宝在微博上通报抢修进程，并在晚上 7:30 再发官微表示，系统恢复正常服务。整个系统瘫痪时间 2.5 个小时。事故结束后，支付宝发布官方声明，再次解释整个事件起因，对用户表示歉意，并对用户关心的问题一一进行解答，并表示会推进技术的升级改造。

点评：整个事件，支付宝处理得冷静、有序。事发后半个小时即做出回应，140 个字的限制下，在微博中对事故原因、修复措施、用户资金等关键问题一个也没落下，事故中持续回复，保持用户信心。事件解决后再次通过官方进行详细解释，使得危机迅速平复，遏制流言产生。

训练与练习

1. 举例说明什么是危机公共关系。
2. 简述公共关系危机的特点与类型。
3. 分析公共关系危机实施的过程和内容。

学习指导

1. 学习建议

学习本章内容，重点要掌握的内容有：一是公共关系计划实施的原则与方法；二是公共关系计划实施的过程；三是危机公关的实施。在学习过程中，要结合相关案例进行，同时可以播放一些资料片，增强学生对公共关系实施的认识和理解，对教学会起到较好的效果。另外，通过本章学习，要让学生树立起一种危机公关的意识，学会公关危机处理的程序与方法。

2. 学习重点与难点

（1）学习重点

1）公共关系计划实施的原则与方法。

2）公共关系计划实施的过程。

3）危机公关的实施。

（2）学习难点

1）公共关系计划实施的原则与方法。

2）组织化解公共关系危机的方法和技巧。

3. 核心概念

公共关系实施　公共关系模式　目标导向原则　控制进度的原则　整体协调的原则　反馈调整的原则　危机公共关系

课后思考与练习

1. 简述公共关系实施的特点。
2. 公共关系计划实施的原则与方法有哪些？
3. 试述公共关系计划的实施过程。

4．请解释危机公关的概念。
5．危机事件有哪些特点？
6．危机公关的基本原则是什么？
7．处理危机事件的措施分别有哪些？

案例分析

家乐福“抵制门”

1．事件回顾

2008年4月北京奥运会圣火在巴黎传递时，遭到“藏独”分子的破坏，国内网友遂发起抵制法国企业的号召。由于路易威登-莫特轩尼诗集团涉嫌曾予以“藏独”资金支持，而该集团刚成为家乐福的最大股东。家乐福一时间遭到网友的广泛抵制。

2．公关过程

（1）家乐福于4月16日发出第一份声明，澄清自己爱中国的立场和支持北京奥运的态度。

（2）家乐福集团全球总裁杜哲睿于4月21日接受采访，并向中国人民解释和道歉。

（3）家乐福总裁迪朗4月22日接受中国媒体联合采访，表示家乐福不愿在政治中扮演任何角色，也坚决否认了家乐福是记者无国界组织合作伙伴的传闻。

（4）接下来发生5.12大地震，家乐福国际基金会当晚宣布，向中国受灾地区捐赠人民币200万元。他们也在新闻稿中注明，2008年1月中国南方遭受灾害时，曾捐赠人民币200万元，以表示此次捐赠并不是针对危机的公关行为。

3．公关效果点评

（1）符合承担责任原则：4月16日发出第一份声明，澄清自己爱中国的立场和支持北京奥运的态度。

（2）符合真诚沟通原则：4月21日，家乐福全球总裁杜哲睿接受采访并向中国人民解释和道歉。

（3）违背速度第一原则：3月27日互联网中就传出了抵制法国企业的声音，到4月12日这个消息已大范围传播。家乐福第一份声明直到4天以后才在网站上登出。

（4）符合系统运行原则：积极和媒体沟通，促使中国商务部及法国相关政府部门行动起来，果断取消了五一的促销计划。

（5）符合权威证实原则：在中国商务部和法国政府之间进行公关，寻求政府的支持。

由于家乐福对事态严重程度的判断有误，公关响应较慢，致使抵制家乐福事件持续了一段时间，后经过专业的危机公关进行补救，最终将事态平息。

【案例思考题】

你如何评价本次家乐福的危机公关行为？

实训应用

1．实训目的

通过对危机事件的案例分析，初步掌握公关危机的类型和特征及处理危机的基本方法。

2．实训内容

（1）案例分析：危机与生机——从“雀巢‘碘超标’：强词夺理终成空”事件谈危机公关策略。

（2）公关危机的类型和特征。

（3）危机公关策略。

3．实训要求

（1）学生仔细阅读案例并进行独立思考。

（2）必须要有讨论过程。

（3）对案例进行较为全面的分析。

4．设备要求

案例材料、讨论桌椅布局、笔、纸等。

5．实训组织

（1）老师事先布置预习案例。

（2）老师将学生分成若干个小组，指定组长，实训活动可由 6～8 人为一个小组进行，可在教室中完成。

（3）每一个小组要有组长，组长负责分工与协作。

（4）班级可举行评比或展览，并对表现好的小组予以表扬、奖励。

6．考核方式及成绩评定

每位学生需要填写实训报告。实训报告应包括实训项目、实训目的、承担任务、完成情况、实训过程、实训小结及实训评语。

成绩评定由指导老师给出，共分为优、良、中、及格和不及格五个档次。

第8章 Chapter8

公共关系活动效果的评估

学习目标

1. 理解和把握公共关系效果评估的内容
2. 掌握公共关系评估的程序
3. 理解和掌握公共关系活动实施效果的评估标准和方法
4. 理解和把握公共关系年度总结报告的撰写、新闻舆论分析报告的撰写

案例导入

蝙蝠牌电扇受青睐 “小字辈”扬名有奇招

20世纪80年代初，南京长江机器制造厂开发出一种蝙蝠牌电扇。当时，在我国的电风扇市场上，已有3 000个生产厂家在激烈竞争。蝙蝠牌电扇较之于其他名牌产品来说，还是一个“小字辈”，它还没有参加全国性的质量评比活动，消费者对它也很陌生。在这种情况下，如何使蝙蝠牌电扇迅速打开市场，在消费者中建立起自己的形象呢？该厂有关人员经过认真分析与研究，认为如果采取常规的实施手段，比如在某媒体上大做广告或派推销人员直接去全国各地进行推销，恐怕即使花上很多的宣传费用也很难奏效。于是，他们决定采用出奇制胜的战术，打破常规，别出心裁地租用了南京一家比较大的商场橱窗，让蝙蝠牌电扇在橱窗里昼夜不停地运转，并在橱窗内醒目地写着：“自1981年4月10日起连续不停地运转，请您计算一下，现在已经运转了多少小时？”这种旨在“转给你看”的传播方式，立刻吸引了许多消费者的注意。当他们发现这台电扇确实昼夜不停地运转而没有中断时，对蝙蝠牌电扇的质量也就确信无疑了。很快，蝙蝠牌

电扇先占领了南京市场。随后，南京长江机器制造厂的有关人员对这次宣传活动进行了认真的总结。他们认为，要想使蝙蝠牌电扇在其他地区与城市树立形象、建立信誉，也可以采取同样的宣传攻势与手段。于是，他们又在全国其他城市如法炮制，如在广州租用了一家有名的商场橱窗，在北京的西单百货商场也租用了一个橱窗，让蝙蝠牌电扇夜以继日地转动，以引起消费者的注意。后来，蝙蝠牌电扇果然成为家喻户晓、备受消费者青睐的名牌产品。

【问题引入】

你对本案例中“转给你看”的实施策略有什么评价？

在整个公共关系活动程序中，公共关系评估控制着公共关系实践活动的每一个环节，它在公共关系实践活动的准备阶段、实施阶段及影响效果的分析阶段均发挥着重要的作用。公共关系检测评估是根据特定标准，对公共关系计划实施的情况进行评估并从中发现问题，及时修订计划，进一步调整和完善组织形象。

8.1 公共关系评估的内容和程序

8.1.1 公共关系效果评估的内容

公共关系的第四步是检测公共关系活动的效果。在肯定成绩的同时，发现新问题，以便不断调整组织的公共关系目标、公共关系行为，使组织的公共关系工作成为有计划并持续的过程。

公共关系的评估要从以下几个方面的内容展开，特别是公关形象效果的检测更重要。

1. 公共关系目标检验评 估总体目标是否明确，围绕这个目标的各种实施目标是否具体，检验目标是否变成现实或者是否在很大程度上变成了现实。

2. 公共关系计划检验 分析公共关系计划的可行性和计划的实施等情况，发现公共关系计划中哪些符合实际，哪些脱离实际；哪些是必要的，哪些是多余的。

3. 公共关系经济效益检验 如果公共关系工作不能给组织带来好的经济效益，甚至损害了组织的经济效益，就不能算是成功的公共关系工作。

4. 公共关系社会效益检验 良好的社会效益是衡量和评价组织形象必不可少的部分。组织形象如何，不仅在于它创造了怎样的经济效益，而且在于它实现了怎样的社会效益。

5. 公共关系计划实施情况检查 检查措施是否得力，方法是否有效，过程是否顺利。

6. 消耗情况检查　检查人力、物力和时间的使用及分配是否合理，据此可以反映出公共关系组织的经营管理水平及劳动效率等。

通过民意测验和舆论调查，借助“组织形象地位四象限图”，检查组织的知名度和美誉度的改善情况；借助“组织形象要素调查表”，检查组织形象要素的具体构成有了哪些合理变化；借助“组织形象差距分析图”，检查组织的实际形象与期望形象之间的形象差距有多少改善。

公共关系的成效主要不在于表面销售数字的增加，而在于关系网络的稳定和发展，舆论影响的维持和扩大，其社会效应是整体的、长期的，因此其效果的检测离不开民意测验和舆论调查，而且侧重于公众心理、态度、观点和行为的变化方面。

8.1.2　公共关系评估的意义

所谓公共关系评估，就是根据特定的标准，对公关计划、实施及效果进行检查、评价，以判断其优劣的过程，它在整个公关计划实施过程中都具有重要作用。评估控制着公关实践的每个活动及环节。公关评估的重要作用表现在以下几个方面。

（1）检验传播的效果，了解哪些信息传播有效，哪些无效，为以后改进传播质量总结经验和教训；亦是为检验方案的设计是否圆满，有无重大失误，为下一次的方案设计提供经验。评价这次活动的效果，也就是为以后活动打基础。

（2）公关评估是改进公共关系工作的重要环节，它对一个社会组织的公关工作具有“效果导向”的作用。任何一项公关计划在实施后都面临着成功或失败两种结局，而无论是成功或是失败，其经验与教训都将成为下一个公关活动或环节改进的基础。评估就是我们通常所说的总结经验、吸取教训。

（3）评估是开展后续公关工作的必要前提。没有这种对原有公关工作的评估，就不可制订新的公关计划，这是公关工作连续性的一种表现。

（4）评估可以鼓舞士气。一般来说内部员工很难对组织与其公关活动有全面的、深刻的了解和认识，评估使他们能认清本组织的利益和实现途径，以便将实现本组织的战略目标与自己的本职工作紧密地联系在一起，并变为一种自觉的行动。

（5）引起领导重视。评估的另一个重要意义还在于使组织的领导人看到开展公关工作的明显效果，从而使他们能更加自觉地重视公关工作，真正起到鼓舞士气、激励内部公众的作用。

（6）在现实生活中，评估还决定着公关公司是否要承接该项工作；客户是否满意、是否付款；能否获得某项荣誉，形成无形资产，等等。

8.1.3 公共关系评估的目的

公关评估的主要目的是提供关于既定公关工作的各种信息，包括：计划制订得是否正确合理；计划实现的程度、范围、效果怎样；计划实施方法、程序是否需要调整或修正；计划所需资金是否恰当；为了成功达到战略目标，在既定的成本条件下，哪些实施方法最为有效；计划实施的关键是什么；哪些计划与实施中的要素密切结合能得到最高效益；计划实施对哪些公众产生了什么样的影响；哪些方法和技术可以有效地排除沟通中各种不同的障碍，等等。总之，公关评估的目的就是取得关于公关工作过程、工作效益信息，作为决定开展、改进公关工作和制订公关计划的依据。

8.1.4 公共关系评估的程序

1. 公共关系评估的 10 个步骤 根据卡特里普和森特的《有效的公共关系》一书的论述，公共关系效果的评估分为 10 个步骤。

（1）设立统一的评估目标。统一的评估目标是检验公关工作的参照物，有了参照物才能通过比较来检验公关计划与实施的结果。

（2）取得组织最高管理者的认可并将评估过程纳入公关计划之中。评估不是公关计划的附属品或计划实施后的事后思考和补救措施，而是整个公关计划的重要组成部分。

（3）在公关部门内部取得对评估研究意见的一致。

（4）从可观察与测量的角度将目标具体化、明确化与准确化。如谁是目标公众、哪些预期效果将会发生以及何时发生等。

（5）选择适度的评估标准。

（6）确定搜集证据的最佳途径。方法的选择取决于评估的目的、提问的方式以及前面已经确定的评估标准。

（7）保持完整的计划实施记录。这些资料能够充分反映公关人员的工作方式和工作效果，尤其重要的是反映计划的可行性程度。

（8）评估结果的使用。公关活动的每个周期都要比前一个周期表现出更大的影响力，这是由于评估结果的运用，问题确定及形势分析将会更加准确，公关目标将会更加符合组织发展方向的要求。

（9）将评估结果向组织管理者报告。这应该成为一项固定的制度，一方面可以保证组织管理者及时掌握情况，有利于进行全面的协调；另一方面也可以说明公关活动在持续地保持与组织目标的一致及其在实现组织目标过程中的重要作用。

（10）丰富专业知识内容。公关活动的科学组织与效果评估导致人们对这一活动及其效果有更多的理解与认识，效果评估的成果又进一步丰富了公共关系专业知识的内容。通过具体项目效果评估所得到的资料，经过抽象化分析，可以得到对指导这一活动有普遍意义的思想、方法与原则。这些原则与知识不断丰富了公共关系行业的理论与实际内容。

2. 公共关系评估工作的三个步骤

（1）准备过程的评估标准。

1）背景材料是否充分。

2）信息内容是否正确充实。

3）信息的表现形式是否恰当。

（2）实施过程的评估标准。

1）检查发送信息的数量。

2）检查信息被传播媒介采用的数量。

3）检查接收到信息的目标公众的数量。

4）检查注意到该信息的公众的数量。

（3）借助效果的评估标准。

1）了解信息内容的公众数量。

2）了解改变观点的公众数量。

3）了解改变态度的公众数量。

4）发生期望行为的公众数量。

5）发生重复期望行为的公众数量。

6）达到的目标与解决的问题。

7）对社会经济与文化发展产生的影响。

训练与练习

请举例说明公共关系评估的目的和意义。

8.2 公共关系评估的标准与方法

8.2.1 对公关活动实施效果的评估标准

美国著名的公共关系专家卡特里普和森特等总结多年公共关系实践经验，提出了公关活动效果的评估标准。

1. 了解信息内容的公众数量　公关活动的目的之一就是要提高组织的知名度，加强目标公众对组织的了解与理解。

2. 改变观点、态度的公众数量　组织的公关活动是否引起公众对组织的看法和态度的转变，支持组织的公众是否有所增加，增加多少。

3. 发生期望行为与重复期望行为的公众数量衡量　公关活动效果的最高

层次，是以是否引起公众行为为标准。在实施公共关系活动之后，有多少公众按照导向采取或重复采取了组织期望的有利于组织的行为，从而实现组织的目标，达到事业的成功。这是衡量公关活动效果的重要标准。

8.2.2 公共关系评估的常见依据

1. 根据大众媒介传播的情况来评估

（1）报道的数量。大众媒介报道的次数越多、频率越高，越能引起公众的注意，扩大组织的社会影响。

（2）报道的质量。大众媒介对组织公共关系工作的成就、经验报道越多，越有利于塑造组织的良好形象。相反，如果出现负面报道，则可能导致组织形象一落千丈。

（3）新闻传播媒介的影响力。一般来说，发行量大、覆盖面广、权威性强的传播媒介，其影响力亦大，越能提高公关活动的效果。组织的公关活动由权威性较强的新闻媒体报道，能加深公众的印象，增加公众对组织的好感。

2. 根据组织内部资料来评估

（1）组织领导层和管理人员、营利性组织的股东，在组织的经营管理过程中，对组织公共关系目标达到的程度和效果的评价。

（2）组织内部员工从不同角度对公关活动成效的评价。如生产一线的员工根据自己安全工作环境的要求是否得到满足，对组织公关工作进行评价；销售一线的员工通过自己的销售活动，对组织的公关工作进行评价。

（3）组织内部资料，如资金平衡表、统计报表、财务活动分析、公众的来信来访记录，都是评估公共关系活动的重要资料。

3. 根据组织外部资料来评估

（1）消费者与用户的信息反馈。消费者和用户是营利性组织的首要公众，因此他们的反应是评估公关活动的重要资料。

（2）相关组织的信息反馈。组织在生产经营中，会与原料供应者、产品经营者建立合作伙伴关系。他们与组织交往频繁并且与大批消费者和用户发生联系，从他们那里可获得有关公关工作成效的信息资料。

（3）社区公众。社区公众是组织的“左邻右舍”，他们与组织由于地域邻近而关系密切、相互了解，组织可从社区公众那里获得较快的信息反馈，据此评估公关工作的成效。

（4）政府。政府对组织行为的支持程度、政府与组织关系的密切程度，可以反映出公共关系的社会效果。

8.2.3 公共关系工作准备过程的评估标准与方法

1. 背景材料是否充分 这个阶段的公关活动尚未开始，评估的主要任务实际上就是检验前几个程序中是否充分利用资料和分析判断的准确性，重点是及时发现在环境分析中被遗漏的、对项目有影响的因素。

2. 信息内容是否正确充实 强调的是信息的合理性。要分析公关活动中准备的信息资料是否符合问题本身、目标及媒介的要求；沟通活动是否在时间、地点、方式上符合目标公众的要求；有没有对沟通信息和活动的对抗性行为；有没有制造事件或其他行动配合这次公关活动，这方面做得够不够；相对任务本身而言，人员与预算资金是否充足，等等。

3. 信息的表现形式是否恰当 例如，检验有关信息传递资料及宣传品设计是否合理、新颖，是否能达到引人注目、给人以深刻印象的要求。具体包括文字语言的运用、图表的设计、图片及展示方式的选择等。

8.2.4 公共关系工作实施过程的评估标准和方法

评估不仅仅是对公关工作效果的评估，在活动的实施过程中也能发挥其监控、反馈的作用，还能判断出哪些是正确的、哪些是错误的、哪些决策不利于公众产生对组织的信任，以及发现决策实施过程中出现的偏差等。在这个阶段中分四个不同层次的评估标准。

1. 发送信息的数量 应统计组织在实施公关活动中所进行的电视、广播讲话次数，发布信件及其他宣传材料以及新闻发布的数量，还应发现其宣传性工作如展览等进行与否及其努力程度。

2. 信息被传播媒介所采用的数量 报刊索引和广播记录一直被用来作为查对传播媒介采用信息资料数量的依据。其他宣传活动如展览、公开讲话的次数，也反映了组织为有效地利用各种可能渠道将信息传递给目标公众的努力程度。

3. 接收到信息的目标公众数量 将接收到信息的各类公众进行分类统计，从中找出目标公众的数量。这就是说，对于评估来说，接收到信息公众的绝对数量并不重要，重要的是这些公众的结构。报刊的发行量可以作为评估组织信息传播效果潜在的参考数据；会议、展览的出席人数也可作为这种评估的参考数据，但真正的效果应体现在有多少人真正注意到这一信息上。

4. 注意到该信息的公众数量 调查传播信息的实际效果，实施过程的评估方式可分为三种：

（1）评估人员的直接观察。这种直接观察可以由评估人员直接参与实施过程，进行实地考察，记录各个环节实施的状况和顺序以及进展情况。

（2）对实施者和实施对象进行调查，再把二者的资料和调查访问实施对象得到的资料进行对比分析，是一种重要的评估形式。

（3）分析各种汇报资料。从不同渠道汇报上来的各种资料如数据、图表、报告，是评估的重要依据。通过研究分析这些资料，比较实施人员、实施对象、实施方法步骤、社会环境等方面的特点，了解实施过程中易出现的障碍，以便建立标准化的实施程序，确定实施人员和实施对象的结合部位。

以上这三种方式一般是综合运用，通过几种方式相互比较、相互引证，得到一个全面的、综合性的评估结论。

8.2.5 公共关系工作实施效果的评估标准和方法

实施效果的评估是一种总结性的评估，这一阶段的评估标准有以下几点：

- 了解信息内容的公众数量。公关活动的目的之一是为了增加目标公众对组织的认识、了解和理解。公众没有了解或没有完全了解所有关于组织的问题，都会影响他们对组织的观点和行为。
- 改变观点、态度的公众数量。这是评估实施效果的一个更高层次的标准。
- 发生期望行为和重复期望行为的公众数量。
- 达到的目标和解决的问题。
- 对社会和文化的发展产生影响。这种影响同其他各种因素共同起作用，并在较长时间里以复杂的、综合的形式表现出来。

关于影响实施效果的评估方法，按照评估实施者的不同，我们可以把评估的方法分以下三种。

1. 自我评定法 这是由公关活动的对象通过亲身感受而对公关活动给予评定的方法。采用自我评定法要特别注意问卷或提问的方式，对敏感的问题宜采用灵活、委婉的方式进行调查。

2. 专家评定法 这种方法是由公关及有关方面的专家来审定公关计划，观察计划的实施，对计划实施的对象进行调查，与实施人员交换意见，最后撰写出评估报告鉴定公关活动的成效。

3. 实施人员的评估 公关计划的实施人员经常自行对公关计划和实施的进展情况进行评估。这种评估能够及时、充分利用实施过程中的实际情况对该项活动的影响效果进行判断。实施人员的评估也有缺陷，主要是实施人员对其实施计划可能会隐恶扬善，从而无法看出公关活动的真实影响。另外，实施人员少于实施任务，没有更多的时间和精力进行评估研究。在进行实施效果的评估时应注意到，一项公关活动总是处于一定的社会环境之中，它所产生的影响，可能是公关活动本身引起的，也可能是受到其他社会因素的作用。理想的、科学的评估应该尽量排除公关活动本身之外的因素，显示出公关活动真切的影响力。公关活动之外的影响因素有以下几种情况：

（1）没有公关活动的影响，公关的目标公众也会产生自身的变化。例如有的病人不吃药也能康复，在测定药物的作用时，就应扣除病人本身的恢复能力。

（2）大规模社会变动的影响，其变化的作用之大，连公关活动本身也受其左右。如经济滑坡、市场疲软的困扰，使得公共关系促销活动无法达到正常时期所期望达到的效果。

（3）公关计划实施中的偏差。如果实施人员的步调不统一，目标公众对公关活动的接受程度也就会有差别；大众传播媒介信息的内容不一致，致使目标公众得到不同的信息，从而引起不同的效果。

另外，除了上述几种情况之外，在进行公关评估过程中，还可能因为收集资料、运用分析工具等方面出现误差影响到公关活动实施效果的准确评估。为了准确地对公关进行评估，必须掌握评估的科学方法，排除其他因素所起的作用。

8.2.6　评估方案的制订

任何公共关系活动前都必须要有详细的活动方案，这有利于活动质量的控制和监督，同时也是完整的策划和组织。

完整的评估方案的内容包括确定评估的目标、确定评估的程序、确定评估的标准、确定评估、安排评估的人员、分析评估的环境、整理评估的资料、撰写评估报告、反馈核查等。

训练与练习

1．公共关系评估常见的依据有哪些？

2．公共关系工作实施过程的评估标准是什么？

8.3　公共关系评估报告的撰写

公共关系效果评估报告应该包括项目简述（主要涵盖委托任务描述及咨询过程和总体效果评估）、项目研究（项目开始前的基本状况、问题和挑战）、项目策划（项目建议书和行动方案的核心内容）、项目执行（主要工作及程序描述）、项目评估（执行情况评估、产生效果评估及可能带来的影响和积极的意义等）。评估报告应该注明所使用的评估手段和评估工具，收录有关重要资料依据（项目建议书、行动方案、工作时间表、现场活动程序、现场效果图、活动参与人员名单、媒体监测统计、新闻剪报、现场反馈测评以及项目形成的知识产权文件等文字材料、图片资料和影像资料）作为附件。

8.3.1 公共关系评估报告概述

公关评估报告是评估工作的最终成果。评估是公关工作程度的最后一步，也是下一轮策划的开始，其意义、作用、方法与调查相仿，只是内容与针对性略有不同。所以，评估报告与调研报告在撰写等许多方面是相仿的。

1. 评估报告的功能 评估报告，最重要的是说明“我们做得怎么样，为什么会这样”，并精确地描述整个公关活动过程，简洁地概括活动所取得的主要结果及其存在的不足，科学地预测尚未解决的一些问题，并提出相应的解决办法，为决策者把评估分析用于组织战略决策提供充分的信息根据。

2. 评估报告的内容 评估报告的内容主要根据评估的内容和委托人的要求而定。常规的评估内容是：

（1）我们是如何做的？公关人员应该问问自己是如何发挥作用的，是否完全理解这项活动，是否投入了足够的力量，与他人共事是否顺利，是否充分利用了所提供的设备、服务，对管理的咨询参谋是否彻底全面，完成此项活动的效率和经济效果如何。

（2）别人做得怎么样？他们掌握的情报是否充分？预期目的达到了吗？人员够用吗？

（3）我们争取到公众的支持了吗？我们对希望争取的公众是否有明确的认识？完成这些目标的相应项目是否在计划中并付诸实施？目标公众接收到并理解传播之意吗？他们有无反应？

（4）活动项目的短期目标、长期目标都实现了吗？例如，项目的实施是否导致了舆论和行为模式的改变？成员关系、贡献绩效是否发生了变化？是否制定了法令？选举是否成功？计划者所考虑的其他目标是否实现？

（5）是否超出了预算？经费使用是否合理？

（6）其他特定内容。如品牌、无形资产、人员素质等相对静态项目评估和专题活动、广告效果、销售额等动态项目的评估。总之，目标越具体，对它的结果进行测评就越容易。

8.3.2 评估报告的要求与格式

公共关系效果评估报告应是定性分析和定量分析的结合。定性分析时，报告要对各种检测、评价结果进行概括分类，对归纳出的若干大类做出总体好坏、上升或下降的估计和评价并说明原因，提出依据，标明性质，做出结论；定量分析时，报告要对各种指标或结论用统计数据予以说明。

报告的内容应主要陈述公共关系活动开展的情况和取得的成果。一是将具体实施的公共关系计划经费开支与原计划经费预算加以比较；二是就公共关系的长期目标、中期目标、近期目标以及特殊目标的实现情况加以分析说明，指出应达到的程度以及存在的问题、差距；三是将现有组织形象地位加以比较，列出简图并说明改善的状况、原因；四是将公共关系工作结果与组织的总目标、总任务联系起来评价，并附以具体可见的和可测量的成果做论证说明。

报告的格式通常有书面和口头两种。书面报告有年终总结、年度报告、定期备忘录和工作报告、情况通报和简报等；口头形式有小组或委员会会议、工作汇报会等。无论是何种报告形式，若辅以图表、图片，均可使报告更加生动、形象，效果更加理想。

8.3.3　公共关系年度报告

以本年度的公共关系计划和预算为根据，将一年来的实施结果与预期目标和计划相比较，就公共关系各层次的目标及计划的实现程度和存在的差距，提出有说服力的总结报告。

在报告中应注意引用具体可见或可测量的数据、成果、实例以及引用有影响力的外界评价，以增强报告的客观性，供领导层做判断和评价。比如，为说明产品形象的变化，就需要引用与这个审核目标有直接关系的公众意见，如顾客的口碑、商店的赞誉、消费者委员会的表扬信、大众传播媒介的报告等。总之，公共关系报告要注意充分运用事实和外部公众的客观评价来说话。

8.3.4　公共关系社会效益评价

公共关系年度工作报告主要是提供给组织管理当局或本组织成员做评价的，而“公关社会效益评价报告”则可以提供给更广范围的公众（如股东、消费者团体、职工委员会、环境保护主义组织、政府部门等）做评价。公关社会效益评价是借助于“费用效益分析”，就企业组织与社会公众有关的活动事项做出正反两方面的分析报告，它是用一定的货币量来反映和衡量公关的社会效益。其方法是：一方面将企业用于经营必需之外的、自愿的社会投资算作是“正效益”（贡献），如额外改进职工福利，改善社区环境，赞助社会事业等；另一方面将企业忽略、延迟有利于社会公众的改善而带来的社会性危害视作“负效益”（缺陷），如污染环境等，然后用“正效益”减“负效益”，就是企业的“社会纯效益”。根据这种方法制作的报告又称作“社会经济业务报告”（social economic operating statement，SEOS）。

应指出的是，一个企业的良好社会形象不能单纯用金钱上的贡献来衡量。一个社会贡献投资不多的企业，形象不一定不好；一个社会贡献投资较多的企业，也不能保证其形象一定好。“社会经济业务报告”只是检测公共关系效果的一种方法。

8.3.5 新闻舆论分析报告

新闻舆论的敏感度很高，是反映组织形象的一面镜子，通过分析新闻舆论关于本组织的报道动向，可获知本组织形象的状态。新闻舆论分析的内容如下。

1. 新闻报道量的分析

（1）统计报道的总次数，包括本组织的年度见报次数和上镜次数。

（2）统计报刊关于本组织报道的篇幅（以字数计算）。

（3）统计广播、电视关于本组织报道的时数（以分钟或秒计）。

（4）统计报道本组织的各类媒介的总数量——参与报道的媒体种类、数量。

（5）统计关于本组织新闻报道的涵盖面——参与报道的媒体的发行量和涉及的区域。总的来说，报道量越大，引起社会公众注意和兴趣的程度就越高。

2. 新闻报道质的分析

（1）分析参与报道的媒体的层次性、重要性：报刊的级别（全国、省、市、行业性等），报刊在国内外的影响性、权威性（读者面、读者层等）。层次高、影响力大、有重要读者层次或重要市场的报刊，更有利于提高组织的知名度和信誉度。

（2）分析新闻媒体对本组织新闻资料的使用方法：有关本组织的报道是正面的、反面的还是侧面的，全面报道还是摘要报道，重点报道还是一般性报道，是发表在重要、醒目的版面还是次要版面，等等。这些差别均会使新闻报道对组织机构的有利程度产生重要影响。

（3）分析各方面对有关本组织报道的舆论反响程度：如编辑部的反应（对于本组织所提供的资料是否满意，是否适合报刊的性质和方针，是否及时，是否容易编发，是否需要做较大改动，等等）；读者的反应（读者的注意程度如何，因报道引起的来电、来信、来访等）；政府和其他方面的反应；其他海内外新闻媒体的反应。通过分析社会舆论的反响程度，可鉴别出新闻报道的影响效果。

3. 新闻报道时机的分析

（1）分析有关本组织报道的及时性和适时性，能否恰好配合组织的实际发展。

（2）分析有关本组织的报道与当时新闻舆论主题的关系，如能否成为当时舆论注意的中心，能否成为被报道的主角，等等。

舆论是公共关系的基石，也是衡量公共关系成效的重要指标。但须指出，舆论的改善不仅仅是公共关系的功劳，舆论的恶化也不可简单归罪于公共关系所为。因此，根据新闻报道的分析来检测公关效果并不绝对可靠。

小案例

马航 MH370 失联

北京时间 2014 年 3 月 8 日凌晨 1 时 20 分，由马来西亚飞往北京的马来西亚航空公司 MH370 航班与地面失去联系。飞机失联后，马航及马来西亚政府多次召开新闻发布会、家属沟通会与媒体和乘客家属进行沟通，然而其沟通并未取得如期效果。甚至，马航在对飞机失联的各种可能性依次否认后，3 月 24 日晚突然召开发布会，在没有飞机碎片和黑匣子等证据的情况下，仅凭卫星数据就断定飞机终结于南印度洋，无人生还。

在整个事件过程中，自始至终，马方缺乏系统的危机应对策略，尤其对于信息的发布，马航除了“no idea”，就是不断地否认、否认再否认，拖延，隐瞒事件真相，导致危机急剧蔓延，将马航以及马来西亚政府的形象拉入谷底。随后的马航 MH-17 被击落事件，更让意图复兴的“马航之路”计划再次受挫。2014 年 12 月 4 日，马来西亚航空公司宣布 2014 年 12 月 15 日 8 时将正式停牌，退出交易。

训练与练习

1．简述评估报告的功能和主要内容。

2．叙述撰写新闻舆论分析报告应该注意的一些问题。

学习指导

1. 学习建议

学习本章内容，要明确公共关系效果评估的内容，重点掌握公共关系评估的程序、公共关系工作实施效果的评估标准和方法，理解和把握公共关系社会效益评价和综合评估、公共关系年度总结报告的撰写、新闻舆论分析报告的撰写。学习本章内容，需要对前面所讲授的公共关系四个步骤中的前三部分的知识进行复习和总结，同时在学习中要大量地参阅各种综合案例，并对案例中出现的效果进行综合评估，这样才能把本章的基础知识更好地运用到实际当中。

2. 学习重点与难点

（1）学习重点

1）公共关系评估的程序。

2）公共关系工作实施效果的评估标准和方法。

（2）学习难点

1）公共关系社会效益评价和综合评估。

2）公共关系年度总结报告的撰写。

3）新闻舆论分析报告的撰写。

3. 核心概念

公共关系评估　年终评估报告　评估的程序　公共关系社会效益

新闻舆论分析报告　公共关系效果评估报告

课后思考与练习

1. 简述公共关系评估的程序。
2. 简要分析公共关系评估工作的三个步骤。
3. 公共关系工作实施效果的评估标准和方法是什么？
4. 论述在今后的工作中我们该如何评价公共关系社会效益。

案例分析

轩尼诗创意之源

干邑白兰地为酒中之精品，在世界上享有至高声誉。中国的改革开放，为干邑市场提供了活力。于是，世界各大干邑生产商先后进入中国市场，拉开了“洋酒大战”的序幕。法国轩尼诗酿酒公司是XO的创立者，也是世界上最大的干邑生产商。它进入中国市场后，一直受到中外商界人士的欢迎。然而，由于面对来自其他干邑生产商愈来愈激烈的竞争挑战，轩尼诗公司决定在中国展开一系列公共关系活动，以树立品牌形象，在商战中立于不败之地。

调查

爱德曼国际公共关系有限公司于1992年接受了轩尼诗公司委托，担任起它在中国的公关代理。在对中国高档酒市场和其他干邑生产厂家的调查中，爱德曼国际公共关系有限公司发现：长期以来，众多干邑生产商的宣传和促销主要集中在产品本身，而忽视了对生产商自身的宣传和推广；大家往往热衷于出巨资雇用促销小姐穿梭于各大宾馆、商场和夜总会，同时大规模地购买各种户外广告位置和在媒体上频繁播放、刊登广告，而忽视对产品和企业进行高层定位。根据调查结论并结合轩尼诗公司历来推崇文化艺术活动的特点，爱德曼国际公共关系有限公司为其策划了旨在树立企业和产品高品位形象的“轩尼诗创意之源”文化艺术系列活动计划。为保证计划的顺利实施，爱德曼国际公共关系有限公司成立由对高档消费品公关了如指掌的法国公关专家、熟谙市场开拓和营销策略的美国专家以及深入了解中国市场和媒介的中国员工组成的项目服务小组，并同时启动了北京、上海、广州和香港的四个分公司的活动。

策划

（一）目标

1．树立轩尼诗公司的高品位形象，宣传其积极支持中西方文化交流的愿望。

2．通过系列活动，支持中国文化艺术事业的发展。

（二）策略

通过推出“轩尼诗创意之源”文化艺术系列活动，支持中国文化事业的发展，将世界其他地区的文化精髓介绍到中国，以与中国人民共同欣赏。

1．设立“轩尼诗创意和成就奖”，表彰对中国文化艺术事业做出卓越贡献、取得丰硕艺术成就并富于创新的中国艺术家。

2．设立“轩尼诗创意和成就青年奖”，以鼓励和支持年轻艺术家在不同艺术领域里的探索和创新。

3．在北京、上海、广州推出电影经典节目，将多部奥斯卡获奖经典影片推荐给中国观众。

4．组织经典电影修复研讨会，与中国电影界共同探讨如何保护中国的经典影片。

实施

1993 年 6 月 8 日，轩尼诗公司在北京王府饭店举行新闻发布会，宣布推出“轩尼诗创意之源”文化艺术系列活动。在其后的几年中，主要的活动有：

1．1993～1995 年分别向谢晋、杜鸣心和吴冠中等中国艺术家颁布“轩尼诗创意和成就奖”，以表彰他们在电影、音乐和绘画领域所取得的突出成就，特别是他们对艺术创新的不断追求。1995 年，轩尼诗公司还向我国青年雕塑家魏小明颁发“轩尼诗创意和成就青年奖”。

2．自 1994 年起，轩尼诗公司连续在北京、上海和广州的电视台黄金时间播出多部奥斯卡获奖经典影片，其中包括《雨中情》《一个美国人在巴黎》《GIGI 金粉世家》《百老汇的旋律》和《叛舰喋血记》等，受到广大观众的欢迎和喜爱。

3．主办“轩尼诗电影修复研讨会”。邀请美国好莱坞著名电影修复专家来华与中国同行共同探讨如何保护中国经典影片。

4．赞助法国绘画大师巴尔蒂斯在中国举办个人画展。活动得到中法两国政府的大力支持。

“轩尼诗创意之源”文化艺术系列活动得到了中国政府的首肯和支持，文化部领导曾多次参加有关的活动。对于这些活动，爱德曼国际公共关系有限公司积极邀请记者予以报道、专访，另外还组织“轩尼诗第一干邑”巡展，让消费者品尝干邑，这些都产生了很好的宣传效应。

评估

1．迄今为止，全国已有近9亿人次从报刊、广播、电视等媒介了解到“轩尼诗创意之源”文化艺术系列活动。

2．给谢晋、吴冠中等中国艺术家颁奖后，轩尼诗公司的形象在中国文化艺术界产生了良好影响，已与中国文化艺术事业联系在一起。

3．通过品尝干邑活动和有关的专访，与目标媒介建立了稳定和良好的关系。

4．一批经典影片的播出，使广大中国消费者进一步了解了轩尼诗公司希望将世界优秀文化遗产与中国人民共同分享的良好愿望。

5．在浓郁的文化艺术氛围中，将轩尼诗公司的企业形象、产品品质完美地呈现给了中国消费者。

【案例思考题】

认真分析上述案例，请思考：我们该如何去比较全面和综合地评估一次大型的公共关系活动?

实训应用

1．实训项目

撰写一篇新闻舆论分析报告。

2．实训目的

通过本实训让我们充分了解到新闻报道对公共关系活动的影响，并能对如何策划新闻报道知识的开拓和实践活动的开展起主要的补充作用。

3．实训内容

各自找一篇有关企业的新闻报道，并对该报道做一次全面的新闻舆论分析。

4．实训要求

主要是找准新闻报道是不是企业自我的一次公共关系活动策划，而且通过此报道企业形象宣传的效果得到增强，并能达到知名度和美誉度都确有一定程度的提高。

5．实训组织

帮助学生参阅一系列最新和最近的报纸和杂志，并指导他们寻找相关的新闻报道。

6．考核方式及成绩评定

考核的方式首先是分析报告的格式是否正确，其次是内容是不是科学和严谨的，最后是看知识面是否广阔。

成绩的评定采取自评和教师综合评定的方法。

第9章 Chapter9

企业与非营利组织公共关系

学习目标

1. 了解企业公共关系的特点，把握企业公共关系工作的主要内容
2. 理解和掌握企业 CI 战略
3. 掌握企业文化建设的重要性和主要内容
4. 掌握非营利组织公共关系工作的特点和主要内容

案例导入

特斯拉“订单门”事件

2014 年 4 月，北京、上海两地陆续有预定特斯拉的客户收到提车通知，但一批 2013 年便向特斯拉预订车辆且交了 25 万订金的车主发现，特斯拉并未按照承诺的以预付款的先后顺序提车。为了讨回“公道”，4 月 14 日，一封由 23 名特斯拉中国客户委托起草的律师函寄往了特斯拉中国，指称：特斯拉在客户不知情的情况下，违背承诺擅自单方面改变交车顺序，未履行交车义务，构成“虚假承诺”，涉嫌对消费者欺诈，并明确要求特斯拉中国公开道歉，尽快按照承诺履行交车并赔偿经济损失。

此事发生在特斯拉创始人兼 CEO 马斯克首次来华之际，对此，马斯克对媒体解释为：在华“交车延迟”是因为“生产是有限量的，我们收到远大于生产量的订单量”。特斯拉中国收到律师函后，提议将在协商达成一致基础上尽快交车，但等待时间仍需要在半年以上。这一提议并没有得到车主认可。

几种协商未果之后，4 月 16 日，特斯拉交车体验专员向

维权车主发来了一封“致歉函”，表示6月上旬交车，但需要车主签署协议，“保证不公开投诉Model S的表现或者特斯拉履行订单协议的表现”。业内人士分析，特斯拉“订单门”的出现，核心原因是充电网络、体验店和服务中心扩张的速度，无法与持续增长的订单数量匹配，根源则是特斯拉中国管理的混乱。

【问题引入】

请结合本案例谈一谈企业形象塑造的重要性。

公共关系的本质是传播组织信息，提高知名度和美誉度，达到形象的塑造和提升。在现代社会里，企业作为社会的基本经济活动单元，在激烈的市场竞争中，更要注意和强调自身产品、企业名称和企业形象的传播，自身品牌才能建立和发展起来。因为现代市场竞争的本质就是品牌的竞争、形象的竞争，这都需要公共关系持久、深入地工作才能获得。因此本章将从企业公共关系的特点、内容、企业的CIS和企业文化等方面来讨论企业如何做好公关工作，如何开展形象塑造和宣传工作。同时，本章还将展望一些典型的非营利组织的主要公共关系活动，以此开拓我们的视野并积累知识。

9.1 企业公共关系概述

公共关系在现代企业的发展中起着越来越重要的作用。一个企业要发展，优质的产品和服务是基础，同时还应该创造出良好的社会关系和社会舆论环境。企业与公众之间的关系搞好了，知名度提高了，企业的发展就有了保证。反之，任何一个企业如果没有良好的形象，设施和产品再好，企业的发展也会受到限制和影响。

在商品经济日益发达、竞争日趋激烈的现代社会，公共关系对企业的作用越来越大，树立良好的组织形象，已不再仅仅是那些大型跨国公司或管理良好的公司的专利，而是成为每个现代企业的共同追求。良好的产品和服务以及由此而形成的良好企业形象，已成为公司竞争力的一部分，甚至成为公司的核心竞争力。牛仔裤、香烟、化妆品都是运用形象战略取胜的典型产品，一些耐用品（如轿车）以及快餐服务、可乐类饮料也以此赢得了顾客的支持和合作。

9.1.1 企业公共关系的特点

市场的竞争是任何企业都面临的首要问题，企业的公共关系工作也必须紧紧围绕这项工作开展，因此，企业的公共关系除了具有树立组织形象、承担社会责任、协调内部关系、沟通外部公众等一般组织都具备的特点外，还表现在与营销工作相结合，具有促进销售的功能。为了更好地使企业的销售业绩提高，企业必须围绕内求团结、外求发展的基本工作思路开展，必须参与到名牌的定位与传播、知名度与美誉度的提高、形象的塑造和传播、顾客忠诚度的培育，特别是在企业整合传播中要起到重要作用并且促成“CS 战略”（顾客满意）的实现，同时也要承担对企业文化的建设和推广。

1. 强调对企业营销工作的服务性　这是企业公共关系的首要特点，强调其对营销工作的服务性。公共关系在市场营销中的作用非常重要。在市场经济条件下，企业之间的竞争非常激烈，企业要想在市场竞争中取胜，不仅要依靠技术竞争、质量竞争、价格竞争和服务竞争等手段，还要依靠信誉竞争，谁在公众中获得了良好信誉，谁就能获得竞争的主动权，企业的良好信誉是无形的财富。因此，任何一个企业都必须通过公共关系，努力树立企业的良好形象和信誉，大力提高企业及其产品品牌的知名度，赢得社会公众的了解和赞许，这样才能立于不败之地。

企业公共关系营销工作的服务性表现在以下方面：

（1）紧密联系社会各个方面，及时提供有关信息。

（2）调查和了解顾客公众的态度，及时进行信息反馈。

（3）布置公关营销活动方案并为大型营销活动提供建议和忠告。

（4）接待来访的顾客，消除顾客的不满。

（5）为树立企业的良好形象和信誉服务。

2. 加强企业公关成本的节约性　其实任何组织都应该关注成本问题，但对企业而言，关注公共关系成本是企业公共关系的第一个特征。对任何一家竞争性的营利组织而言，公共关系的成本都是总经理需要考虑的问题之一。组织的决策层每天都在问同样的问题，各职能部门和生产环节的成本能否再低一些，公关部门当然也不例外，公关部门也必须是有成本效益的。公共关系部要想在企业中生存，它要做的就不仅是建立和维护与员工及邻里的关系，还必须有助于建立一个投资环境，在这个环境中，大小股东都对他们投入的资本所产生的回报感到满意。因此，从这个意义上说，企业公共关系的主要工作就是：帮助市场营销部门吸引新的顾客，维持对产品和服务满意的现有顾客，也就是说，公共关系必须在竞争的环境中为企业的盈利做出贡献。

正因为如此，公共关系部门可能经常会面临来自内部裁员或精简机构的压力，一些不是很了解公关工作性质和作用的股东或员工，可能会指责公关部门不务正业或无所事事，特别是在形势紧张、经济滑坡或竞争增强的情况下，公关部门的生存和发展更会引人关注。因此，企业公关部门和公关人员应该充分关注公关成本及公关效益问题，以及由此而形成的各种压力。

当然，这种讲求公关成本及效益的压力也可能成为激励公关人员努力工作的一种动力，从心理上激发他们的成就感和使命感。因为对公关人员来讲，通过公关工作，把自己在某方面的策划和观点变成现实后，既可以提高企业知名度、塑造组织的良好形象，又能获得良好的社会效益和经济效益，这样在无形中就使公关人员获得了信心和力量，对企业和公关人员个人发展都是非常有利的。

3. 关注产品质量和服务质量的双重性 这是企业公共关系的第三个特点。企业在不停地为它的顾客提供各种类型的产品（劳务或服务），对制造加工类型的企业而言，它们提供的是汽车、家电、啤酒、化妆品等有形的物质产品；对运输公司、仓储公司、旅游公司等而言，它们的产品就是给顾客提供无形服务；对咨询公司、会计事务所、律师事务所，它们的产品同样也是无形的精神产品。

对这些企业而言，企业形象是一系列因素（如产品或服务质量、员工精神面貌、厂容厂貌、企业实力等）综合作用的结果，但产品质量形象无疑是其中最重要的因素。许多成功企业都从创立名牌产品开始，进而树立企业的良好形象。追求产品质量不仅是单个企业的行为，而且越来越成为全球企业的共识和共同行动，全面质量控制、全面质量管理、ISO9000 和 ISO14000 在全球范围内的兴起和扩展就是极好证明。

小案例

“service”之意

服务在英文中叫“service”，原意为协助、帮助（某人），但现在很多人开始这样来理解服务：

“s”表示微笑待客（smile for everyone）。

“e”就是精通业务（excellence in everything to do）。

“r”说明对顾客态度亲切友善（reaching out to every customers with hospitality）。

“v”则是把每一位顾客都视为特殊的和重要的大人物（viewing every customers on special）。

“i”就是要邀请每一位顾客下次再度光临（inviting your customers to return）。

“c”表明为顾客营造一个温馨的服务环境（creating a warm atmosphere）。

“e”要求用眼神表达对顾客的关心（eye contact that shows we care）。

4. 推动企业公关工作的全员性 在企业内部推行全员 PR 原则和树立全员公关意识。全员 PR 原则就是指一切公关人员对公关工作无论对内对外，都要立足于全员动手，紧密合作。而全员公关意识，就是要求企业的每个职工都有强烈的为企业增辉的意识，如果每个职工都有这种意识并以此为荣，该企业一定会蒸蒸日上。全员公关是“组织内部公关的最高境界”。全员公关意识一旦形成，一定会给企业的发展带来勃勃生机，从而促进企业经济效益的提高。

5. 培育外围公共关系的竞合性 在超强竞争时代，企业要想取胜就得争取主动，就得和别人合作，因此，聪明的企业和它的企业主管总是在合作中寻求双赢，这反映在他们对待交易与对待员工的态度上，也反映在他们与竞争者的关系上。这些聪明的企业经常与另一家企业既合作又竞争，而且这种既合作又竞争的现象越来越普遍，人们甚至因此而创造了一个新词“竞合”（co-competition）。传统的客户观把客户当成被征服的对象，而这种态度可能惹恼客户。

与竞争对手合作正在成为越来越多现代企业的成功之道。日本的索尼公司和荷兰的飞利浦公司都是光盘的主要制造商和竞争对手，但它们却就光盘的设计标准达成了协议，而两家公司都从这种合作中大大受益。在美国，有一家小型超市，不仅要求它的店员为客人提供热情周到的服务，还有一项看起来不可思议的要求，那就是顾客在店中没有买到称心如意的商品时，店员要向顾客介绍附近几家可以买到该商品的商店。“天啊，把自己的顾客介绍给竞争对手！生意还可以这样做吗？”回答是肯定的，这家商店的生意后来越做越大，因为它不仅为顾客着想，还赢得了竞争对手的合作和信赖，也为自己赢得了更多的机会。

在寻找伙伴和维护商业生态系统稳定方面，公共关系部门可以发挥比其他部门更大的作用。因为，对外宣传标准的确定，对群落成员的监督和争端的解决，都与公共关系部门密切相关，而这些工作完成的好坏直接影响商业生态系统的培育和完善。

9.1.2 企业公关工作的主要内容

企业的公共关系同一般公共关系一样，也是通过与其公众的协调、沟通和传播，树立和维护企业的良好形象。但企业公共关系在企业中的作用应该突出地表现在两个方面，即内求团结、外求发展。

1. 做好内部沟通，增强团队的凝聚力和向心力 处理和内部员工、股东的关系是公共关系部门的重要工作之一。通过沟通，建立组织内部和谐的人际关系，进而培育团队精神，这是内部公共关系的主要目标。对此，公关部门主要应做好或协助做好以下几项工作。

（1）推动决策民主化、公开化，实现内部信息共享。在战场上，统帅是军队的灵魂和核心，掌握着进行每一步行动的信息，他不会让下级军官和士兵来分享他所掌握的信息。三国时的诸葛亮决定用“空城计”对付拥有绝对优势的魏兵时，我们很难想象，当所有士兵都知道真相后，会是什么结果。红军长征时，“四渡赤水”的官兵中，除了极少高级将领，没有人知道为什么会四渡赤水河，对士兵而言，他们的唯一选择就是服从军令。但在现代企业中这种做法是绝对行不通的，现代企业都力求实现决策的民主化和公开化，公共关系部门则在这个方面扮演了非常主要的角色。

办好内刊是公共关系部门为此而进行的一项主要工作。这种企业自编自办发行、免费提供给员工阅读的内部刊物，是企业决策民主化、公开化的主要窗口，也是企业内部正式沟通的媒介。它可以让企业以自己的语言、自己的方式，不断地或不走样地传播那些对于实现组织目标至关重要的信息，给企业提供一个传播的手段。

为了使这些刊物更吸引内部员工，内部刊物登载的都是员工关心的事情，如企业经营宗旨、服务方向和目标及其调整变化，企业人事变动，企业生产经营状况、工资、福利和生活条件的改进，企业新获得的荣誉，企业中的先进个人、集体及其业绩，员工的批评意见或合理化建议，竞争对手动态等。

企业办刊可以采用简单的时事通讯、一张小报的形式，也可以采用那种把报纸的版式和杂志风格结合起来的“大报”形式。在美国，绝大多数企业都有自己的刊物，有的企业还不止一种，如通用汽车公司内部刊物就有 37 种之多，总发行量达 90 万份，福特公司的《福特时报》（*Ford Time*）、克莱斯勒公司的《友谊》（*Friend*）的发行量更是高达 150 万份。在一些跨国公司或职员来自不同语种国家的公司，甚至还发行多语种报纸，如西瓦・盖基加拿大有限公司就用英语和法语两种语言出版其内刊。封面和中心装订线的页面是一种语言，把这个出版物翻个面，封底就变成了另一半以另一种语言出版的封面。

除了正式出版的内刊，公关部门还可充分利用各种传播媒介与内部公众沟通，如墙报、宣传栏、标语、简报、闭路电视、告示牌、手册、内部信函及有线广播等，陈列和展览也是可以利用的手段。随着网络技术的不断发展，电子邮件和企业内联网正成为企业内部员工之间、员工和高层领导之间沟通的极好工具。如爱立信公司为了使自己遍布全球的员工（特别是研究人员）交流更方便，已将分布在全球 30 个国家的 40 个研究中心中的 1.7 万名工程师，联成一个专用的网络；美国施乐公司专门建立了一个名为“知识地平线”的内联网，认为这样有助于创造一个充满和谐的气氛，有利于员工之间进行公开、坦诚的交流。

（2）激发员工的参与意识，完善员工参与制度。对企业而言，员工参与意识的增强是无价之宝。因此，成功企业的公关部门总是想方设法激发员工的参与意识，并不断完善员工参与制度，使每个员工都可发表自己对企业的意见、看法、观念，都有机会体验企业“当家人”的感觉。

小案例

松下电器公司的公共关系活动

每天上午 8 时，松下公司遍布各地的数万名职工都在背诵企业的信条，放声高唱《松下之歌》，松下电器公司是日本第一家有精神价值观和公司之歌的企业。

松下先生十分强调“人情味”的管理，学会合理的感情投资和感情激励，即拍肩膀、送红包和请吃饭。

为了消除内耗，减轻员工的压力，松下公司公共关系部还专门开辟一间“出气室”，里面摆着公司大大小小行政人员与管理人员的橡皮塑像，旁边还放上几根木棒、铁棍，假如哪位职工对自己某位主管不满，心里有怨气，你可以随时到这里，对着他的塑像拳脚相加棒打一顿，以解心中积郁的闷气。过后，有关人员还会找你谈心聊天，沟通思想，给你解惑指引。

松下电器公司不仅鼓励员工随时向公司提供建议，而且由职工选举，成立了一个旨在推动提供合理化建议的委员会并在职工中广为流传，收到了良好效果。1975 年 1 月 10 日，公司的技术部有职工 1 500 名，提案就多达 7.5 万件，平均每人 50 多件；1976 年，全公司 6 万多员工共提出 663 475 条建议，其中被采用的达 61 299 条。公司对每个提案都认真对待，及时、公正地评审，视其价值大小给予奖励，即使没采用，公司也给适当奖励。仅 1976 年，公司用于奖励合理化建议就支出 30 万美元，而职工合理化建议所产生的经济效益则远远不止 30 万美元，松下公司劳工关系处处长阿苏津说：“即使我们不公开提倡，各种提案仍会源源而来，我们的职工随时随地——在家里、在火车上，甚至在厕所里，都在思索提案。”公司创始人松下幸之助希望每个员工都参与管理，每个员工都视自己为其工作领域的“总裁”。

并非每个员工都会主动地发表自己的意见、参与到组织的经营管理中来，这就要求企业公关部门做好以下工作：

1）编发合理化建议手册，并告诉员工如何向企业提出合理化建议。

2）将合理化建议制度化、规范化。

3）设立合理化建议评审委员会和奖励基金。

4）定期组织员工之间在这方面的业务交流，促使他们不断提高。

（3）重视文化网络建设，培育员工团队精神。企业文化理论中的文化网络，是指那种非建制型的信息传播渠道，它常常与非正式组织联系在一起，交流和传递非正式的文化信息，而不是官方信息。

企业的正式组织都以培育团队精神为己任，但事实上，非正式组织在这方面做得更好。非正式组织虽然没有共同目标，成员和活动经常发生变化，组织也是靠习惯和感情来维系，但它往往具有很强的凝聚力和特殊的力量。因此，管理者为了确切地知道人们真正在想什么，以及想要影响人们的日常行为方式，他采取的应该是这样一种办法：承认这种文化网络的存在和重要性，因势利导地管理和开发此种网络，通过这种网络不断地传播和强化公司的信仰和价值观，以保持文化的生命力，并使之深深渗透到企业的各阶层、各部门和员工内心中。

日本的 QC 小组（质量管理小组）和 ZD 运动小组（零缺陷运动小组），就是这种文化网络下的杰作。通过这些活动，不仅节约了经费，提高了效率，也增强了团队精神。但 QC 小组传到中国并变成一种官方自上而下的活动后，效果就大打折扣了。

为了增进感情，培育团队精神，公共关系部门还可定期举办各种形式的座谈会、交流会、联欢会、体育比赛、文艺娱乐等活动。

2. 整合各项资源，推动市场营销 营销是现代企业管理的核心工作，企业所有的活动都得围绕市场营销工作来开展。企业外部公共关系实务是企业市场经营功能的一部分，即运用各种有效的传播媒介，在推广企业整体形象的基础上，促进公众对企业产品的了解、好感和信任，提高企业的市场竞争能力。公共关系的促销手段成了传统的市场促销系统的重要补充。如通过新闻传播、公关广告，策划各种丰富多彩的公关活动，使企业的市场促销活动更加多元化，更容易获得消费者的接受和欢迎。

（1）公共关系在市场营销中的地位日益重要。现代市场竞争已发展到企业之间整体的形象竞争、信誉竞争。公共关系作为一种形象传播艺术，已成为现代企业的一种重要的竞争策略和手段，其作用随着市场经济的发展而日显重要。在传统的市场营销策略组合（一般简称为 4Ps）中，公共关系属于“促销策略”中的一个因素。

现代市场营销理论，日益重视公共关系的因素，将它从“促销策略”中独立出来，成为一个单独的“公共策略”。比如，在 4Ps 基础上发展起来的 6Ps 就是在上述“产品策略”“价格策略”“渠道策略”“促销策略”的基础上，增加了“政治权力”（political power）和“公共关系”（public relations），体现出公共关系在市场营销中日益重要的作用。这种作用与传统的促销策略相比较，在营销的任务、对象、方式、功能、效果等方面，都具有不同的特点。

（2）公共关系与广告策划的相互融合。广告，无论从表现手法、策划创意上讲，还是从营销目标、市场战略上看，都与公共关系有着千丝万缕的联系。

据统计，世界上有 80%的公共关系公司是与广告公司融为一体的，它们不是从属于广告公司，便是与广告公司同属一个传播集团。在我国，广告公司与公共关系公司的业务也是大量交叉的。

在广告的发展前期，广告作为企业的一种促销手段，它以推销产品、推销服务为核心内容。公共关系的发展前期则侧重于人际关系，强调人的关系和谐，并慢慢转向对个体与社会形象的重视。从起点上讲，公共关系与广告完全出自不同的领域，具有不同的功能。然而，随着企业竞争日益激烈、市场格局日益复杂，广告与公共关系的功能都开始延伸。广告的功能从简单促销，向宣传推广甚至改变人们的思维习惯与观念方向发展，企业形象与信誉的树立被日益重视，着眼点更趋长远。公共关系运作中，塑造组织形象逐步成为统率整体公关运作的核心，公共关系从被动适应环境向主动改良环境、积极影响环境、努力营造环境转移。由于广告与公共关系内涵的拓展，二者之间逐步互相交叉、互相汇流、互相补充，成为企业对外传播中不可分割的两大工具。从企业对外传播的角度来看，企业广告与企业公关的联系是紧密的，表现为以下四个方面。

1）都以企业的市场营销战略为依据。无论是广告还是公关，都是企业市场营销战略中的重要组成部分。从目的性角度来看，广告与公关的目的必须为企业的市场营销战略服务。

2）都以目标公众为对象。无论广告还是公关，都会针对特定的公众（在广告中则常用“潜在消费者”这个词）来展开，并根据目标公众的差异，采取不同的策略。

3）都以传播信息为手段。尽管广告和公关的工作方式有所不同，但传播信息的理念是一致的。如果离开了传播，广告创意与公关策划都只能是纸上谈兵。因此，广告与公关都大量地研究传播规模和传播方式，认真研究公众的接受心理，努力探索传播策略，以达到最佳的传播效果。

4）都以形象的塑造为使命。无论广告还是公关，都是为了将组织的形象、产品的形象、观念的形象有效地传递给受众，让受众喜悦、接纳并加以选择。综上所述，CI战略、广告策划与公共关系有着亲近的“血缘”关系，作为公共关系工作人员必须熟悉CI战略、广告及广告策划方面的知识。从下一节开始，我们将对CI战略与广告策划做一个较详尽的介绍。

小案例

阿迪达斯“苏亚雷斯‘咬人’”广告

2014年6月25日，巴西世界杯小组赛，意大利对阵乌拉圭的比赛中，乌拉圭队的苏亚雷斯在拼抢中咬了意大利后卫基耶利尼。随即，苏亚雷斯所代言的阿迪达斯通过官方微博发布广告，“一咬牙就过去了”的文案看起来完全对应了比赛的进程，画面上苏亚雷斯狰狞的表情也让人浮想联翩。广告首当其冲受到意大利球迷乃至很多中立球迷的口诛笔伐。

对此，阿迪达斯迅速删除该广告，以及所有与苏亚雷斯相关的广告撤出此次世界杯宣传的行列。阿迪达斯同时声明称："阿迪达斯完全支持国际足联的决定，并且绝对不会纵容和允许苏亚雷斯最近的行为。我们将一如既往地像要求所有旗下球员一样，高标准要求苏亚雷斯。而且，未来一段时间的世界杯期间，苏亚雷斯将不会再出现在我们的商场推广中。一如既往，阿迪达斯与苏亚雷斯的合作关系将维持不变，我们将和苏亚雷斯及其团队就双方的合作关系展开对话。"在阿迪达斯足球产品的 Twitter 主页上，背景图片已经没有了苏亚雷斯。

3. 加强对外传播，维系良好关系 在加强对外传播、维系良好关系方面，企业与一般组织的差别并不太大，只不过企业有它的特殊公众。因此，我们在这里只就企业一些特殊类型的公众对象，谈谈如何开展公共关系工作。

（1）工业企业对供应商公共关系工作的主要内容。

1）向供应商提供有关资料，帮助其了解企业的生产程序、生产能力、需要的产品类型、质量标准和进货周期。

2）让供应商了解企业与采购有关的购买、验收、检查、会计等部门的工作方式和检查标准。

3）收集供应商对企业政策、采购制度、付款方式的意见和建议。

4）通过供应商了解社会环境和供货品种的市场变化趋势。

5）建立双方长期友好的合作关系，谋求双方共同利益的发展。

（2）企业对经销商（代理商）公共关系工作的主要内容。

1）向经销商、代理商介绍本企业的政策方针、生产状况及能力、经营方式及产品性能，培养经销商、代理商对企业及其产品的信心。

2）向经销商提供产品服务、技术支持、售后服务、广告支持等。

3）了解经销商对企业产品的性能、价格、质量、代理方式等的意见和建议，并通过经销商了解企业产品及整体形象。

4）通过多种方式与经销商和代理商相互交流和沟通，建立双方良好的合作关系。

4. 通过 CI 策划，塑造组织形象 在中文中，我们习惯上将 CI 翻译为企业形象识别或组织形象识别，而将有关企业（组织）形象识别系统的运筹、谋划、设计称为 CI 策划。

CI 策划是一项科学的、循序渐进的计划性活动，必须精心组织、合理规划，我们将在下一节详细讨论 CI 系统。

训练与练习

1．简述企业公共关系的特点。

2．如何理解企业公共关系在企业中的作用突出表现在内求团结、外求发展两个方面?

9.2 企业CI战略

9.2.1 CI概念与功能

CI战略是企业总体战略中的重要组成部分，是为了树立良好的企业形象而制定的企业个别战略。企业形象只有深刻地贮存在消费者的头脑里，消费者才能将享用欲、需求欲即刻转化为消费欲或消费行为。因此，首先要明确CI的概念和构成要素，掌握CI的功能，了解CI战略。

1. CI的定义 CI的英文全称是“corporate identity”。corporate的意思是企业、组织、机构、团体；identity的意思是识别、证明、同一性、一贯性。所谓CI就是一个企业为了塑造形象，通过统一的视觉理论设计，运用整体沟通系统，将其经营观念、企业文化和社会生产活动的信息传递出去，以凸显企业的个性与精神，从而使社会公众产生认同感的战略性活动和职能。

怎样理解CI的概念？首先，它是一种信息传递行为，将企业文化、经营观念以及社会生产活动的一切信息都传递出去，从而建立知名度、美誉度和价值观；其次，企业导入CI的目标是为了塑造企业形象；最后，企业导入CI，是以社会公众的认同感和消费群体的价值观为最终目的。

2. CI的构成要素 传统的理论认为CI的构成要素主要由理念识别（mind identity，MI）、行为识别（behavior identity，BI）和视觉识别（visual identity，VI）三部分组成，在后来的很多企业实际运用中，又增加了听觉识别（AI）和环境识别（EI）及组织综合感觉形象系统等，因此现在就成了CIS综合系统理论。其中MI是企业的思想和灵魂，即企业的想法，它是CI战略的核心；BI是在理念指导下的企业的一切经营管理行为，即企业的做法；VI是企业理念的具体化、视觉化。本章主要是讲解前三大系统结构，这是企业CI战略的重要构成体系。

3. CI的功能 导入CI计划，不仅会大大提高企业的形象，同时还会为企业带来活力，为企业带来内部与外部多方面的显著效益。CI的功能主要表现在如下几个方面。

（1）增强企业的市场开拓力。CI计划能提高企业的知名度，加强消费者对企业的科学管理及产品质量的了解，增强企业与产品的竞争力。在现今市场同类产品特色无明显差异的情况下，特别是企业的新产品加入竞争产品市场时，良好的企业形象将会促使消费者容易信赖与接受企业的产品。

（2）强化企业信息的沟通。CI 计划将能借助完善而规范的 VIS（视觉识别系统）的实施，更好地统一企业形象，发挥沟通传达、相乘累进的效果。它能大大提高社会大众对企业识别系统的认知，提高企业信息的沟通效率，以赢得更广泛的消费者。

（3）激励企业内部员工的士气。CI 计划的导入实施，将改善组织气候，对企业内部的运作机制产生良好的正面影响，能加强管理人员对企业目标的管理，提高员工士气，加强沟通工作，进而提高产品与服务质量，并能带动对关系企业的共同意识与认同，团结关系企业，加强各公司的归属感与向心力，为企业整体的发展而努力。

（4）有利于高素质人才的加盟。企业要大批吸收高素质的人才，才能储存生产能量，保证生产技术与产品开发，才能坚定人才的选择意向。CI 战略的实施为企业塑造的良好形象，有利于企业吸引更多高素质的人才投身于企业发展。

（5）增强金融机构和股东的好感与信心。成功的 CI 计划是企业组织完善、制度健全的象征，不仅能增强消费大众的好感，同时也能增强金融机构的好感，提高股东对企业的信心，从而增大企业的融资与投资机会。

（6）协调经费的合理使用。CI 计划的实施，能使企业的经费走向合理化的管理，减少浪费；企业内部各部门或其关系企业的相关事务用品、视觉的识别物等方面，都能在 CI 手册中制定的规范化、统一化原则下执行，从而减少沟通时间上和重复作业上的浪费。

4. CIS 战略 CIS 的英语全称是“corporate identity system”，其中“system”是指系统的意思，合起来就是“企业统一化系统”，其实就是企业识别系统，也可称为企业形象战略。它是 CI 战略的一个实施系统，是一个可以规范的、可以控制的，能够保证 CI 战略顺利实施的具体操作系统。CIS 战略由三个识别系统组合而成，即理念识别系统（MIS），行为识别系统（BIS）和视觉识别系统（VIS）。这三者之间各有其特定的内容，它们相互联系、逐级制约、共同作用、有机配合。

企业建立 CIS 战略是很有必要的。从凸显企业形象的角度而言，CIS 战略是对一家企业的综合识别和确认，也是对一家企业的综合评价和估量，可以保证企业立于市场竞争的制高点，是一个有效的竞争策略。

在当今信息时代，不管是企业的传播沟通，还是企业的形象推销，进行 CIS 战略都是必然的发展趋势，它可以推进我们的企业与国际市场接轨，接受新一轮的市场竞争和加强企业凝聚力，成为凝聚合力的起点。

小案例

佳和集团的企业识别系统

佳和集团是一家多元化、跨国性的企业集团。佳和集团导入 CIS 工程的历程：1994 年 5 月，为了有效推动 CIS 业务，成立 CIS 筹备小组。1994 年 7 月，委托“联文设计”负责集团的 CIS 设计工作。1994 年 12 月，集团英文名称正式命名为“CHIA HEIR GROUP”，其中 CHIA 代表“佳”；HEIR 英文原意代表传承。整体来说代表集团历史悠久、重视人力培育，以诚信、公平、合情、合理的理念与精神，创造佳绩、永续经营，生生不息的发展。1998 年 10 月，企业识别系统正式对外发表。

佳和集团企业识别标志以英文名称 C、H 为构图基础，结合双手、地球及眼睛的造型，传达佳和集团携手团结、前瞻发展的国际形象。C、H 线条表现出来犹如有力的双手，护住中央象征经营核心的圆形，代表各关系公司携手合作，同心协力，为共同的事业理想奋斗。厚实的双手环抱中央地球的圆形，也代表拥有人才与资金，资源丰沛，基础稳固，迈向多元化、国际化发展，成为世界性的跨国企业集团。双 C 线条左右对称，有互动、前进的动感；中心的圆象征圆融、圆满，两者结合，传达企业的朝气、活力与热力，代表以亲切、圆融、圆满的服务，与客户和谐互动，共同进步成长。整体构图并呈现“太极”，万物之源，无限繁衍的意象。H 代表 harmony、honest，象征诚信经营，客户关系和谐融洽，组织一片祥和。以地球为中心的眼睛造型，代表经营触角灵活、敏锐、前瞻，以放眼国际的襟怀，积极进行投资，事业体系日益壮大，深入全球市场。企业标志色彩为红色与橘色，中央红色代表太阳及能源，两旁对称的橘色，则代表散发的光芒与热力，整体色彩象征佳和集团凝聚热能，散发温暖，关怀社会，开创温馨美好的明日远景。

9.2.2　组织理念识别设计

企业理念简称 MI，是指企业经营观念与企业经营战略的统一化和定位，它体现了一个企业的文化准则、信仰和观念。企业进行组织理念识别设计，必须从企业自身条件出发，根据企业的历史发展趋势以及企业的未来发展方向来组织理念设计。

1. 组织理念设计的原则　MI 是企业的灵魂，它对企业的发展方向、决策、组织、经营以及增强职工向心力起着主导作用。在企业组织理念设计中，须遵循 3W 原则：

（1）Who are you，即“我是谁”，包括本企业的发展情况，从事的事业以及外部环境与企业的融合与合作。

（2）Where to go，即“到哪里去”，就是企业的未来发展方向，从事经营领域等。

（3）How to go，即“怎样去”，就是企业未来所达到的、自己的预期目标所采用的战术、战略等。例：

康佳的 MI 如下。

1981 年：爱厂爱国、团结协作、遵纪守法、好学上进。

1990～1998 年：我为你，你为他，人人为康佳，康佳为国家。

1998 年后：It’s contact——品牌。

由此可见，现代企业的 MI 越来越抽象化和具有长远性，更有利于树立企业的品牌和形象。

2. 组织理念设计的内容 企业成功最重要的原因是要有一种比别人强的能力，我们衡量一个企业是否成功的标志就是看其产品是否适销对路。如果企业的理念脱离了企业所面临的客观环境，这种理念就会给企业带来一定的恶果，因而，设计理念内容对企业来说是十分重要的。

（1）企业使命。企业使命是企业的基础定位，是企业由于社会责任、义务所承担的或者由本企业自身发展所规定的行为。企业使命的运作意义，是为了增强企业员工的凝聚力，使员工产生使命感，满足员工自我实现的需求；激励员工，使内部员工上下沟通，达成共识，赢得社会支持，开发新顾客，找到企业短期、长期利益结合点。对于企业员工来说，每个人的需求不同，其使命感就不同。

（2）经营哲学。经营哲学是依据特定的思想来经营企业的基本政策和价值观。特定的思想是指企业精神、企业性格；基本政策是指企业经营方针的取向；价值观是指企业利益和分配制度，其重点是落实到价值上。经营哲学是企业文化的支撑点，是企业一切行为的逻辑起点，它能够使企业产生向心力，直接控制企业的行为。

（3）企业精神。企业精神建立在共同价值观的基础上，是为企业内部公众所认同和接受的一种群体意识。企业精神要求必须符合市场规律和时代趋势，与企业战略目标相结合。企业精神的本质首先是个性，包括共同信念、价值观念、经营宗旨、风格风尚等，从而形成综合集成的企业个性特征。

（4）经营方针。经营方针是企业日常经营的最高原则，是企业对内的行为纲领和对外的姿态。对于经营方针的运作条件是不在具体做法上设立限制性条款，而是对企业运行的轨道做出限制。在市场经济条件下，每个企业都必须确立自己的经营方针。当今社会，企业所处的零距离社会环境和市场细分，使企业必须更加重视市场、自然、环境三者的对立与统一。

3. 组织理念设计的步骤　企业的理念设计是塑造企业形象的“中枢”。为构筑企业准确定位的形象，企业组织理念设计应具备以下步骤：

（1）培育颇具个性的企业精神。俗话说，塑人要塑其神韵。同样，塑造企业形象，最根本的就在于培育企业精神。企业精神是企业的精神支柱，是企业之魂。

（2）确立与众不同的经营理念。这是企业所从事的经营活动和商务活动能否达到预期目标的重要条件之一。这家企业经营是否成熟，是否具有现代意识，一个重要的识别和评判标准就是看这家企业是否确立了独具一格的公司哲学和经营理念。

（3）企业理念设计应体现企业价值追求的形象口号。企业的形象口号将品牌的内涵、服务的特色、价值的取向融会贯通，反映并凸显企业所追求的经济效益和社会效益的最大化。

小案例

知名企业的理念

1．IBM

公司信念——尊重个人、顾客至上、追求完美。

商业道德规范——IBM 的推销人员在任何情形下都不可批评竞争对手的产品，如果对手已接顾客订单，切勿游说顾客改变主意，推销人员绝对不可为获得订单而提出贿赂。

座右铭——诚实。

公司口号——IBM 就是服务。

2．麦当劳

经营原则——麦当劳为世人提供品质上乘、服务周到、地方清洁、物有所值的产品和服务。

经营口号——顾客永远是最重要的，服务是无价的，公司是大家的。

干部标准——忠实、吃苦耐劳、献身精神。

3．杜邦

企业口号——为了更好地生活，制造更好的产品。

4．松下

企业精神——产业报国，光明正大，友好一致，奋斗向上，礼节谦让，顺应同化，感激报恩。

经营原则——鼓励进步，增进社会福利并致力于世界文化的进一步发展。

员工信条——只有全体员工和睦相处、共同努力，才有进步、发展和希望；全体员工应本着至诚、团结之精神，为社会尽力。

企业宗旨——以生产、再生产，无穷尽地供应物质产品和建设乐土为宗旨。

人才思想——松下电器公司是造就人才的公司并制造电器用品。

5．同仁堂

经营宗旨——同修仁德，济世养生。

古训——炮制虽精必不敢省人工，品味虽贵必不敢省物力。

9.2.3 组织行为识别设计

企业行为识别是指通过企业自身的经营行为将企业理念识别转换成特定的行为信息，而进行有效的沟通传播。对于行为信息，要具有观念的稳定性和行为的适应性。企业行为识别设计的前提是企业独特的经营思想，进而形成组织的经营策略。

1. 组织经营策略设计 企业经营策略是指企业识别行为的内容、形式、方法、场合和时间。根据行为识别（BI）做策略性应用，它是企业经营理念的重要内涵。组织经营策略的设计应遵循以下原则。

（1）将企业的价值观用经营行为表现出来，强调经营决策的科学性。

（2）始终保持较高的工作效益，明确决策目标以及决策的经济性、可行性。

（3）服从企业经营管理宗旨，集中体现在经济的效益观念、质量观念、市场观念、时间与信息观念、开拓创新观念、人才观念、企业文化观念等。

组织经营策略的设计是企业经营策略的保证，也是BI的重要内容。组织经营策略设计应注意统一性，即企业经营策略行为要与企业理念相统一，企业的策略活动要做上下、内外一致；塑造组织经营策略设计还应注意独立性，明确目标，拟订可行方案，落实和反馈方案，即企业在经营策略上应该体现与竞争对手之间的差异。

2. 组织结构设计 企业组织结构设计就是对组织活动和组织机构的设计过程，是一种把任务、责任、权利和利益进行有效组合和协调的活动。其目的是协调企业中人与事、人与人的关系，最大限度地发挥人的积极性，提高工作效率，更好地实现组织目标。

组织结构应遵循的原则如下：

（1）目标任务原则。根据企业的目标和任务的实际需要设计企业组织机构和职位。

（2）统一指挥、分级管理原则。这是组织活动中的一个基本原则。

（3）职、责、权、利、奖、罚对等原则。为避免有责无权、责大权小或者有权无责、权大责小等现象就要遵循此原则。

（4）有效管理幅度原则。应着重考虑组织运行的有效性。

对于组织结构设计，一般有直线制、职能制、直线职能制、事业部制和矩阵结构制五种类型。

3. 组织行为规范设计　企业 BI 包括对内的一系列行为规范：创造一个理想的对内经营条件，使企业经营理念得到内部员工的认同；同时还包括对外的一系列行为规范：创造一个有利于企业发展的外部环境，使企业的思想、文化等得到社会大众的认同。

（1）企业内部行为规范设计。企业内部行为规范就是 BI 在企业内部对企业员工的传播行为，是为了使企业的理念和行为获得全体员工的认同，也称为企业自我认同，由以下几部分构成：

1）管理者行为规范识别，是将 MI 理念的构成和 BI 行为的发起结合到管理者的阶层并付诸实施，是管理者运用自己的职责和权利通过行为和决策将企业理念传播给公众的行为。

2）员工行为规范，包括员工激励、员工培训、职业经理生涯、自主创业计划等。

3）企业服务环境，是有关企业综合形象的主观感受，包括附属机构的设立和日常办公设施的齐全，如办公环境设计以及福利设施和交通设施。

（2）企业外部行为规范设计。企业外部行为规范设计是企业通过特殊媒介向外部公关、传达企业形象信息的活动总和。企业进行企业外部行为规范设计，必须采取多种多样的外部活动，强调战略和战术相结合，以重大突出的社会实践为契机。

企业外部行为规范设计包括企业市场营销活动、企业公共关系活动、企业的广告活动等，以此建立企业对外服务体系。

9.2.4　组织视觉识别设计

所谓企业视觉识别设计，实质上是指通过视觉识别的设计开发，充分展示企业理念、企业宗旨的一种标志。视觉识别设计是 CI 设计中最为直观、具体的识别体系，它与社会公众的联系最为密切、贴近。它是在确立企业经营理念与战略目标的基础上，运用视觉传达设计的方法，根据与一切经营有关的媒体要求，设计出系统的识别符号，以刻画企业的个性，突出企业的精神，从而使社会公众和企业员工对企业产生一致的认同感和价值观。

1. 组织视觉识别设计的原则

（1）以 MI 为核心的原则。相对于 VI 设计，最重要的区别在于视觉设计以其中的设计要素为传达企业理念、企业精神的重要载体，优秀的 VI 设计无不是在表达企业理念方面取得成功的。

（2）人性化设计的原则。现代企业视觉设计，需要以充满人性的作品来使消费者接纳，使人感到被关心的亲和感，这是现代视觉设计的基本点。

（3）美学的原则。视觉识别设计是指要在视觉方面给人美的感受，因而 VI 设计应该具有美感。

（4）民族化设计的原则。因为各个民族思维模式不同，在颜色、语言等的沟通上也存在着差异，所以在 VI 设计时，应该考虑带有民族特色的设计。

（5）化繁为简、化抽象为具体、化静为动的习惯性设计原则。现代设计变化很多并且趋向丰富化，在发展过程中也形成了许多习惯性，因而必须遵循此原则。

（6）法律的原则。企业的一切经营活动都必须是合法化的，VI 设计也不例外，必须符合商业法规，如《中国商业法》等。

2. 视觉识别基本要素的设计 VI 基本设计系统的主要构成要素有企业名称、商品名称、企业商标、企业标志、标准色和标准字体等。

（1）商品名称和企业名称开发设计原则。

1）不要在形象危机和公关危机时更改商品和企业名称。

2）企业名称所蕴含的企业形象要求涵盖商品名称。

3）企业名称应适合于对产品的描述。

（2）企业商标的开发和设计。商标保护企业经营者免受不正当竞争威胁，商标种类分为无意义商标、无识记商标、联想式商标、描述式商标等。

（3）企业标志设计的原则和要求。

1）寓意深刻，构图简洁，易于识别，便于传播，新颖别致，独具一格。

2）在标志设计的同时，应有口号。

3）若运用动物、人物作为标志，这些标志应是宠物或被人们喜爱的人。

4）符合美的效果，选用世界通用的形态语言。

5）实现个性和共性的有机结合。

（4）进行企业标志设计时应遵循的四种衡量标准。

1）清晰而不是模糊，首创而不是模仿。

2）内涵丰富，能传达企业理念。

3）适用于所有的广告媒体。

4）能够让公众产生联想。

（5）企业标准字设计的程序。

1）对与企业相关的标准字进行调查分析。

2）确定标准字的基本造型。

3）配置标准字的色泽形态。

4）统一字体形象。

5）标准字的编排设计。

（6）企业标准色设计开发程序。

1）企业色彩情况调查阶段。

2）表现概念、理念阶段。

3）色彩形象展示阶段。

4）效果测试阶段。

5）色彩管理阶段。

6）监督管理阶段。

3. 视觉识别应用要素的设计　VI 应用识别系统包括包装用品类、服制和服饰类、招牌和户外标示、店铺环境设计、大众传播广告设计等。

（1）包装设计的开发要素。包装应能起到传媒的作用；包装应能吸引人的注意；注意图文并茂，色差、色块的运用，其中单行文字信息不应超过 14 个字；包装应适用运输并且有利于降低其管理费用。

如柯达公司的产品包装：

1）柯达的“k”字，多次放大，增加“k”字，从而加深对产品的第一识别力。

2）采用单纯的黄色作为包装颜色，加强对消费者的吸引力。

3）全球性的统一包装标志色彩，做到包装的无差异化。

（2）制服和服饰类。员工服饰设计应遵循识别性原则，服从企业观念的构思；遵循适用性原则，基于行业特色的构思；遵循视觉统一化原则，基于企业视觉结构的构思。

（3）招牌和户外标示设计所遵循的原则。它包括趋于统一化原则，标准字、标准色维持原则和风格一致化原则。

（4）店铺环境开发设计原则。

1）店铺视觉开发遵循醒目原则，能够让商品区和店内人流达到协调。

2）视觉风格趋于柔和，避免极端和个性的设计。

3）门面优先原则。

（5）大众传播广告设计应遵循的原则。

1）单纯明确、主题突出，既造成短期轰动效应，又要看长远的宣传规划。

2）创意独特、形象生动、情景交融、真情实意。

3）追求情趣，手法多样，准确和快速传达企业信息，注意各方信息反馈。

4）图文呼应，形象统一，注意视觉传达上的统一性，重视主题内容创造性的表达。

9.2.5　组织非视觉感官识别设计

企业进行 CI 设计，除了要做 MI、BI、VI 设计以外，还有非视觉感官识别设计和组织综合感觉形象设计，在下面的内容中我们将做重点介绍。

非视觉感官识别设计也是 CI 设计的一个重要组成部分，CI 作为企业信息传播与沟通的体系，也必须借助于非视觉感官识别设计，即声符语言识别设计和音乐识别设计。

1. 声符语言识别设计 语言是一种符号，在现代信息科学中所指的“语言”，内涵与外延更广泛，它超越了“自然语言”的界定，而被广泛理解为能够贮存和传递信息的个人符号系统，所以在声符语言识别设计上，可以以“语言非语言”“有声/无声”这两个维度进行划分。

（1）有声语言设计。有声语言即自然语言，就是发出声音的口头语言，它是人类交际中最基本的一种表达方式。其时效性很强，并且信息交流过程和信息反馈过程是同步进行的。

（2）无声语言设计。无声语言即文字符号形式，其运用范围很广，但信息反馈不及有声语言媒介迅速。

（3）有声非语言设计。有声非语言即类语言，其实就是说话时的重读、语调、笑声和掌声等。

（4）无声非语言设计。无声非语言就是指各种人体语言，即人的动作表情、传递信息的一种无声伴随语言，也可称为肢体语言。在 CI 中，员工许多行为都是通过一定的肢体语言加以识别和体现的。

2. 音乐识别设计 企业识别设计是建立企业形象的有效途径，是一个完整的、科学的、可操作的和可控制的系统化战略体系，而 CI 设计的综合性特点就具体体现在整体性上。在 MI（企业理念、企业精神、企业经营方针、企业策略）的指导下，BI 是企业的实际行动，VI 则是全方位、全媒体的以各种方式传播企业的信息。另外，CI 设计还包括一些非视觉感官识别设计，如音乐识别设计。

音乐识别设计最典型的案例是太阳神的音乐识别“当太阳升起的时候，我们的爱天长地久”，这在当时中国保健品市场上风靡一时。

（1）进行音乐识别设计应该遵循的原则。

1）代表性原则，即能够很好地诠释企业的精神理念和企业文化。

2）象征性原则，它应象征企业一定历史时期的发展情况、经营战略等。

（2）音乐识别设计的重要性。音乐识别设计在企业 CI 设计中，具有一定的重要性。在当今市场经济条件下，越来越多的企业在进行 CI 设计时，开始采用音乐识别设计，其重要性体现在以下几点：

1）可以吸引消费者，增加消费者好奇心。

2）可以给消费者留下印象，特别是一些鲜明、轻快的音乐，可以让消费者留下难忘的记忆。

9.2.6　组织综合感觉形象设计

形象，形状相貌之义，往往是指“能够引起人的思想或感情活动的具体形状或姿态”。从此定义中，我们就可看出形象的特征，即具有具体性和图像性，也就是说它是以一种具体的图像形态出现的。企业进行 CI 设计时，其综合感觉形象设计也是必不可少的，企业形象本身就是“形神合一”的载体，其中企业之“形”则是一种物质的表现形态，是构成企业各种经济活动形态的总称；企业之“神”则是由企业客观物质运动形态所造成的一种心理态势和精神力量。

1. 信誉形象设计　信誉是考察和了解一个企业对内、对外形象的重要指标和要素。在现代社会中，无论国内国外，个人的信誉越来越成为社会公众关注的问题。同样，企业的信誉也越来越为大家所关注，它是企业形象的“门面”，对提高企业在外界的知名度、美誉度往往会带来意想不到的效果。

企业信誉形象设计的重要性体现在以下几个方面：

（1）企业信誉是人们对企业综合认识的结果，具有综合性认识的特征。

（2）企业信誉是企业留给人们的一个总的美好印象，而企业的形象是通过公众的主要印象表现的，具有主观表现性。

（3）企业形象的感受者是公众，对同一个企业，不同的公众往往有不同的要求和期望，这些都是通过企业信誉有针对性地表现出来的，具有公众针对性。

企业信誉形象设计有利于企业在竞争的市场中与时俱进。在市场经济中，竞争已逐渐成为市场经济的主旋律，企业要与众不同，就必须在社会公众面前塑造超凡脱俗的全新形象，而好的口碑无疑是锦上添花。

2. 道德形象设计　日本三洋电器的创始人井植薰在向客人介绍自己企业的同时，总是带着尊重的口气，花几乎相同的时间来介绍同行业的强有力对手，如索尼、松下、夏普等。可能正是这种良好的道德素质，才会使日本电器能以一种集团的态势傲然纵横于世界市场，避免了“贬杀”带来的恶性循环的影响，所以企业道德形象设计是很重要的。

在企业进行道德形象设计时，必须遵循以下原则：

（1）培育良好的市场竞争观和对手观。市场只有在有序的情况下才能正常运作，进行恶性竞争，有意打压对手，就会导致市场的恶性循环。因而进行企业道德形象设计最重要的就是培育企业正常的市场竞争观，尊重对手就是尊重自己。

（2）培育有利于企业发展的价值观。企业的价值观是企业综合素质的体现，也是企业发展目标的体现。以什么样的姿态来树立企业的价值观、道德观是企业道德形象设计的重点。

（3）树立企业上下一致的职业道德理念，加强思想道德建设。好的道德形象是一个企业在竞争中立于不败之地的重要前提。

道德形象设计是一个比较长期的过程，也是一个全企业共同塑造的过程。

3. 管理者形象设计 管理者形象是指企业管理者群体，特别是企业主要领导人的知识能力、魄力、气质、品德、风格和经营业绩给本企业职工、企业同行、社会公众留下的印象。管理者在企业经营中，是企业的决策者、领导者，管理者形象的好坏直接影响被管理者的工作热情程度。俗话说“其身不正，虽令不从”，管理者良好的形象，有较强的示范性，才能够在企业中产生凝聚力。

企业进行管理者形象设计，不但能够解决矛盾，而且还可以利用矛盾，果断决策。在企业进行管理者形象设计时，应从被管理者的角度去分析和描述问题。

在企业进行管理者形象设计时，应分析管理者的决策作风。

（1）分析型决策者。这类管理者会将问题规划分类，通过解决每一类细分问题，达到总体绩效。

（2）指示型决策者。这类管理者明晰企业内部员工的职权规划，能以正式沟通的形式进行决策。

（3）行为型决策者。这类管理者事必躬亲，善于处理细节问题。

（4）概念型决策者。这类管理者利用系统观念，把握全局，讲究决策均衡性。

只有对管理者进行分析后，才能够进行管理者形象设计。

4. 员工形象设计 员工形象主要是指企业全体员工的服务态度、职业道德、行为规范、精神风貌、文化水准、作业技能、管理素养和装束仪表等给外界的整体印象。在对员工进行形象设计时，必须把握一个前提，即企业对员工的态度（员工是不是挣钱的机器，企业人力资源占总投入的比例），而企业对员工的选拔也应该注重品格特性和能力倾向。

企业进行员工形象设计时必须对员工进行培训：

（1）以工作为核心，加强员工对企业的归属感。

（2）技能、知识、态度培训同等重要，技能、知识是前向工作，态度是全面运作。知识培训的目的在于让员工了解企业，技能培训的目的是让员工能合格完成分工范围内的工作，态度培训是要让员工保持饱满的士气。

企业是员工的集合体，员工的言行也将直接影响企业的形象，而员工的形象又是决定企业形象的能动力量。员工形象好，可以强化企业的凝聚力，为企业的长期稳定发展打下牢固的基础。在国内外，有不少企业在塑造良好的企业形象时都十分注重员工形象设计，如日本的伊藤洋华堂。

小案例

长安汽车公司的三代标志

第一代长安标志用的是汉语拼音（见图 9-1a）。这种标志很具体，但有两个致命弱点：一是与同样以生产小面包、微型车为主的同类企业“昌河”的品牌拼音基本相同，7 个字母的前 5 个完全一样，CHANGAN 与 CHANGHE 近似；二是这么长的一串字母不是手写体，没有个性，又用在高速交通工具上，很不易识别。

第二代长安标志（见图 9-1b）比第一代进了一大步，但也有美中不足，有些是关键性的不足：

（1）实现不了当初的设计理念，标志中要有“CHA”代表“长安”；又有“J”“L”有江陵的拼音，代表两厂合并。其实这是一厢情愿，确实很难看出是由那么多字母组成的。

（2）行业个性、汽车个性、本企业个性不强。许多人一看就说像纯羊毛标志、像蚕茧、纺线的线团，不易联想到汽车，而且不好看。

（3）不易制作。这个图案制作较复杂，在电脑上要用 56 个坐标才能制成，而第三代标志用 6 个坐标即可。

（4）不易放大与缩小。椭圆中的曲线太细，一旦缩到直径 1 厘米，用于名片、信封、线条肯定要断线或看不清楚，不易扩展使用。

目前这个第三代长安标志（见图 9-1c）是从几十个标志中经两轮筛选确定的。

标志需要阐释。阐释分两种，第一种为开掘与扩展，其含义要比较详细，使之成为爱厂教育的载体；另一种为简释，用于对外宣传。

新一代长安标志阐释如下。

（1）标志图案以天体运行轨迹——椭圆为基础，捕捉“长安”汉语拼音“CHANGAN”中“C”“A”，两个关键发音字母作为其造型设计的要素，经过抽象、组合、变形而成一个永恒运行的天体。一个攀升的箭头、一个精致的方向盘，又如一辆轻巧的汽车奔驰于公路之上。标志图案颇有“安”字篆书的风骨，蕴含了微型汽车与现代立交桥的抽象含义，椭圆象征公司全体员工坚毅、团结和齐

CHANGAN

a）第一代长安标志

b）第二代长安标志

c）第三代长安标志

图 9-1　长安汽车公司的三代标志

心协力。椭圆与圆弧、圆弧与圆弧交相呼应、环环相扣，揭示了长安企业领导、工人与工程技术人员之间“基础-核心-中坚”的辩证关系及其“三结合”共同创造的结晶，也喻示了长安企业多元化、集团化和国际化发展的方向。

（2）标志图案简洁、紧凑、圆转、流畅，极具现代感、韵律感和力量感，动静得宜，刚柔并济，圆满之中有突破，充分表达了企业的形象特征和产业特征，显示了长安公司作为大型骨干企业的高大形象，是长安企业理念“点燃强国动力，承载富民希望”最深刻的再现；同时，也形象生动地阐释了长安企业忠实、团结并为提升人类生活质量而奋斗的企业风貌，给人以活力、高效和奋发向上之感，从而激励长安人励精图治、不断创新，向更新、更高境界迅猛发展。

（3）英文标准字“CHANA”是“长安”汉语拼音“CHANGAN”的高度凝练，标志字体是在黑体字基础上经过修饰、设计，手工绘制而成的，其造型稳重、刚劲、优美，与标志图案一脉相承，和谐地传达了长安企业的品牌特征。

（4）标志图案的标准色彩用红色，象征热情、进步与兴旺，寓意长安公司的事业如旭日东升，朝气蓬勃。标志字体的标准色采用黑色，象征庄重、坚毅与永久，长安企业脚踏实地、锐意进取和永续发展的企业精神。

训练与练习

1．怎样理解CI的概念？

2．举例说明组织理念识别设计、行为识别设计和视觉识别设计。

3．请画出“丰田”“奔驰”“一汽”的标识并加以评点。

9.3 企业公关与企业文化

9.3.1 企业文化的含义

1. 企业文化的起源 企业文化理论是在20世纪80年代初期迅速发展起来的，它从文化的角度诠释企业，用建设优秀文化的手段提升企业管理的层次，代表了当代企业管理理论与实践发展的最新趋势。“企业文化”这一概念，是由美国波士顿大学教授斯坦利 M. 戴利首先提出来的。他在研究了大量美国、日本企业之后发现，在许多日本企业取得成功的诸因素中，不是资金设备，不是经营技巧，而是企业文化起了最重要的决定作用。这一研究成果问世后，美国、日本、欧洲和中国相继掀起了“企业文化热”。有识之士认为，企业文化预示着

21 世纪企业管理的发展趋势和风格。

企业文化与公共关系一样，体现“以人为中心”的管理思想。企业文化的核心是“人心为本、人智为本、人和为本”。如果说 CIS 被称为企业识别系统，主要作用于外部公众对企业的识别，那么企业文化则主要作用于内部公众的凝聚。它强调调动人的主观能动性，发挥理想、信念、哲学、道德、作风等群体意识的凝聚、激励和规范作用，注意从根本上改善企业的素质，增强企业的活力，增强企业的竞争能力。公关策划引进企业文化的构想与最新成果，无疑会使企业形象的设计、企业精神的培育更具时代感、更有生命力，也更加科学与规范。

2. 企业文化的定义　我们对企业文化的定义，是指企业全体员工在长期的生产经营活动中培育形成并共同遵循的最高目标、价值标准、基本信念及行为规范。

企业文化的实质就是企业的价值观。企业文化作为企业的上层建筑，是企业经营管理的灵魂，是一种无形的管理方式。同时，它又以观念的形式，从非计划、非理性的因素出发来调控企业或员工行为，使企业成员为实现企业目标自觉地组成团结互助的整体。

企业文化是一种管理文化、经济文化及微观组织文化。作为管理文化，它形成了以人为中心的崭新管理思想，以依靠全体员工的主人翁意识办好企业作为自己企业管理的宗旨。作为经济文化，它包括了企业经营的最高目标、经营思想、经营哲学、经营发展战略及有关制度等，力求用较少的消耗取得较大的效益。作为微观企业文化，它使企业有一个共同的群体意识及行为准则，每个人都有明确的责、权、利，以促成和谐的人际关系，促成团结、互助、融洽的组织氛围。

小案例

投桃报李

美国管理学家汤姆·彼得讲过这样一个故事：他一位朋友的大众牌汽车总是发出奇怪的响声，这位朋友便把汽车拉到当地的壳牌公司加油站去修理。几个小时后，修理工打来电话：“你知道吗？这个零件还在保修期之内呢！我给本地的大众汽车经销商打了电话，现在他正等着给你免费修车呢！”从那以后，这位修理工赢得了车主所有朋友的修理活。这些朋友还到那儿去加油，至少每加仑多付 10 美分，并且还到处替这位修理工做宣传。

3. 企业文化的层次 根据企业文化的定义和它的发展来看，企业文化可以分为四个层次：

（1）表层的物质文化。它包括：厂容厂貌，自然环境，建筑风格，车间、店堂及办公室的布置设计，生活区美化及污染治理；产品的外观设计、外包装，产品、服务的特色、品质、品牌；技术设备特性等。

（2）浅层的行为文化。它包括：企业的行为和员工的自身行为；企业的办事效率、技术水平、服务质量；售后服务、员工品行、仪表、纪律、礼节等。

（3）中层的制度文化。它包括：工作制度，如生产管理制度、思想政治工作制度、技术管理制度、财务管理制度、生活福利工作管理制度等；责任制度；特殊制度，如干部评议制度、家访制度、对话制度等。

（4）深层的精神文化。它包括：企业的经营哲学，对企业经营方针发展战略的思考；企业精神；企业的风气；企业的目标；企业的道德。

以上四个层次紧密相连，逐步深化，其中精神文化是企业文化。

9.3.2 企业文化的建设

加强企业文化建设，建立和形成文化竞争力，已经不是坐而论道的时候了，而是到了操作和实施阶段。企业文化建设是一项系统工程，是一项长期的任务，其工作程序类似于公关策划，需要综合分析，确立目标定位，制订计划，确立原则，然后实施完成。企业文化作为一种新的管理思想与方法不仅可以用于企业，也可以用于其他类型的社会组织，如医院、学校等。

1. 企业文化建设的原则 建设和发展企业文化竞争力是一个系统工程，有很多工作要做，我们先对企业文化建设的原则进行一个简单的把握。

（1）个性化原则。个性化是企业文化建设的灵魂所在。在企业文化建设过程中，既不能照搬他人模式，也不要排列空洞时髦的词句。都是一个模式，词语雷同，不能体现企业的差异性，企业文化也就失去了魅力。

（2）人本化原则。企业文化建设要真正把人放在中心地位，强调以人为中心的管理，以对人的价值关怀为目标，充分尊重人、理解人、关心人、爱护人，为员工搭建充分施展才华的舞台，创造宽松和谐的良好环境，最大限度地调动和发挥人的积极性、创造性。以人为中心的文化，还要坚持顾客至上、消费者优先，实现企业与顾客双赢。企业只有得到消费者的信任，才能在激烈的市场竞争中立于不败之地。因此，要树立“顾客永远都是最重要的人”的观念并贯穿于活动之中，落实到为顾客服务的每一个环节之中。

（3）一体化原则。在企业文化建设中，要坚持系统思考、统筹兼顾，正确处理精神文化、行为文化、物质文化、形象文化相互之间的关系；要以精神文化为指针，统帅指导行为文化、物质文化和形象文化，行为文化、物质文化和形象文化要体现和反映精神文化，不能各行其道，更不能相互矛盾和冲突。不仅要保持各层次在根本诉求点的一致性，而且要保持各个层次在建设过程中的协调性。既不要“单兵独进”，只搞精神文化或只搞形象文化，也不能几个层次不分主次和先后，“齐头并进”，一哄而上。在建设过程中，要全盘规划，分步实施，协调发展，实现企业文化的整体最优化。

（4）创新性原则。我们生活在一个变化的世界里，变化刺激思考，变化呼唤创新。企业文化建设是一个变革创新的过程。如果只重视建设新文化而忽视变革旧文化，就会使新文化缺乏生存和发展的土壤。因此，企业在进行文化建设时，一定要突破思维定式和传统习惯，换个角度想问题，尝试“不按常理出牌”，处理好“破”和“立”的关系，大胆进行变革和创新。同时，要勇于挑战自我、超越自我。没有创新的文化是平淡乏味的，只有创新的文化、与时俱进的文化，才是有活力、有朝气的文化。企业文化的创新是群众性的，不是领导个人的；是连续性的，不是一曝十寒的。企业文化创新的目的是推动发展，其前提是必须有正确的思想方法、科学求实的态度、变革求新的勇气。只有不断创新，企业才能在竞争中处于主动，立于不败之地。总之，创新应成为企业文化建设的主旋律。

（5）群众性原则。领导者倡导和认同的文化叫领导文化，管理层认同和实践的文化叫管理文化，只有广大员工认同并实践的文化才叫企业文化。员工是企业的主体，也是企业文化建设的主力军。企业文化建设如果只有领导者的意志而无广大员工的参与，就会变成少数人的空忙。因此，在企业文化建设中，要尊重员工的主体地位和心理需求，广泛发动员工，认真听取员工的意见，激发和调动员工的积极性和创造性，从而使员工能积极自觉地参与企业文化各个方面的建设过程。同时，要把建设的过程作为宣传、渗透、提升的过程。这样，不仅便于集中群众的智慧，而且容易达成共识，更重要的是有利于贯彻执行。

（6）竞争力原则。企业文化是企业竞争力的核心要素。企业文化要素与物质要素相比，具有不可模仿性和不可复制性，是搬不去、带不走、溜不掉的东西。这种独具的特质，是企业最具竞争力的优势部分，一旦拥有，其市场竞争力将难以匹敌。企业文化建设，要以提高核心竞争力为出发点和落脚点，认认真真做工作，实实在在搞建设，不能图虚名、走形式、搞花架子。在文化建设过程中坚持竞争力原则，必须避免单纯的设计型文化，避免CIS式的文化，避免单纯政治化的文化，避免把企业文化建设与企业的生产经营隔离和对立起来，避免把企业文化建设与企业的制度化隔绝开来，避免把塑造员工当成企业文化的目的。

小案例

全新的企业文化

亚细亚商场非常重视商业文化，已经初步形成了以提高人的群体观念为宗旨，以培养无私奉献价值观念为核心，以优化企业的商品、服务、环境为目标的“亚细亚”商场的企业文化。

（1）具有鲜明个性的场名、场徽、场服、场歌。场名“亚细亚”，意为“太阳升起的地方”。场徽是一轮光芒四射的红太阳，“ASIA”字样置于太阳正中，象征着亚细亚商场立足中原，辐射全国。场服为西服套装，在袖臂和帽子正前方带有场徽标志。场歌是《心河》，表现亚细亚商场把人类对生活的期待看作是一种历史的责任。

（2）培养职工献身于企业的意识。商场倡导“提高人的群体观念”“把真诚奉献给亚细亚将受到尊重，自私和虚伪将遭到唾弃”的企业精神，提出了“无论做什么我们都将竭尽全力”的企业格言，鼓励职工树立“在似金如玉的青春年华中拼搏一场，对人民有所贡献”的价值观念和“企业的需要就是我们的志愿”的行为取向。

（3）创办仪仗队和专业艺术团。每天早晨8:30，12名仪仗队小姐由领队指挥，在商场外左侧广场进行各种队列表演。亚细亚艺术团有专业人员30多人，在郑州和河南省及全国一些地方巡回演出。

（4）实行“半军事化”管理。每天早晨，全体职工在商场外广场或营业大厅内，列队做广播操。

（5）独特的店堂设计和店堂布局。商场内部为天井式结构，地下、地上一至五层为营业大厅，六楼为酒楼、餐厅、娱乐场和廊亭绿化组成一体的屋顶花园。一楼大厅内，有丛丛棕榈、叮咚流水和朵朵太阳伞装点的咖啡厅。每层楼中间的天井四周，摆满鲜花。

2. 企业文化建设的主要内容

（1）企业文化定位。所谓企业文化定位是为企业文化建设确定一个支撑点、生长点并确定一个发展方向，是企业文化建设的起点，是公关专家最显示才华的领域。公关专家的价值就在于为企业文化找到根，定准位，加以提炼，规划其生长途径。

企业文化定位要特别注意以下三点：

1）企业文化的对象性。企业文化一定是该企业的，要与该企业有关，不是从别的企业搬来的，否则，再好也没有价值。

2）企业文化的个性。企业文化一定要有个性，要与同行有所区别。

3）企业文化的可持续发展性。

（2）企业环境建设。企业环境是指承载企业文化的各种主客观条件，是企业文化赖以形成的一种文化氛围。它包括两方面：外观环境的建议和内在环境的建设。

（3）价值观建设。价值观是企业全体成员所共同拥有的基本信念和最高目标，也是整个企业的基本信念和信仰，是企业文化的核心要素。价值观可以赋予全体员工的日常工作以崇高的意义与社会价值，赋予企业重大的社会责任感，为全体员工提供行动指南。企业价值观的形成过程实际上就是全体员工对企业所倡导的价值标准的认同过程，其培养方法通常是由领导者倡导、培植并以各种方法灌输到员工意识中去，在内部制定出成功的标准，日积月累逐步形成。

（4）企业精神的提炼与塑造。企业精神是指企业在生产和经营活动中，为谋求自身的生存发展而长期形成的并为员工所认同的一种健康向上的群体意识，是企业文化的重要表现形式。企业精神包括三方面的内容：一是员工对本企业的特征、地位、形象和风气的理解和认识；二是由企业优良传统、时代精神和企业个性融合而成的共同信念、作风和行为准则；三是员工对本企业的生产、发展、命运和未来抱有的理想和希望。它集中地反映了企业员工的思想活动、心理状态及企业的精神面貌，是企业发展的活力源泉和精神支柱。

（5）英模人物与榜样的培养。英模人物是指那些能够充分代表和体现企业文化的人物，是企业文化的重要组成部分，是企业文化的载体，是企业完美化、内在化的价值观的代表，是员工学习的榜样。如果说价值观是企业文化的核心，那么榜样应当是这种文化核心的人格化。俗话说“榜样的力量是无穷的”“点燃一盏灯，照亮一大片”。榜样、英模在企业中有着巨大的影响力。

（6）习俗和仪式的建设。习俗和仪式是在日常生活中向职工宣传和灌输价值观的各种活动的形式和方法。习俗和仪式的培养不是繁文缛节，它本身执行着文化标志的特殊使命。教育学家认为，特定集体风格的形成有赖于相应的传统仪式。管理学家指出：“没有一定的仪式，企业文化将会死亡。”在很多的情况下，仪式都是对企业文化的宣扬，它提供了一个场所并促进了员工对企业文化的感受和理解，使文化听得到、摸得着。如果没有仪式，企业文化的特征就难以充分显示，就会被人遗忘。应注意习俗、仪式不是形式主义，也不能搞成形式主义，而应有实在的内涵。

9.3.3　公共关系与企业文化

公共关系和企业文化作为新兴的管理科学，在市场经济中正发挥着重要的作用，并且越来越受到人们的重视。弄清楚两者之间的关系，有助于我们更好地运用它们，为企业赢得市场服务。

1. 公共关系和企业文化的相关性与相异性 公共关系和企业文化虽说是各自独立的学科，但彼此之间又存在着某种内在联系，存在着许多交叉点。因此，比较两者的相关性和相异性，可以使我们更有效地发挥这两门学科的作用。

（1）从产生的时间看：公共关系和企业文化都产生于 20 世纪，具有相似的时代背景，是现代文明的产物。这个时期市场竞争异常激烈，产品质量、价格、服务已相差无几，以形象为导向的竞争逐渐形成并显现出其重要性。企业文化比公共关系晚起步约 80 年，可以说是对公共关系的补充与发展。

（2）从作用的范围看：公共关系和企业文化都作用于企业和经济领域，虽然公共关系也适用于政治领域，但主要还是以经济领域为主。两者虽同作用于企业，侧重却不一样：公共关系在处理企业与外部关系时，作用更大一些，职责更大一些；企业文化则主要是对内部员工形成强大凝聚力，使员工同心协力共同发展。

（3）从作用的手段看：公共关系和企业文化都是通过信息手段塑造形象来完善自我形象，以争取社会的认同。公共关系以塑造完善的自我形象、传播形象，靠不断推出受公众喜爱的、富有创意的专题活动引起轰动效应，提高企业知名度、美誉度，塑造社会形象是它的核心。企业文化则主要靠教育、培训，形成文化网络，借助于榜样力量、管理学、分析学、伦理学来发挥作用，在塑造企业的内部形象、企业价值观、企业精神或在塑造员工的形象方面更为突出。

（4）从对处理危机的作用看：公共关系和企业文化都起源于解决危机，但公共关系特别强调管理危机。危机在公共关系中占特别重要的位置，企业文化则侧重于预防危机，一旦出现危机还是公共关系的作用更大一些。

（5）从评估标准看：公共关系和企业文化的评估标准都具有主客观两重性。相对来讲，评估标准中主观的成分多一点，艺术化、微妙化的成分多一点，但同样具有科学意义与价值，对于形象是否引起注意、兴趣、理解、支持的态度同样可以得到客观的反映。公共关系的评估标准主要来自外部公众对企业的认同，而企业文化则主要来自内部公众对企业的认同。

2. 充分发挥公共关系和企业文化的互补作用 由于公共关系和企业文化本身存在着交叉，因此，当两者在更趋细分和专业化时，交叉部分同时在膨胀、增强。当企业文化建设借助公共关系手段进行策划和实施时，企业文化理念的设计和操作会变得更加深入、系统和规范，并在科学性方向上一个台阶；当公共关系引进企业文化理论后，会使其理论进一步深化和完善。

（1）企业文化建设借助公共关系得以充分显现。

1）企业文化建设借助公共关系手段得以深化、细化、系统化，成为有凝聚力的、有可操作性的企业价值、企业精神、企业道德等，用这些思想去统一人们的行为，造就良好的企业文化。

例如，公共关系作为一种“润滑剂”，不仅可以减少企业内耗、理顺人际关系，也是医治企业领导者官僚主义顽症的一剂良药，能充分调动员工的积极性，发扬主人翁精神。世界著名的三角洲航空公司，为努力培养全体员工“大家庭感情”的企业文化，公司的各层次管理者都实行“门户开放”，即公司董事长、总经理办公室的大门是永远敞开着的，欢迎职工来访，鼓励下属直言上诉，对于职工的来信都能负责地妥善处理。公司的最高首脑与全体员工每年至少进行一次生动活泼的“自由讨论”，全公司就像是一个和睦、奋进的大家庭，大家互相尊重，彼此信任。“大家庭感情”的企业文化，经过公共关系的精心策划被公司全体员工所接纳，从而增强了员工的主人翁意识。

2）企业文化建设借助公共关系物化形象而得以向外传播企业的价值观、企业的精神，从而影响人们的思想感情。

企业价值观、企业精神等都是内在的，它们是企业文化的支柱，但表现得空灵和无形。人们在市场中直接接触到的是产品这样实实在在、可以触摸的东西，是联结企业与公众之间最直接的物化形象。如今它们不再是一种简单的物化形象，而是承载公共关系思想、渗透企业文化内涵的物化形象。它们无时不在影响人们，通过包装、标准字形、企业标志、企业装饰、吉祥物、名片印刷、员工服饰、厂歌、厂名等，影响人们在市场中的购买、注意、兴趣、喜好、逃避、厌恶、好奇、排斥、追逐等各种行为。

（2）公共关系必须紧紧围绕企业文化建设。公共关系必须紧紧围绕企业文化建设来确立目标和开展工作。只有紧紧围绕企业文化建设总目标开展的公共关系活动，才能达到树立良好的组织形象和信誉，创造出最佳的内部和外部环境，让社会公众和内部员工认同企业价值观和企业精神。

“想主人事、干主人活、尽主人责、享主人乐”是著名乡镇企业杭州万向节总厂的企业精神。围绕企业精神，该厂开展了多种公共关系活动。例如，2002 年 7 月，国内外用户纷纷向厂方要货，产品供不应求、生产频频告急。这时，该厂不失时机地推出“为国家做贡献的事就在你岗位上”的职工竞赛活动。为此，厂部致信全厂每一位职工：现在工厂欠产已达 17 万套万向节，能否按时供货，关系到国家信誉和企业形象，尽量满足用户需要，为国家多创汇多做贡献，是每一位职工当家做主的光荣职责。工厂面临的喜与忧一下子成为职工们茶余饭后的热门话题。尽管当时气温高达 38℃以上，但大家以主人翁的态度，坚持上班、加班，结果超额完成了生产任务，满足了用户的要求，同时，树立起企业良好的信誉。

训练与练习

1．请举例说明企业精神的提炼与塑造。

2．如何理解“榜样的力量是无穷的”这句话？

3．请举例说明公共关系和企业文化的互补作用。

9.4 非营利组织公共关系

9.4.1 非营利组织概述

非营利组织是指那些不以盈利为主要目的，而是旨在通过努力，完成某项事业或使命的组织。在我国，非营利组织主要有两大类：一类是群众团体组织，如专业学术团体、业余爱好者协会、消费者协会、个体经济协会、工会、妇女权益保护协会、退休人员协会、退伍军人协会、宗教协会、校友会、同乡会等，这类团体数量多、分布广、社会影响大；另一类是事业性组织，包括学校、医院、图书馆、新闻媒体、出版社、文艺团体、科研院所、体育机构等。

在国外，非营利组织是一支很重要的社会力量。在美国，有超过 750 000 个服务于公众的非营利组织，还有近 400 000 个服务于会员的非营利性组织，每年盈利部门预算超过 3 500 亿美元（相当于美国 GDP 的 6.3%）。仅在华盛顿地区，就有 2 500 个行业和专业协会设立了总部，使协会成为美国首都继政府、旅游业之后的第三大产业。尽管非营利组织种类繁多，性质各异，但他们都有一些共同的特征。

1. 组织性　作为一个非营利组织，必须是一种机构性实体。因此，这个组织必须有一个组织章程、组织运行规则、工作人员或其他一些相对持久的指标，正如作为营利组织的公司在设立时必须有公司章程、固定经营场所、最低限额的注册资金等一样。

2. 独立性（自治性）　非营利组织一般是独立于政府部门之外的、自我管理和控制自身活动的组织，不是政府的下属机构，一般不受政府控制，有自己的董事会，独立地完成组织的使命。

3. 自愿性　这种组织使命的完成通常是团体成员（会员）自愿参与的结果，特别是一些公益服务组织，其会员、成员从事服务时，通常是义务的、无偿的、自觉的。

4. 不分配利润　非营利组织并不意味着组织不能靠自己的经营行为创造收入、创造利润，而是不能把利润分配给那些管理和经营这个行业的成员或会员。事实上，在很多国家，从提供服务中获得的收入是非营利组织最重要的收入来源。这个收入占总资金来源比例在美国是 52%，英国是 48%，意大利是 53%，也就是说，非营利组织意味着不为业主或管理者个人谋利，而是把多余的收入也用在完成组织的使命上。

9.4.2 非营利组织的公关特点

非营利组织的上述特点，决定非营利组织十分需要公共关系，因为对于非营利组织来说，通过有效的公共关系，可以达到下列目的：

（1）使组织的使命得到认可，如学术团体旨在促进学术交流，工会旨在维护工人利益，消费者组织就是为保护消费者利益而组建的。

（2）建立起与组织公众沟通的渠道。

（3）创造和保持筹集组织活动经费的有利环境。

（4）推动有利于组织使命的公共政策的制定和施行。

（5）告知和动员组织的关键成员（如雇员、志愿者等）。

9.4.3 非营利组织公共关系工作的内容

1. 参与组织的筹备 在群众性团体成立之初或筹备过程中，运用各种可以运用的传播方式和传播媒介，及时地向公众传达有关本组织的宗旨、使命等方面信息，让公众及早地和全面地认识自己，以扩大组织影响，争取新成员。如利用新闻媒介发布新闻、做广告，参与社会公益事业，广泛散发本组织的宣传资料等。在组织发展新成员时，特别要注意吸收一些社会名流、政界要人、热点人物等，或者吸收他们为正式成员，或者请他们担任顾问或名誉成员。事实证明，这是一种提升组织知名度和美誉度的有效途径。

2. 做好组织内部公共关系 很多人有一种误解：加入组织是一种自愿行为，只要人们愿意加入组织，就说明他们在利益、理想、目标、兴趣、观念等方面有一致的地方，因此，成员之间应该能团结一致，共同努力搞好组织工作，完成组织使命。这种想法固然不错，但人的兴趣会很快发生变化，有的人加入组织可能是一时激情，这时组织就要通过内部公关维持他们对组织的情感。即便是那些对组织非常忠心的成员，也应该通过协调和沟通，使他们感受到组织的凝聚力和团队精神，感受到组织能给他们带来愉悦和成就感、责任感。再说，任何持久的、良好的内部关系都不是靠一时激情维系的，而必须靠长期不懈的公关努力。在与内部成员进行沟通方面，群众团体可以采用多种方式，常见的有定期召开会议、内部刊物、联谊活动、专题交流、会员档案、提供会员生活和工作方面的帮助、为会员利益公开辩护等。

3. 筹集活动经费 群众性团体的经费来源主要有四个：私人的慈善捐赠（个人、公司或基金会的捐赠）、政府的支持或资助、为消费者提供服务或产品所得到的收益以及团体成员（会员）交纳的会费。尽管渠道很多，但经费短缺仍是困扰很多群众性团体的大问题，有的团体甚至连会费都难以收缴到位，更不要说争取赞助和捐赠了。

如何才能筹集到足够的活动经费，是群众团体公共关系一项非常有挑战性的工作。为此，首先，群众性团体应该明确组织定位和服务宗旨、服务使命，维护自己的会员、成员的利益，赢得他们的支持、理解，搞好会费收缴工作；其次，群众性团体应处理好同政府部门的关系，争取成为政府部门的智囊团、顾问和朋友，主动地争取政府资助和拨款；最后，组织应努力塑造良好的外部形象，热心公益和公共活动，通过各种手段、方法来吸引、说服捐款人，为组织争取更多的捐款资助。组织还要积极开展各种正当的创收活动，为公众提供专门的、优质的服务，以弥补组织活动经费的不足。

9.4.4 非营利组织公关举要：学校公共关系

教育在每个国家都享有崇高的地位，在很多国家的人们看来，教育是医治困扰国家各种“疾病”的“灵丹妙药”。然而，人们在对教育怀有很高期待的同时，对教育、对学校的不满情绪也在不断地增加：学费在不断地上涨，教学质量却提高得很慢，体罚学生的行为也时有发生；更为严重的是，学校的传统教学内容、教学方式和手段，已越来越不适应社会和经济发展的需要。因此，学校从来没有像现在这样需要用公共关系来改变这种状况，重拾人们对学校、对教育的信心。

学校公共关系的主要目标：

一是唤起社会公众对教育的认识、了解、理解、支持，争取办学经费；

二是吸引更多的学生到学校就读，促进与学生的交流，提高教学质量；

三是协调与教师的关系，稳定师资队伍；

四是与政府部门、新闻媒体和所在社区建立良好关系。

对学校而言，要实现上述公共关系目标，就应该处理好与下列关键公众的关系。

1. 学生关系 学生是学校最重要的公众，学生的观点和行为对学校发展起着决定性作用，所以很多公关专家强调，学校公共关系是从教室开始的。学校应努力创造条件，保证各门课程能满足学生的需要和激发他们的能力，要给那些有需要的学生安排个别辅导，要创造一种让学生和家长都以学校为骄傲的整体氛围。只有这样，学生关系才能真正处理好，也才能给别的公众关系打下坚实基础。此外，影响与学生关系的因素还有班主任、辅导员、专职学生主管人员、行政后勤人员等，学校必须定期与学生进行交流和沟通，保持校方与学生自由畅通的信息渠道。

2. 教职员和工作人员关系　教职员和工作人员是重要的内部公众，对内他们是教学、管理中的关键角色，对外他们是学校的代表，所以学校应该保持与教职工的和谐关系。学校可通过各种方式处理与教职工的关系，这些方式包括：

（1）增加学校管理的透明度，建立学校的民主管理机制，让每个老师都有参与权、知情权。

（2）从日常小事做起，关心教职工的生活和工作，切实解决他们的实际困难，维护他们的正当权益。

（3）加强与教师的情感沟通，利用传统节假日、教师节及一些重要事件（婚丧、嫁娶）组织一些专题活动，密切校方与教师关系。

3. 校友关系　校友是曾经在学校学习、工作过，但现在不在学校学习或工作的老师、学生或职员。校友一般都对学校有一份特殊的感情，他们关心学校、支持学校的发展，校友的捐助更是学校独一无二的、最重要的自愿捐款来源。因此，每个学校都要努力赢得其校友的忠诚、兴趣和建议。组织校友会、建立校友档案、编发校友通讯，是维系校友关系最常用的方法；请校友回校做报告、演讲，请他们参加学校的重大活动，特别是校庆活动或校友学术研讨，是激发校友母校情感的有效方法。

4. 社区关系　学校的许多支持来源于社区，地区性学校更是如此。学生来源于社区，大多数学生又在社区开始他们的第一份工作。学校还要与所在社区的交通、通信、能源、商业等部门打交道，依赖它们提供后勤和生活保障。因此，充分地利用社区资源来促进学校发展是学校公关的重要课题。

5. 政府关系　比起企业，学校受政府的影响可能更大一些，特别是在中国，政府部门对教育部门的监管，对新学校的准入管制，都要比企业严格得多。政府是公立学校资金的主要来源，因此，学校公关部门应该主动地去适应政府、影响政府，争取政府更多的支持和拨款。

此外，学校公共关系比较重要的公众还有董事会成员、新闻媒体、企业界、学生家长等。

限于篇幅，我们不能对所有的非营利组织做出详尽的分析。希望大家运用相关公关原理，结合具体的组织特点，随机应变，不断提高处理不同组织公共关系的理论水平和实际能力。

训练与练习

1．试分析非营利组织公共关系的特点。

2．举例说明非营利组织公共关系工作的主要内容。

学习指导

1. 学习建议

本章从企业公共关系的特点、内容、企业的 CIS 和企业文化等方面来讨论企业如何做好公关工作，如何开展形象塑造和宣传工作。同时，本章还介绍了非营利组织公共关系的特点和工作内容。学习本章内容，重点要掌握企业公共关系的特点和内容、企业的 CIS 战略、企业文化建设的主要内容以及非营利组织公共关系工作内容。学习本章内容，要注意理论与实际相结合的原则，注重原理的实际运用。学习本章内容，最好选择一些典型的企业，通过实际的调查研究来把握相关的理论。通过本章的学习，要树立企业的 CIS 战略和企业文化建设的意识，并拟定项目，进行一次实际的公共关系策划。

2. 学习重点与难点

（1）学习重点

1）企业公共关系的特点和内容。

2）企业的 CIS 战略。

3）企业文化建设。

4）非营利组织公共关系工作内容。

（2）学习难点

如何全面理解企业的 CIS 战略。

3. 核心概念

CI　CIS　组织理念识别　组织行为识别　组织视觉识别

企业文化　非营利组织

课后思考与练习

1. 试述企业公共关系工作的主要内容。
2. 请分析组织理念识别设计的原则、内容和步骤。
3. 组织行为识别设计包含哪些内容？
4. 请分析组织视觉识别基本要素的设计。
5. 请分析组织非视觉感官识别设计。
6. 请分析组织综合感觉形象设计。
7. 选择一个典型的企业，分析一下其企业文化建设的独特性。

案例分析

"中国——未来50年"：99财富全球论坛公关

1999 年 9 月 27～29 日，世人所瞩目的财富全球论坛在中国上海成功召开。在此之前，财富论坛已举办了 4 届，分别在新加坡、巴塞罗那、曼谷和布达佩斯举行。1999 年的这一盛事恰好在中华人民共和国成立 50 周年的前夕，在上海举行。《财富》不仅挑中上海这个当今中国最具经济潜力和活力的城市作为论坛地点，还以"中国——未来 50 年"为主题，吸引了全球商界、政界、学术界精英人物参与探讨。

一、项目调查

历届财富论坛都通过恰当选择论坛的地点、时间和主题来吸引全球商界和政界要人的踊跃参与，所以对于《财富》来说，论坛并不缺乏对各国媒体的吸引力，其关键在于怎样管理众多媒体的报道要求和设备支持，确保《财富》的信息能被很好地传达。奥美公关通过其在中国、亚太地区及欧美各地成熟的媒体网络，联络财经商业战线的资深记者，事先了解他们对论坛报道的期望和要求；同时也征询参与论坛的《财富》500 强首席执行官（CEO）是否愿意接受采访的意向，综合各方的要求，在短短的论坛期间内确定了报道宣传目标。

二、项目策划

1．目标和策略

- 借此激发新思维并促成合作伙伴关系的良机，扩大财富全球论坛在商界的影响力和权威性。
- 让全球各地包括中国的百姓、大众媒体、商业媒体，更好地了解《财富》的编辑风格、内容和方针，从而增进《财富》的前瞻性和领导地位。
- 通过中国政府的大力支持和东道主上海市政府各部门的紧密合作，为创造未来中国市场的商机铺平道路。

2．目标受众

共有近千位各界人士参加了本次论坛，其中包括：

- 300 多位来自世界各地的 CEO 或公司内仅次于 CEO 的高层管理人士，如福特的杰克·纳赛尔、通用电气的杰克·韦尔奇等。
- 中央和地方各级政府的官员，如原国家计划发展委员会主任曾培炎、国务院新闻办公室主任赵启正、信息产业部部长吴基传等。
- 各国政要，如美国前国务卿基辛格、新加坡前任总理李光耀、美国前财政部长鲁宾等。
- 400 多位来自世界各地的媒体记者。

- 论坛主要赞助商包括美国国际集团、安达信公司、中国银行、英国电信、戴尔电脑、高盛公司、北方电信，指定的航空公司国泰航空以及东道主赞助商、上海市政府。

3．挑战

- 大量的媒体记者（300多位海外记者，200多位国内记者）的确认和邀请，必须跟每位记者进行多个来回的沟通，明确制证手续和要求。
- 论坛的媒体工作不可能单独进行，它与其他十几项同时进行的工作有千丝万缕的联系，而其他各项工作分别由十多个不同的公司、部门负责，须与各方沟通清楚，理清工作程序，磨合工作方式和习惯。在这方面所用时间可能会比具体执行所用时间还要多。
- 论坛期间的新闻中心规划管理工作，须兼顾场地布置、有线、无线电讯设备、照明设备、电视转播设备、电脑网络甚至媒体餐饮等方方面面。对于CNN和CCTV这样的重要媒体，还需灵活安排，特别配合。
- 管理新闻媒体的报道要求，须在论坛各区域通行证复杂严格的条件下，既满足众多中外媒体的不同报道需求，又要顾及上百位与会者繁忙的个人及会议安排等因素，排出对双方皆宜的采访安排。

三、项目实施

（略）

四、项目评估

出席这次99财富论坛的各国媒体人数为历届之最，可能是自香港回归以来，在亚太地区内媒体参与人数最多的活动之一。奥美公关通过其全球各洲的公司网络，邀请了17个国家和地区的300多位记者前来报道。

论坛的媒体工作运用了多种最新的通信和网络技术手段，成功满足了电视、报纸、杂志、广播以及新崛起的互联网媒体报道和设备上的要求。

在论坛和同类大型国际性活动中，首次用内联网络技术协助安排媒体采访。

奥美公关也帮助《财富》了解了中国的作业方式，协同《财富》同中国和上海市政府以及其他十多个工作组，设立好工作框架，理顺彼此间的沟通渠道。

【案例思考题】

1．企业的公共关系工作是为了树立组织的良好形象，会议公关的目标是什么？

2．大型国际会议的策划是公共关系机构的重要工作之一。结合此案例，谈谈在此类活动中如何做好参加会议各方的协调工作。

实训应用

1. 实训项目

帮助本学校一个学生社团组织设计社团组织标志。

2. 实训目的

通过组织标志的设计来让学生充分了解一个组织该如何充分表现自身的组织文化和组织经营理念，在标志的设计中去体会公共关系该如何有效地把握信息的传播。

3. 实训内容

首先全面地了解本学校的某一社团的大致情况，然后在对组织有一定了解的基础上，深入分析该组织的营运理念，最后在理念有把握的情况下，设计社团组织的标志。

4. 实训要求

要求有该组织全面的、详细的文字介绍，要求标志有创新、生动和富有艺术性并能准确传递组织的信息。

5. 实训组织

搜集学校的社团情况，对特定的社团深入了解，在了解的基础上着手设计，在设计的基础上对照社团运作的理念深入对比和修改。

6. 考核方式及成绩评定

以展览的方式，通过学生的自我测评和大家的无记名打分的方式来完成考核，成绩设定为不合格、合格、优秀三类。

Chapter10 第10章

公共关系礼仪

学习目标

1. 了解公共关系礼仪在公共关系活动中的作用
2. 掌握公共关系个人仪表礼仪
3. 掌握公共关系日常社交礼仪
4. 了解和把握日常外事礼仪

案例导入

公关小姐的微笑

在苏州南园宾馆，一位澳门客人外出后，他的一位朋友来访，要求进他的房间去等候。由于客人事先没有留言交代，总台服务员没有答应。澳门客人回来后见朋友还坐在大堂沙发上等候，十分不悦，马上跑到总台与服务员争执起来。公关部李小姐闻讯赶来，刚开口解释，客人就把她作为泄怒的新目标，指着她出口不逊地呵斥起来。当时李小姐头脑很冷静，她明白在这种情况下，做任何解释都是毫无意义的，反而会导致客人情绪更加冲动。于是就采取冷处理的办法让他尽情发泄，自己则“洗耳恭听”，默默地看着他，脸上始终保持着一种亲切友好的微笑。一直等到客人把话说完，平静下来后，李小姐才心平气和地告诉他酒店的有关规定并对刚才发生的事情表示歉意。客人接受了她的劝说并诚恳地表示：“你的微笑征服了我，而我刚才情绪那么冲动，很不应该，希望下次来饭店时能有幸再次见到你亲切的微笑。”可见，在社会组织的日常活动中，公共关系礼仪所起到的作用是不可估量的。

【问题引入】

1. 公关部李小姐处理问题的技巧是什么？
2. 在日常活动中，公共关系礼仪所起到的作用是什么？

10.1　公共关系礼仪概述

公共关系礼仪（简称公关礼仪）是公共关系人员的行为准则和道德规范，是公关活动中不可缺少的外交语言。它反映出一个社会组织乃至整个社会的行为特征和文明程度，同时它也能体现出公共关系人员本身的修养、涵养、教养和素质水平。

10.1.1　礼仪与公共关系礼仪

有了人类历史，也就有了礼仪，礼仪是人类文明进步的重要标志。所谓礼仪，是指人们在社会的具体交往中，为了互相尊重，在仪表、仪态、仪容、言谈、举止等方面约定俗成的、共同认可的规范和程序。根据使用对象、适用范围的不同，大致将礼仪分为政务礼仪、商务礼仪、服务礼仪、社交礼仪、涉外礼仪等几大分支。

礼仪的主要功能，从个人的角度来看，一是有助于提高人们的自身修养；二是有助于美化自身、美化生活；三是有助于促进人们的社会交往，改善人们的人际关系；四是有助于净化社会风气。从团体的角度来看，礼仪是企业文化、企业精神的重要内容，是企业形象的主要附着点。大凡国际化的企业，对于礼仪都有高标准的要求，都把礼仪作为企业文化的重要内容，同时也是获得国际认证的重要软件。现在，越来越多的人都意识到礼仪的重要性，掀起了学习礼仪的热潮。

公关礼仪是公共关系人员代表社会组织在与公众交往的过程中，所应该具有的、合乎社交规范和道德规范的礼节、礼貌、礼宾，它包含在常规礼仪之中，又具有鲜明的个性。公关礼仪与公共关系一样，是现代社会的产物，同时又推动现代社会的发展。

在当代社会中，公众对组织的选择面临很多机会和余地。公众选择该组织而不选择其他组织的原因很多，但组织成员的公关礼仪对公众的影响是其中一个重要方面。公关礼仪的根本目的就是树立和塑造组织形象，在实现其目的的过程中，把个人形象和组织形象有机地结合起来，把个人形象作为组织形象的基础。公关礼仪可以调适人际关系，使之趋于和谐，从而有助于公关目的的实现。

小案例

硅谷天才学礼仪

报上曾发表过这样一条消息，题目是“硅谷天才学礼仪”：“美国硅谷的电脑天才们虽然个个聪明过人，但多数天才即使成为百万富翁后，在餐桌和宴会上的吃相仍让人不敢恭维。他们不文明的餐桌习惯，激怒过客商，失掉了大笔生意。此外，他们还不时闹出诸如将餐巾当围裙之类的笑话。因此，当英国专业礼仪老师林迪·詹姆斯到硅谷的消息传出后，电脑精英纷纷踊跃报名，准备接受培训。”看来电脑天才是吃够了不懂礼仪的苦头。

10.1.2 公关礼仪的特征

1. **民族性** 一个民族有一个民族的共同语言、共同活动地域、共同风俗习惯。不同的民族有不同的礼仪、礼节。

2. **普遍性** 有了人类就有了人与人之间的关系，就有了交往。为了交往的成功与愉悦，就要讲求和遵守一定的礼仪规范，由此达到互相欣赏，进而得到自尊的目的。

3. **继承性** 任何传统文化无不具有两重性，我们要充分肯定和借鉴我们祖先崇尚礼仪、讲究礼仪、待人以诚、处世以礼的传统美德，取其精华，去其糟粕。

4. **差异性** 礼仪是具有差异性的，不同阶级、不同民族、不同国家，甚至不同地域、不同信仰，礼仪、礼节都具有一定的差别。一般所说的“入乡随俗”“客随主便”等就充分表明了礼仪的差异性。

5. **国际性** 礼仪是人类文明的产物与象征，是具有国际性的。不论哪个国家、哪个地区，为了更好地生存和发展，维护自己的尊严和形象，都要在国际交往中重视礼仪、礼节。

6. **发展性** 变化是事物发展的主流。世界上的万事万物都处在千变万化之中，礼仪也不例外，它是随社会的发展而发展、随社会的进步而进步的。

10.1.3 公共关系礼仪的原则

（1）“尊重、真诚”原则。人际交往中互相尊重最为重要，尊重是礼仪的情感基础，只有彼此间相互尊重才能保持愉快的人际关系。每个人在人际交往中都处于平等地位，不管种族、国籍、肤色、社会地位如何，只有尊重别人才能赢得别人的尊重，“爱人者，人恒爱之；敬人者，人恒敬之”。真诚的原则，就是要求在人际交往中运用礼仪时，务必以诚待人，诚心诚意，诚实无欺，言行一致，表里如一。只有如此，自己在运用礼仪时所表达的、对交往对象的尊敬与友好，才会更好地被对方所理解、所接受。与此相反，倘若仅把运用礼仪作为一种道具和伪装，在具体操作礼仪规范时口是心非，言行不一，弄虚作假，投机取巧，或是当时一个样，事后一个样，有求于人时一个样，被人所求时另外一个样，则是有悖礼仪基本宗旨的。将礼仪等同于“厚黑学”，肯定是行不通的。

小案例

爱德华求职

美国马里兰州黑格斯顿的爱德华退伍后，打算在马里兰州坎伯兰谷定居。但这一带很难找到工作，他几次去找工作，招工的人都认为他不合格。经查询，他发现不少公司不是被芬克豪斯所拥有，就是被其所控制。芬克豪斯是一个自行其道、不同寻常的商人。经了解，芬克豪斯的主要兴趣在于攫取权力和金钱方面，为了防止被别人打扰，他雇用了一个严厉的秘书，她跟随了芬克豪斯 15 年。

爱德华研究了这位秘书的兴趣和目标后，拜访了她。当爱德华说他有一个建议想向芬克豪斯提出，这将给他带来经济和政治上的成功时，她变得热心起来。交谈后她安排爱德华会见芬克豪斯。当爱德华走进芬克豪斯的办公室后并没有直接请求工作，而是对芬克豪斯说："先生，我相信我能使你赚钱。"芬克豪斯立即起身，请他坐下。爱德华列举了他的设想，他实现这些设想所具有的条件，这些设想对芬克豪斯个人的成功和生意上的成功所能做出的贡献。于是，芬克豪斯立即雇用了他。20 多年来，爱德华在芬克豪斯的企业里获得了成功，同时芬克豪斯的企业也获得了长足的发展。

（2）"自律、自爱"原则。礼仪规范由对待自身的要求和对待他人的做法两大部分组成。自律原则就是要求自身树立良好的道德信念和行为准则，自我要求、自我约束、自我控制、自我对照、自我反省，正所谓"己所不欲，勿施于人"，同时更提倡"严于律己，宽以待人"，提高自律、自觉性。

在管理上我们强调以身作则，身先士卒，这也是一种自律的要求。在交往中我们要求对方做到的，自己首先要做好；如当你需要别人关怀的时候，你应该事先多关心别人；当你在困境中希望得到朋友帮助的时候，平时就应该多理解你的朋友。朋友面临困境，你会怎么办？朋友病了，你做了什么？朋友事业不顺，你又做了什么？俗话说"种豆得豆，种瓜得瓜"，虽然这就礼仪规范而言不是很合理，有些功利主义成分，但至少告诉我们："没有付出就不会有收获。"

（3）"谦和、宽容"原则。谦和包括谦虚与和善，谦虚是人类的美德，和善更是处理人际关系的基石。"和气生财""凡事以和为贵""退一步海阔天空"，都是这个道理，告诉人们与人和睦相处，这是社交成功的重要条件。荀子曾说"礼恭而后可与言道之方，辞顺而后可与言道之理，色从而后可与言道之致"，即只有举止、言谈、神态都是谦恭有礼时，才能从别人那里得到教诲，这也符合谦谦君子之道。

当然，强调谦和不是指过分的谦虚、无原则的妥协，甚至妄自菲薄。社交中有这么一句话“过分的谦虚就是骄傲了”，有时我们更需要在谦和中保持良好的自信心和正常的心理状态。

古人云：“有容德乃大。”宽容是一个人良好品德的外显，就是心胸坦荡、豁达大度，既要严于律己，更要宽以待人。会容人，体谅人，有较强的容纳意识和自控能力，不能求全责备、斤斤计较，甚至过分苛求别人，咄咄逼人。对于自己看不惯、听不惯的言行应以宽容的态度给予理解，尤其在工作中，往往会出于各自立场和利益的不同，在交往中采取不同的方式和策略，难免出现一定的冲突和尴尬场面，这时就需要我们以宽广的胸襟、豁达的态度、大方的仪态善解人意、体谅别人，谅解对方因无意或无知造成的交往误会，体现良好的自身人格魅力。

（4）“适度、从俗”原则。适度原则要求应用礼仪时，必须注意技巧，合乎规范，掌握好社交中各种情况下的不同交往准则和彼此间的感情尺度，凡事当止即止，过犹不及，古语说“君子之交淡如水，小人之交甘若醴”，一旦交往尺度有误，很容易引出完全相反的结局。

适度原则在日常交往中包括感情适度，不宜过于热烈，也不应太内敛；谈吐适度，应根据谈话对象不同选择不同的节奏、音量及谈话内容与方式；举止适度，肢体语言要得当，表情与交际场合气氛相适应，动作张扬应配合讲话内容，只有这样才能真正赢得对方的认同，达到沟通目的。

由于国情、民族、文化背景的不同，在人际交往中，实际上存在着“十里不同风，百里不同俗”的局面。对这一客观现实要有正确的认识，必要之时，必须坚持入乡随俗，与绝大多数人的习惯做法保持一致，切勿目中无人，自以为是，指手画脚，随意批评，否定其他人的习惯性做法。遵守从俗原则的这些规定，会使礼仪的应用更加得心应手，更加有助于人际交往。

（5）三 A 原则。除了上述四条原则之外，还要在日常工作学习中自始至终遵守“三 A 原则”，即接受对方、重视对方、赞美对方。由于在英文里，“接受”“重视”“赞美”这三个词都以“A”字母打头，所以又被称作“三 A 原则”。

小案例

赵本山的机智

在一次小型的联欢会上，观众席上有一位女士问赵本山：“听说你在全国笑星中出场费是最高的，一场要 1 万多元，是吗？”这个问题让人为难：如果赵本山做出肯定性的回答，那会有许多不便；如果确有其事，他也就不好做出否定的回答。面对这样一个尴尬的问题，赵本山做出了机智的回答。

赵本山说："您的问题提得很突然，请问您是哪个单位的？"

"我是大连一个电器经销公司的。"那位女士说。

"你们经营什么产品？"赵本山问。

"有录像机、电视机、录音机……"女士答道。

"一台录像机卖多少钱？"

"4 000 元。"

"那有人给你 400 元你卖吗？"

"那当然不能卖，一种商品的价格是由它的价值决定的。"那女士非常干脆地回答他。

"那就对了，演员的价值是由观众决定的。"

从上面的例子中赵本山的随机应变可以看到，注重并运用好了交际技巧就能化解生活中的尴尬，消除生活中一些火药味，营造比较好的人际关系氛围。

训练与练习

1. 什么是公共关系礼仪？
2. 公共关系的特征有哪些？
3. 举例说明公共关系礼仪的原则。

10.2　公共关系日常社交礼仪

10.2.1　公共关系人员个人仪表

1. 仪容　仪容是指人的容貌，是一个人精神面貌的外观体现。在人际交往之初，它是影响"第一印象"的最主要因素，直接影响人际交往的效果。一般说来，仪容包括面部、头发和肢体等部分。

（1）面部。

眼部。注意眼睛的保洁，及时清除眼角分泌物。清洁时要避开他人，不能当人面用手绢、纸巾擦拭或用手去抠。眉毛适当修剪可以让整个面部显得平衡、清晰。

鼻部。养成每天洗脸时清洁鼻腔的好习惯，切忌当众清洁鼻孔。毛发重的男性，如果鼻毛长出鼻孔，应及时修剪。

嘴部。保持干净：吃东西后，马上擦嘴并及时清除牙缝中残存的食物，但不能当众剔牙、嘬牙。口气清新：早晚刷牙，饭后漱口，口中不能有烟、酒、葱、蒜、韭菜、腐乳等气味。不得已的话，与人接触前可咀嚼口香糖或茶叶来清除口中异味。

避免“异响”。一般咳嗽、打嗝、打哈欠时应尽量避开他人，一旦忍不住当众出现，要用手绢或手捂住嘴并向他人道歉；不要随地吐痰，否则显得文化素质很低。

修面剃须。男性要每天剃胡须，胡子浓的，在会客或其他社交活动前还应当再剃一次，但不要当着外人面使用剃须刀。

化妆。男士一般不宜化妆，女性应适度化妆。化妆的浓淡要掌握好，一般上班和白天化淡妆、社交和晚上化浓妆，并注意与场合相适应，与个人衣着、周围环境相协调，切不可不分时间、场合地浓妆艳抹。

（2）头发。在社交场合，头发的基本要求是整洁、发型得当。要注意保持头发整洁、发型美观，及时理发，经常梳洗头发，做到无头屑、无油垢，不凌乱。发型的选择既要符合美观、大方、整洁和方便工作的原则，又要与自己的发质、脸型、体型、年龄、气质、四季服装以及周围环境相协调，这样才能给人以整体的美感。

男性的头发不能过短，如剃成光头，也不宜留长发、大鬓角。方脸型男性最好采用不对称发缝，不要理寸头；长脸型男性头发宜稍长；圆脸型可选择垂直向下的发型，最好侧分头缝，顶发适当隆起，头发遮挡面部两侧。

女性的发型以端庄、简洁、秀丽为好，注意别让头发遮住眼睛。方脸型女性可尽量增多顶发，发缝侧分并把蓬松卷曲的刘海往两边太阳穴梳，或在颈部结低发髻，或留披肩发，让头发披在两颊，以减少脸的宽度；长脸型女性适合采用自然而又蓬松的发型，可加厚面部两侧的头发，剪出层次感并用刘海遮盖住部分前额；圆脸型女性尽量不要留刘海。

（3）肢体。在公共关系中，肢体的运用是比较多的，因此，公共关系人员要注意合理地修饰自己的肢体。

手在人际交往中具有重要的作用，手的清洁在某种程度上反映着一个人的精神风貌。要经常保持手部清洁，饭前便后以及接触脏物以后，要马上洗手，方便的话还应涂上油脂，以保持手部的光洁。要勤剪指甲，不留长指甲。女性涂指甲油要注意场合，上班不能涂红色指甲油，可涂无色透明的；社交场合方可涂红艳的指甲油。手臂上不可刺字、刻画。在正式的公共关系活动中，肩部不应当裸露在衣服之外。勤于洗脚，要保持趾甲、趾缝以及脚跟等处清洁。要勤换袜子，要勤于换鞋，并注意鞋面、鞋跟、鞋底等处的清洁。

2. 服饰礼仪 服饰礼仪是人们在交往过程中为了相互表示尊重与友好，达到交往的和谐而体现在服饰上的一种行为规范。公共关系人员为了工作需要，应讲究各种服饰礼仪，注重自身的服饰打扮，表现出自己的职业性质、个性和修养。服饰穿戴既要体现自身个性特点，又要遵循TOP原则。①时间（time）。服饰穿戴时间因素包括三个方面：一是一天中的早上、日间和晚上；二是一年中的四季更替；三是着装要顺应时代潮流。②场合（occasion）。服饰要与场合气氛相和谐。③地点（place）。着装要考虑所处的地点、环境。

（1）男性的着装礼仪。男性职业服装一般分两种类型：两件套西装和运动式夹克配长裤。

1）西装。

A．注意顺序。西服着装的顺序是：梳头发——换衬衫——着西裤——穿皮鞋——系领带——穿上装，这种顺序是一种规范，也可以说是一种礼仪。不合乎规范程序穿着西服会贻笑大方。

B．穿好衬衫。衬衫通常为单色，一般多用蓝色、白色，不能过于花哨；领子要挺括、干净；衬衫下摆要掖进裤子，不能露在外面。系好领扣和袖扣，衬衫衣袖要稍长于西装衣袖 0.5～1 厘米，领子要高出西装领子 1～1.5 厘米，以显示衣着的层次。非正式场合可不系领带，此时，衬衫领口的扣子应解开。

C．系好领带。西装脖领间的“V”字区最为显眼，领带应处在这个部位的中心；领带的领结要饱满，与衬衫的领口吻合要紧凑，领带的长度以系好后下端正好在腰带上端为最标准。如穿背心，领带要放入背心里面。领带结的大小应与所穿的衬衫领子的大小成正比。领带夹一般应夹在衬衫第三粒与第四粒扣子之间，西装系好纽扣后，领带夹不能外露。选择领带时，色彩恰当很重要，要根据个人的肤色、脸型以及着装环境，尤其是衬衣和西装的颜色来选择。

D．用好衣袋。西装上下衣的口袋很多，但不能随便装东西。一般上装外面左胸口的衣袋是专门用于插装饰性手帕的，下面的两个口袋只作装饰用，一般不放物品，否则会使西服上衣变形。上装左侧内袋可装记事本、钱包，右侧可放名片、香烟等。背心的四个口袋用于存放珍贵的小物件。西裤前面的裤兜亦不可装物品，可用于插手（站立时可将手插在裤兜内，行走时却一定要把手拿出来）；右边后裤袋用于放手帕，左边用于存放平整的零钱或其他轻薄之物。穿西裤要保持臀位合适，裤形美观。

E．系好纽扣。双排扣的西服要把纽扣全部系上，以示庄重，坐下时也可将最下面的扣子解开。单排两粒扣的上装，只系上面一粒纽扣是正规穿法；三粒扣的，则系中间一粒。单排扣的西服扣子也可以全部不系，显得潇洒；如将全部扣子都系上，则显得土气。

F．穿好皮鞋。穿西服一定要穿皮鞋，裤子要盖住皮鞋鞋面。男性的皮鞋最好是黑色或与衣服同色的，正式场合还应当是黑色、无花纹、系带的。不能穿旅游鞋、轻便鞋、布鞋或露脚趾的凉鞋，也不能穿白色袜子、色彩鲜艳的花袜子和半透明的尼龙或涤纶丝袜。男性宜着深色线织中筒袜。

2）运动式夹克配长裤。运动式夹克和长裤的颜色应形成一定的对比，以保持它们较随意的风格。

颜色的选择：选择藏青色、灰色和铁灰色等，可以与多种颜色形成对比；

棕色或驼色的运动式夹克，配上蓝裤子，要比相同颜色的西装更易于被人接受；深色的夹克搭配颜色较浅的长裤，如黄褐色或米色，效果也不错；普蓝色可搭配的颜色也较多，如藏青色或灰色等。

面料的选择：与西装一样，夹克的质地应为纯毛、混纺、纯棉或混合丝；长裤应为纯毛华达呢、混纺或永久熨烫混纺。格子花呢面料在正式场合显得过于随便了，不宜选用。

（2）女性的着装礼仪。

1）西服套裙。西装套裙分两种：一种是配套的，上衣和裙子同色同质地；一种是不配套的，上衣与裙子色彩、质地不同，但要搭配协调。着单排扣西服套裙，上衣可以不系扣；双排扣的，则要将扣子全部系上（包括内侧的纽扣）。

颜色的选择：西装套裙的最佳颜色是黑色、藏青色、灰褐色、灰色和暗红色。穿单色的套裙，能使身材显得瘦高一些。选择精致的方格、印花或带条纹的花色也可以，但不要选红色、黄色和淡紫色，因这些颜色过于艳丽，不宜在办公场合穿用。

衬衫的颜色和面料：衬衫的颜色没有严格限制，只要与服装相匹配就可以了。最常见的是白色、黄白色和米色，因为它们与大多数套装都能相配。衬衫面料最好是丝绸、纯棉或看上去酷似天然的聚酪纤维。纯棉衬衣应浆过并烫熨平整。

2）夹克与裙子。在不太正式的场合，可以穿轻便的夹克搭配裙子。

颜色的选择：可选用黑色、藏青色、灰褐色、灰色和暗红色。如果购买方格、花呢、印花和带其他图案的服装，应考虑是否能与其他衣服搭配。

面料的选择：最好是纯毛华达呢以及混纺面料，或丝绸、亚麻混纺织品。不要选择小山羊皮等皮革、灯芯绒、丝绒、天鹅绒、斜纹粗面布或缎子的面料，因为它们会给人一种欠职业化的感觉。

3）连衣裙和两件套裙。连衣裙和两件套裙，可以单独穿，也可以和其他上衣搭配着穿。它们尽管不如西装套裙那么正规，但也适于某些场合。其中纽扣一排到底的大衣式裙子，比衬衫配裙子更显得职业化。

颜色的选择：建议选择灰色、藏青色、暗红色、米色、驼色、红色和玫瑰红色，也可以选用简洁的印花或图案，不要选择过于鲜艳的花色。

面料的选择：以丝绸最为理想，也可选用100%的人造丝或加入人造纤维的亚麻制品。不要选用纯亚麻制品，因为其容易起皱；也不要用棉布，否则显得过于随便。

小案例

维护好个人形象

郑伟是一家大型国有企业的总经理。有一次，他获悉有一家德国知名企业的董事长正在本市进行访问，并有寻求合作伙伴的意向。于是他想尽办法，请有关部门为双方牵线搭桥。

让郑经理欣喜若狂的是，对方也有兴趣同他的企业进行合作，而且希望尽快与他见面。到了双方会面的那一天，郑经理对自己的形象刻意地进行一番修饰。他根据自己对时尚的理解，上穿夹克衫，下穿牛仔裤，头戴棒球帽，足蹬旅游鞋。无疑，他希望自己能给对方留下精明强干、时尚新潮的印象。

然而事与愿违，郑经理自我感觉良好的这一身时髦的“行头”，却偏偏坏了他的大事。郑总经理的错误在哪里？他的德国同行对此有何评价？

根据惯例，在涉外交往中，每个人都必须时时刻刻注意维护自己形象，特别是要注意自己正式场合留给初次见面的外国友人的第一形象。郑经理与德方同行的第一次见面属国际交往中的正式场合，应穿西服或传统中山服，以示对德方的尊重。但他没有这样做，正如他的德方同行所认为的：此人着装随意，个人形象不合常规，给人的感觉是过于前卫，尚欠沉稳，与其合作之事当再做他议。

10.2.2　公共关系人员日常礼仪

1. 交谈礼仪

（1）语言要礼貌。在交谈中多使用礼貌用语，所谓礼貌用语，简称礼貌语，是指约定俗成的、表示谦虚恭敬的专门用语。例如，客人到来，要说“光临”；起身作别，要说“告辞”；中途先走，要说“失陪”；请人勿送，要说“留步”；请人批评，要说“指教”；请人帮助，要说“劳驾”；托人办事，要说“拜托”；麻烦别人，要说“打扰”；求人谅解，要说“包涵”；等等。

在交谈中，“您好”“请”“谢谢”“对不起”“再见”，这五句十字的礼貌语经常加以运用。另外交谈时语言要标准，尽量做到：①通俗易懂。不能处处卖弄文采，不分场合和对象“引经据典”，甚至咬文嚼字，这样只会让人望而生畏。②讲普通话。少用土语，慎用外语。与国人交谈时使用外语，不能证明自己水平高，反而有卖弄之嫌。③内容简明。在交谈时，应力求言简意赅，简单明白，节省时间，少讲废话。不要没话找话，短话长说，啰里啰唆，废话连篇，节外生枝，任意发挥，不着边际，让人听起来不明不白。

（2）要学会倾听，不要随意插嘴。出于对他人的尊重，在他人讲话时，尽量不要在中途予以打断，否则不仅干扰对方的思绪，破坏交谈的效果，而且会给人以自以为是、喧宾夺主之感。的确需发表个人意见或进行补充时，应待对方把话讲完，或是在对方同意后再讲。不过，插话次数不宜多，时间不宜长，对陌生人的交谈则绝对不允许打断或插话。

（3）要赞美他人，不要否定他人。在交谈之中，要善于聆听他人的意见，若对方所述无伤大雅，无关大是大非，一般不宜当面否定。对交往对象的所作所为，应当求大同，存小异，若不触犯法律，不违反伦理道德，没有辱国格人格，不涉及生命安全，一般没有必要判断其是非曲直，更没有必要当面对其加以否定。

2. 介绍礼仪 可分为由第三者介绍和自我介绍两种形式，无论自我介绍还是为他人介绍，做法都应自然诚恳。为他人介绍，一般只介绍姓名和单位，有时还要说明自己和被介绍者的关系，便于新结识的人相互了解与信任。介绍具体人时，要注意秩序，应把年轻的介绍给年长的，职务低的介绍给职务高的，男同志介绍给女同志，自己熟悉和关系密切的介绍给新认识的或关系不密切的。在没有第三者介绍的情况下，也可以通过自我介绍的形式结识新的朋友。在很多场合中可以先送名片，起自我介绍作用。出示名片应严肃认真，不能像发传单一样；接受名片也要毕恭毕敬，既不能当着客人的面乱扔或折叠，尤其不能往裤袋放，应放在盒子里或上衣胸袋里，以示尊重。

3. 握手礼仪

（1）握手的场合。下列时刻，一般应与别人握手：

1）遇到较长时间未曾谋面的熟人，应与其握手，以示为久别重逢而万分欣喜。

2）在被介绍与人相识、双方互致问候时，应握手致意，表示为相识而感到荣幸与高兴，愿与对方建立友谊与联系。

3）当对方取得很大的成绩或重大的成果、获得奖赏、被授予荣誉称号或有其他喜事时，见面应与之握手以表示祝贺。

4）在自己领取奖品时，应与发奖者握手以表示感谢。

5）向他人表示恭喜、祝贺之时，如祝贺结婚、生子、升学、乔迁、事业成功或获得荣誉、嘉奖时，应与之握手，以示贺喜之诚意。

6）应邀参加社交活动，如宴会、舞会、音乐会前后，应与主人握手，以示谢意。

7）参加友人、同事或上下级的家属追悼会，在离别时，应和死者的主要亲属握手，表示劝慰。

（2）握手的顺序。有很多人认为，在社交中，无论对方的性别和身份怎样，为了表达自己的真心实意，都应该先伸手与对方相握，其实这是一个误区。那么，握手到底应该遵照怎样的顺序呢？主要是把握“三优先”的原则。

1）长者优先的原则：只有年长者先伸出手，年幼者才可以伸手相握。这种做法，符合社会的“长者为尊”的伦理标准，表示对年长者的尊重。

2）女士优先的原则：只有女士先伸出手，男士才能伸手相握。女士优先的原则起源于西方所提倡的“lady first”，这种规范体现了现代的文明意识，表达了对女性的尊重。

3）职位高者优先的原则：只有职位高的人先伸出手，职位低的人才能伸手相握。

（3）握手的姿态。行握手礼时，通常距离受礼者约一步，两足立正，上身稍向前倾，伸出右手，四指并齐，拇指张开与对方相握，微微抖动三四次，然后与对方的手松开，恢复原状。与关系亲近者，握手时可稍加力度和抖动次数，甚至双手交叉热烈相握。

1）握手必须用右手。如果恰好右手正在做事，一时抽不出来，或者手弄得很脏、很湿，应向对方说明，摊开手表示歉意；或立即洗干净手，与对方热情相握。如果戴着手套，则应取下后再与对方相握，否则都是不礼貌的。

2）握手要热情。握手时双目要注视着对方的眼睛，微笑致意并且口道问候。

3）握手要注意力度。握手时，既不能有气无力，也不能握得太紧，甚至握痛了对方的手。握得太轻，或只触到对方的手指尖不握住整只手，对方会觉得你傲慢或缺乏诚意；握得太紧，对方则会感到你热情过火，不善掩饰内心的喜悦，或觉得你粗鲁、轻佻而不庄重。这些都是失礼的。

4）握手应注意时间。握手时，既不宜轻轻一碰就放下，也不要久久握住不放，要掌握适度。一般来说，表示完欢迎或告辞致意的话以后，即应放下。在普通情况下，与他人握手的时间不宜过短或过长，大体来讲，握手的全部时间应控制在 3 秒钟以内，握上一两下即可。

握手时两手稍触即分，时间过短，好似在走过场，又像是对对方怀有戒意，而与他人握手时间过长，尤其是拉住异性或初次见面者的手长久不放，则会被人误解。

（4）握手的禁忌。

1）忌不讲先后顺序。如前所述，在正式场合，握手必须遵照长者优先、女士优先、职位高者优先的原则。如果两对夫妻见面，先是女性相互致意，然后男性分别向对方的妻子致意，最后是男性互相致意。

2）忌戴手套握手。在社交活动中，如果女士的手套是其服装的组成部分，允许戴着手套和他人握手，但男士必须在与他人握手前脱下手套。

3）忌用左手握手。尤其是在涉外场合，不要用左手与对方相握，因为有些国家或地区的人们认为左手是不洁的，不能随便碰其他人。

4）忌握手时身体其他部分行为不规范。比如，握手时将另外一只手插在衣袋里，握手时另外一只手依旧拿着香烟等不放下，握手时东张西望、左顾右盼，这些心不在焉的做法都是错误的。

5）忌交叉握手。在社交场合，如果要握手的人较多，可以按照一定的顺序进行，或由近及远或从左到右依次与人握手。

6）忌握手时手部不洁净。与对方握手之前，应该保持手部的洁净，手部粘着灰尘或很脏，这样都是对对方的不尊重，同时避免与他人握手后用手帕擦手。

4. 待客礼仪 接待来访客人用的物品如茶杯、茶盘、烟灰缸等，要擦拭干净。如果主动约朋友来更要早点做好准备，客人来了，不论是熟人还是第一次来的生客，不论是上级还是下级，都应该热情相迎；如果是按约定时间到来，应主动出门迎接并互致问候，进门后应立即请客人落座；端茶时应用双手端，续茶时要把茶杯拿离茶桌，以免倒在桌上弄脏客人衣服；客人告辞时，应以礼相送。送客一般送到大门口，对地形不熟悉的客人，应主动介绍附近车辆和交通情况，或者送到车站。

5. 拜访礼仪 拜访前的相邀礼仪。不论因公还是因私而访，都要事前与被访者电话联系。联系的内容主要有四点：

（1）自报家门（姓名、单位、职务）。

（2）询问被访者是否在单位（家），是否有时间或何时有时间。

（3）提出访问的内容（有事相访或礼节性拜访），使对方有所准备。

（4）在对方同意的情况下定下具体拜访的时间、地点。注意要避开吃饭和休息特别是午睡的时间。最后，对对方表示感谢。

拜访中的举止礼仪：

（1）要守时守约。

（2）讲究敲门的艺术。要用食指敲门，力度适中，间隔有序敲三下，等待回音。如无应声，可稍加力度，再敲三下，如有应声，再侧身隐立于右门框一侧，待门开时再向前迈半步，与主人相对。

（3）主人不让座不能随便坐下。如果主人是年长者或上级，主人不坐，自己不能先坐。主人让座之后，要称“谢谢”，然后采用规矩的礼仪坐姿坐下。主人递上烟茶要双手接过并表示谢意。如果主人没有吸烟的习惯，要克制自己的烟瘾，尽量不吸，以示对主人习惯的尊重。主人献上果品，要等年长者或其他客人动手后，自己再取用。即使在最熟悉的朋友家里，也不要过于随便。

（4）跟主人谈话，语言要客气。

（5）谈话时间不宜过长。起身告辞时，要向主人表示“打扰”之歉意；出门后，回身主动伸手与主人握别，说“请留步”；待主人留步后，走几步，再回首挥手致意，说“再见”。

6. 赴宴礼仪 入席时，不要“捷足先登”急于就座，要听从主人招呼和安排；入座时，应向其他人让礼，要从椅子左侧入座，入座后可将椅子调整到舒适的位置；就座后，坐姿要端正，不要两腿不断摇摆、伸懒腰，头不要太高，也不要旁若无人独坐，眼睛盯着桌上的菜，显出一副迫不及待的样子或摸弄餐具；用餐要等主人示意后开始，夹菜要得体，应让菜转到面前时，再动筷夹菜，不能站起来夹菜；进食应该从嘴进食，不要以嘴就食，不要发出不必要的声响。席间如主人或主宾讲话和祝酒时，应暂停进餐和交谈；主人向客人敬酒时，作为客人应起立回敬；在正式宴会中，是不允许边进餐边吸烟的，吸烟是在进餐前或进餐后在休息厅吸；参加任何宴会，一般不可中途退席，如有急事必须退席，应先向本席的主人和其他客人告辞，表示歉意才可离去。

小案例

小王的失礼

某集团 12 月 28 日上午 10 点举办新年招待会，感谢客户对集团工作的支持与帮助。小王作为某高校物品采购部门领导，12 月 20 日收到了该集团发来的请柬，收到后放在了一边。12 月 28 日，在收拾物品时，小王突然发现了这张请柬，慌忙跑去赴宴，可是宴会已经开始。由于人员较多，每桌都有桌牌和名字，他找了一大圈，才找到自己的位置。坐下后，主人正在讲话，这时，他的手机突然响起，小王接听电话，被告知学校有重要事情需要他马上办理，但主人还没有讲完，他非常焦急，拿着筷子在盘中来回划动，心不在焉。主人讲话完毕，他迫不及待地搬开凳子，凳子发出很大的声响，同座的其他人面面相觑，看见的是小王扬长而去的背影。

7. 参加舞会礼仪　参加舞会时仪表、仪容要整洁大方，尽量不吃葱、蒜、醋等带强烈刺激气味的食品，不喝烈性酒，不大汗淋漓或疲惫不堪地进入舞场。患有感冒者不宜进入舞场。尚不会跳舞者最好不在舞场现学现跳，应当待学会后再进舞池。

一般情况下，男士应主动有礼貌地邀请女士；如果是上下级的关系，不论男女，下级都应主动邀请上级跳舞；跳舞时舞姿要端庄，身体保持平、直、正、稳，切忌轻浮鲁莽；男士动作要轻柔文雅，不宜将女士搂得过紧、过近；万一触碰了舞伴的脚部或冲撞了别人，要有礼貌地向对方颔首致歉；一曲终了，方可停舞，男舞伴应送女舞伴至席位并致谢意，女舞伴则应点头还礼。除此之外，还应讲究文明礼貌，维护舞场秩序，不吸烟、不乱扔果皮、不高声谈笑、不随意喧哗，杜绝一切粗野行为。

小案例

邀舞缘何被拒绝

小张是一位很帅气的小伙子，穿着很讲时髦。一次，他买了一件很漂亮的大衣，正好周末本单位举行舞会，他便来到会场。只见人们都在翩翩起舞，小张兴致很浓，便邀请一位在座位里休息的女士跳舞，那位女士看了他一眼，很礼貌地拒绝了他，接着小张又邀请了两位女士跳舞，结果均被拒绝。这时，一位朋友来到小张身边，拍拍他说："小张，不能穿着大衣邀请女士跳舞，这是不礼貌的。"小张这才明白刚才为什么被拒绝。

8. 行为举止礼仪

（1）谈话姿势：谈话的姿势往往反映出一个人的性格、修养和文明素质。所以交谈时，双方要互相正视、互相倾听、不能东张西望、看书看报、面带倦容、哈欠连天，否则会给人心不在焉、傲慢无理等不礼貌的印象。

（2）站姿：站立是人最基本的姿势，是一种静态的美。站立时，身体应与地面垂直，重心放在两个前脚掌上，挺胸、收腹、收颏、抬头、双肩放松；双臂自然下垂或在体前交叉；眼睛平视，面带笑容。站立时不要歪脖、斜腰、屈腿等，在一些正式场合不宜将手插在裤袋里或交叉在胸前，更不要下意识地做些小动作，那样不但显得拘谨，给人缺乏自信之感，而且也有失仪态的庄重。

（3）坐姿：坐，也是一种静态造型。端庄优美的坐，会给人以文雅、稳重、自然大方的美感。正确的坐姿应该是：腰背挺直，肩放松。女性应两膝并拢；男性膝部可分开一些，但不要过大，一般不超过肩宽。双手自然放在膝盖上或椅子扶手上。在正式场合，入座时要轻柔和缓，起坐要端庄稳重，不可猛起猛坐，弄得桌椅乱响，造成尴尬气氛。不论何种坐姿，上身都要保持端正，如古人所言的"坐如钟"。若坚持这一点，那么不管怎样变换身体的姿态，都会优美、自然。

（4）起姿：行走是人生活中的主要动作，走姿是一种动态的美。"行如风"就是用风行走在水上来形容轻快自然的步态。正确的走姿是：轻而稳，胸要挺，头要抬，肩放松，两眼平视，面带微笑，自然摆臂。

9. 名片礼仪 名片交换时的要点：

（1）双手食指和拇指执名片的两角，以文字正向对方，一边自我介绍，一边递过名片。对方递过来的名片，应该用双手接过，以示尊重。

（2）如果双方同时递名片，自己则应从对方的稍下方递过去，同时以左手接过对方的名片。

（3）接过名片后，要看上几秒钟，以示尊重。

（4）对方人较多时，应从领导开始交换名片。收到名片不要立刻放进包里，应放在面前桌上，谈话时用得着。

（5）交换名片时该说什么。向别人索要名片时可以直接问："您能给我一张名片吗？"当你想出示名片时，可以说："这是我的名片，如果有别的问题，尽管打电话给我好了。"或者你可以说："寄信请用这上面的地址，希望能尽快听到您的消息。"如果你想给一位长期客户赠送名片，可以说："您有我的名片吗？"或者说："我一直想给您一张名片。"当你的职位或通信方式有变化时，你可以说："这是我的新名片。"当某人向你索要名片时，直接拒绝是不太礼貌的，但是你可以这么说："对不起，我的名片都用光了。"或者说："我忘带了。"接受名片时要说"谢谢"，并略为注视几眼再放好。还可以边看边稍加评论，比如："你们公司总部在青岛，那儿是不是正在举行第一届啤酒节？"

小案例

名片的失误

某公司新建的办公大楼需要添置一系列的办公家具，价值数百万元。公司的总经理已做了决定，向 A 公司购买这批办公家具。

这天，A 公司的销售部负责人打电话来，要上门拜访这位总经理。总经理打算，等对方来了就在订单上盖章，定下这笔生意。

不料对方比预定的时间提前了两个小时。原来对方听说这家公司的员工宿舍也要在近期落成，希望员工宿舍需要的家具也能向 A 公司购买。为了谈这件事，销售负责人还带来了一大堆的资料，摆满了台面。总经理没料到对方会提前到访，刚好手边又有事，便请秘书让对方等一会儿。这位销售员等了不到半小时，就开始不耐烦了，一边收拾资料一边说："我还是改天再来拜访吧。"

这时，总经理发现对方在收拾资料准备离开时，将自己刚才递上的名片不小心掉在了地上，对方却并没发觉，走时还无意中从名片上踩了过去。但这个不小心的失误，令这位总经理改变了初衷，A 公司不仅没有机会与对方商谈员工宿舍的设备购买，连几乎到手的数百万元办公家具的生意也告吹了。

A 公司销售部负责人的失误，看似很小，其实是巨大而不可原谅的失误。名片在商业交际中是一个人的化身，是名片主人"自我的延伸"。弄丢了对方的名片已经是对他人的不尊重，更何况还踩上一脚，顿时让这位总经理产生反感。再加上对方没有按预约的时间到访，又不曾提前通知，且没有等待的耐心和诚意，丢失了这笔生意也就不是偶然的了。

训练与练习

1. 男女着装应该分别注意哪些问题?
2. 请同学扮演不同的角色，示范握手的相关礼仪和要求。
3. 请同学检验一下自己的谈话姿态、坐姿、站姿和起姿，发现存在的问题并加以改正。

10.3 外事交往礼仪

在外事交往中，迎来送往是常见的一项内容，也是颇具要求的一项工作，它是企业与国际友人交往的第一步，许多“第一印象”往往从中而得。对此，切不可疏忽大意。认真按照外事交往中的礼仪规范行事，能为人们之间的顺利、友好往来获得一个良好的开端。

小案例

国别习俗

国内某家专门接待外国游客的旅行社，有一次准备在接待来华的意大利游客时送每人一件小礼品。于是，该旅行社订购了一批纯丝手帕，是杭州制作的，还是名厂名产，每个手帕上绣着花草图案，十分美观大方。手帕装在特制的纸盒内，盒上又有旅行社社徽，显得是很像样的小礼品。中国丝织品闻名于世，旅行社料想会受到客人的喜爱。

旅游接待人员带着盒装的纯丝手帕，到机场迎接来自意大利的游客。欢迎词致得热情、得体。在车上他代表旅行社赠送给每位游客两盒包装甚好的手帕，作为礼物。

没想到车上一片哗然，议论纷纷，游客显出很不高兴的样子。特别是一位夫人，大声叫喊，表现得极为气愤，还有些伤感。旅游接待人员心慌了，好心好意送人家礼物，不但没得到感谢，还出现这般景象。中国人总以为送礼人不怪，这些外国人为什么怪起来了?

在意大利和西方一些国家有这样的习俗：亲朋好友相聚一段时间告别时才时送手帕，取意为“擦掉惜别的眼泪”。在本案例中，意大利游客兴冲冲地刚刚踏上盼望已久的中国大地，准备开始愉快的旅行，你就让人家“擦掉惜别的眼泪”，人家当然不高兴，就要议论纷纷。那位大声叫喊而又气愤的夫人，是因为她所得到的手帕上面还绣着菊花图案。菊花在中国是高雅的花卉，但在意大利则是用来祭奠亡灵的。人家怎么不愤怒呢?本案例告诉我们：旅游接待与交际场合，要了解并尊重外国人的风俗习惯，这样做既对他们表示尊重，也不失礼节。

10.3.1　外事迎送中的礼仪规范

当得知海外客人来访时，必须先做好的是迎接工作。按照国际惯例，要根据来宾来访目的和来访者的身份，来确定迎接的规格，这里主要涉及以下两个方面的问题：

一是迎接的人员。组织方的主要迎接人员一般应与来宾的身份相当，但遇到特殊情况，如当事人不在当地、身体不适不能出面，不能与来宾身份完全相当时，则可以由职位相当的人员或副职出面迎接，但要注意不能与对方身份相差太大，“门当户对”是规矩。

二是迎接的仪式。在外事交往中，迎接贵宾时较为常见的是以安排献花的形式来表示。当客人抵达时，在参加迎接的主要领导人与客人握手之后，将花献上。

迎接工作中，公务人员必须准确掌握来宾乘坐的飞机（车、船）抵达的时间，在客人抵达之前到达迎接地点等候客人，并备好专用车辆接送客人到达下榻之处。

来宾离去时，也要做好送行的礼仪工作。组织应派专人协助来宾办理出境或机票（车票、船票）手续，以及帮助客人提拎行李、办理托运手续。分别时，可按来宾国度的行礼习惯与之告别（详见 10.3.2 小节“问候与行礼中的礼仪规范”），并用热情的话语为客人送行，如欢迎客人再次访问，祝客人一路平安等。最后应目送客人登机（车、船），离去后方可再离开。

在迎送工作中，还应注意陪车的礼仪。迎接客人抵达、欢送客人离去以及一些外事访问活动时，组织一般应当安排人员陪车，起到接待和引路的作用。在陪车中，公务人员应注意的是上下车的顺序和坐车时的位置安排。在顺序上，掌握“后上先下”的原则。“后上先下”的礼节体现了主客有序的礼仪，客人为重，客人为尊。

在坐车的位置上，应掌握“以右为尊”的原则。按西方的礼俗，右为大，左为小；两人同行，右者为尊；三人并行中者为尊。宴席上，主人的右座为最高宾客的位子。同样，在陪车时，应请客人从右侧门上车，坐于右侧，主人或公关人员从左侧门上车，坐于左侧，翻译坐在司机旁边的座位上。如果车中的后排同时坐三人，则顺序是：中间为大，右边为次，左边为再次，前排为最小，但是如果客人上车后，坐到了主人身边左侧座位上，则应主随客便，不必再请客挪动位置。

10.3.2　问候与行礼中的礼仪规范

人们见面时，总要行使一定的礼节，以示礼貌和友好。对于外国宾客，其打招呼和行礼的习惯方式与我国有较大的差异。公关人员在接待外宾时，应按照他国的习惯行之，才能正确地表达礼貌与友好。

通常行礼和问候是见面时或分别时行使的礼节。对于行礼，有不同的表达方式，各个国家的人们也有不同的行礼习惯，公关人员在接待不同国家的客人时，可以区别采用。

10.3.3 介绍中的礼仪规范

在人们见面的同时，通常相互之间就要进行介绍。介绍的方式很多，一般是由主方负责的工作人员或翻译，将主方迎接人员按身份高低依次向对方一一介绍，也可以由主方中身份最高的人员介绍，或者做自我介绍，在有些场合也可以交换名片以做介绍。

介绍时应讲清国籍、单位、职务和姓名。介绍的顺序为：按来宾的身份，把身份低的介绍给身份高的人；按来宾的年龄，把年幼者介绍给年长者；按来宾的性别，将男子介绍给女子；按来宾的婚姻状况，将未婚女子介绍给已婚女子。另外，当向他人作介绍时，要用手掌示意，不要用手指示意；被人介绍时，应点头、微笑以应答；听人介绍时，应全神贯注，切勿心不在焉，同时最好能附之于一定的问候语，如“您好”“认识您很高兴”等，以增添介绍彼此的亲切气氛。

10.3.4 称谓中的礼仪规范

在人们见面或交谈时，一声合体的称谓往往能融洽人们之间的情感和气氛，和外国友人打交道时亦是如此。只是由于各国的风俗习惯和语言的不同，因此在称呼上存在差异，公关人员应按照国外人们的习惯相称谓。

称谓的方法可以分为：按性别称谓，按职称、官衔称谓，按姓名称谓或是按国家体制的不同区别称谓。

按性别称谓是一种最常见、也较方便的方式，因为性别一目了然，一般不易出错。按照惯例，对大多数国家的来宾，对男子称先生（Mister）；对女子，已婚的称夫人（Mistress），未婚的称小姐（Miss），在不明婚姻情况时，无论未婚或已婚的都可称女士（Madam）。

小案例

被拒绝的生日蛋糕

有一位先生为一位外国朋友订做生日蛋糕。他来到一家酒店的餐厅，对服务小姐说："小姐，您好，我要为我的一位外国朋友订一份生日蛋糕，同时打印一份贺卡，你看可以吗？"小姐接过订单一看，忙说："对不起，请问先生，您的朋友是小姐还是太太？"这位先生也不清楚这位外国朋友结婚没有，从来没有打听过，他为难地抓了抓后脑勺想想说："小姐？太太？一大把岁数了，太太。"生日蛋糕做好后，服务员小姐按地址到酒店客房送生日蛋糕，敲门，一女子开门，服务员小姐有礼貌地说："请问，您是怀特太太吗？"女子愣了愣，不高兴地说："错了！"服务员小姐丈二和尚摸不着头脑，抬头看看门牌号，再回去打个电话问那位先生，没错，房间号码没错。再敲一遍，开门，"没错，怀特太太，这是您的蛋糕"。那女子大声说："告诉你错了，这里只有怀特小姐，没有怀特太太。"啪一声，门被大力关上，蛋糕掉地。

这个故事，就是因为错误的称呼所造成的。在西方，特别是女子，很重视正确的称呼，如果搞错了，引起对方的不快，往往好事就变成坏事。

按职称、官衔称谓也是组织在接待外宾时经常采用的称呼方式，在一些正式场合的交谈、演讲、祝词中，往往都以此相称谓。如"议员先生""总经理先生"；对部长和部长以上要职的妇女，也可称"阁下"；对有学位的人士，可以其学位相称，如"律师女士""博士先生"；对军人一般称军衔，如"上校先生""福特中尉"；对教会中的神职人员，可按其宗教职位称呼，如"牧师先生""怀特神父"。

有时由于国家体制的不同，称谓也不一样。君主制国家对国王、皇后称"陛下"，对王子、公主或亲王称"殿下"，对有公、候、伯、子、男等爵位的人士，可按其爵位相称，如"约翰公爵"。对社会主义国家的各种人士，均可称"同志"，有职衔的可以加上职衔，如"书记同志""部长同志"等。

小案例

不同国家姓名排序

1．姓前名后：中国、韩国、朝鲜、越南、日本、蒙古、阿富汗、匈牙利和一些非洲国家。

2．名前姓后：欧美各国。

3．有名无姓：缅甸、印度尼西亚。

10.3.5　会见的礼仪规范

会见在国际上一般有两种情况：其一是接见，指的是身份高的人士会见身份低的人士，或是主人会见客人（又称召见）；其二是拜会或拜见，指的是身份低的人士会见身份高的人士，也可称为谒见或觐见。在我国则不做细分，统称为会见。在接见或拜会后的回访，称回拜。

会见从内容来看，有礼节性和事务性之分，或者两者兼而有之。礼节性的会见时间相对较短，话题亦广泛，而事务性的会见则时间较长，谈话的内容也较专门化。

会见之前，会见双方都应做好准备工作。首先是提出方提出会见要求，必须将要求会见的人的姓名、职务、会见的目的等告知对方。接着是接见方应尽快给予答复，如遇到特殊情况不能接见，应婉言向对方做好解释工作；如同意会见，则要约好合适的时间，主动将会见地点、主方出席人员及具体安排等通知对方。做好会见前的沟通工作，是双方的一种礼貌相待。

会见时的礼仪，包括：会见双方都应遵时守约，尤其作为主方人员应提前到达会见地点以迎候客人；迎候时，可以站在会见的大楼正门，也可以在会客厅门口等候；当客人到达时，应主动上前行礼表示欢迎并引导客人入座。因会见是一项对组织具有重要意义的工作，为表示庄重和便于会见时的交谈，一般事先都有一定的座位安排。

会见场所应安排足够的座位，如会见人数较多，会见场地也较大，此时最好安装扩音器，主客双方各备一只。

组织领导人之间的会见，除陪见人员、译员、记录员外，其他工作人员安排就绪之后应退出会场。如允许记者采访，则应在会见开始前几分钟进行，待会见开始即离开。会见期间，应准备饮料、茶水，根据不同的季节以及来访客人的习惯，备有不同的饮品以招待。

为表示友好，会见应准备合影项目。合影可安排在会见之前或是会见结束之后，摄影时的位置按礼宾顺序排列，一般主人居中，以主人的右手为上（客人在主人的右边），主客双方间隔排列。人数较多时，可分排排列，第一排为主要的主宾人员，两边应由主方人员站立。

会见结束时，主人应将客人送到车前或门口握别，然后目送客人离去。

在一般日常交往中，客人来访后，相隔一段时间应予回访。如果客人是为祝贺节日等喜庆日来访，则不必回访，而应在对方节日前往拜访，表示祝贺。

10.3.6 会谈中的礼仪规范

会谈是指双方或多方就某些共同关心的问题相互交换意见、交流看法、展露观点的一种会晤。有时会谈也指公务洽谈或者具体的专业性谈判，其内容比会见更为正式、气氛更为严肃、专业性更强。在具体的礼仪要求上，与会见相类似，只是在座位的安排和交谈的方式上有一些不同。

在会谈中，双方一般围桌而坐，通常使用长廊形、椭圆形或圆形桌子，宾主相对而坐。座位的排列，以门为准，主人坐背门一侧，客人面向正门；主谈人居中，记录员可安排在后方，也可安排在会谈桌就座；若多边会谈，座位可摆成圆桌，按礼宾次序依次就座。

在与客人会谈中，谈话时的仪表、语气、话题都显得十分重要。出席谈话的人要努力给对方留下一个美好的印象，促使会谈成功。其间涉及的会谈礼仪有：首先，要注意仪表、仪容。出席会谈的人，衣着要整洁大方，谈话的表情应自然、诚恳，面带笑容。其次，谈话的态度要诚恳，谈自己的观点时要谦和；他人发言时要认真聆听，不要随意插话；对原则性问题需要坚持和拒绝时，注意态度上不要激烈，可做耐心的解释和婉拒。交谈中，注意使用礼貌用语，如“请”“对不起”等。

小案例

国旗悬挂

按国际关系准则，一国元首、政府首脑、议会议长在他国领土上访问，有在其住所及交通工具上悬挂本国国旗的外交特权。国际会议上，会场外须悬挂每个与会国国旗；国际性体育、展览等活动中，也要在有关正式场合悬挂所有与会国国旗。悬挂双方国旗，以右为上，左为下。两国国旗并挂，以正面为准，右挂客方国旗，左挂本国国旗；汽车上挂旗，驾驶员左手为主方，右手为客方。双方对座会谈时，主客双方分别在各自主谈人桌上用旗架悬挂本国国旗。国旗不能倒挂，也不能反挂。

学习指导

1. 学习建议

公共关系礼仪是指社会组织的成员在公共关系活动中，为了塑造个人和组织的良好形象，达到建立和发展良好、和谐人际关系而必须遵循的行为准则和交往规范。本章阐述了公共关系礼仪的基本知识，重点介绍了公共关系人员个人仪表礼仪、一些重要的日常社交礼仪以及外事活动相关礼仪。掌握公共关系礼仪对公共关系活动的开展有着重大的意义和作用，它不仅仅是个人修养的体现，更是树立组织良好形象的重要基础。鉴于本章内容实用性较强，并且便于实际操作和练习，建议讲授与实际操作相结合，以多种多样的形式进行训练，同时辅助以相关的资料影片，增加教学的感性认识。

2. 学习重点与难点

（1）学习重点

1）公共关系人员个人仪表礼仪。

2）公共关系人员日常社交礼仪。

（2）学习难点

外事活动中应注意的礼仪规范。

3. 核心概念

公共关系礼仪　仪容　服饰礼仪　交谈礼仪　介绍礼仪
行为举止礼仪　外事交往礼仪

课后思考与练习

1．如何理解公共关系礼仪在公共关系活动中的重要作用？

2．怎样理解服饰礼仪中的 TOP 原则？

3．在交谈中如何运用语言的技巧？

4．拜访的礼仪规范有哪些？

5．参加宴会有哪些礼仪规范？

案例分析

见面礼仪

王峰在大学读书时学习非常刻苦，成绩优异，几乎年年都拿特等奖学金，为此，同学们给他起了一个绰号“超人”。大学毕业后，王峰顺利地获取了在美国攻读硕士学位的机会，毕业后又顺利地进入了美国公司工作。一晃 8 年过去了，王峰已成为公司的部门经理。

国庆节，王峰带着妻子女儿回国探亲。一天，在大剧院观看音乐剧，刚刚落座，就发现有 3 个人向他们走过来。其中一个边走边伸出手大声地叫：“喂！这不是‘超人’吗？你怎么回来了？”这时，王峰才认出说话的人正是他的高中同学贾征。贾征大学没考上，自己跑到南方去做生意，赚了些钱，如今回到上海注册公司当起了老板。那天贾征正好陪着两位从香港来的生意伙伴一起来看音乐剧，这对生意伙伴是他交往多年的年长的香港夫妇。

此时，王峰和贾征彼此都既高兴又激动。贾征大声寒暄之后，才想起了王峰身边还站着一位女士，就问王峰身边的女士是谁，王峰这才想起向贾征介绍自己的妻子。待王峰介绍完毕，贾征高兴地走上去，给了王峰妻子一个拥抱礼。这时贾征想起来该向老同学介绍他的生意伙伴。大家相互介绍、握手、交换名片，简单地交谈后，他们就各自回到自己的座位上观看音乐剧了。

案例分析：

一、公共场合大声喧哗是不礼貌的

1．分析

我们看场合，大剧场，这是一个公共场所，看的是高雅的艺术——音乐剧。大声喧哗与这种氛围是格格不入的，同时也会影响到他人的正常观看活动。我们不清楚，是否他们在交谈的过程中，音乐会已经开始了；我们也不清楚他们交谈的地点是否在过道上，影响他人的通行。但是在这一则事例中，我们看到了两个“大声”，第一次是初次见面，贾征边走边伸出手大声地喊，第二次是贾征的大声寒暄。老朋友多年不见，久别重逢的心情我们是可以理解的。有的人也许认为大声讲话才是真汉子，才能显示出自己的热情和激动的心情，这叫豪气。但是在公共场合，还是要注意自己的公共形象和公共影响，毕竟这不是私人的场所，要学会尊重别人，别人才会尊重你。“招呼是日常使用频繁的一种礼节，常见的方式有呼喊、问候、轻笑、点头”，针对这则事例，除了上面提到的，还可以通过非语言的形式表现，如用表情语言、动作语言等来表现自己的情感，就像开心的笑、眼神的交流、重重地拍打对方的肩等。既然已经联系上了，可以来日方长。如果需要交谈的，就要先介绍自己的同伴，把他们安排好之后另找一个不影响他人的地方简短交谈。

2．理论依据

在公共场所，不宜旁若无人地大声喧哗、大声讲话，妨碍他人的静思和休息。遇到熟人，应主动打招呼，如果需要简短交谈，应站在不碍事的地方；如果两个人相距较远，又需要打招呼，可以挥手示意，或者紧走几步到他附近再讲话，不要隔着很远就大喊大叫。

二、在宾客面前称呼别人的外号有点不妥

1．分析

结合见面礼仪和两者的熟悉关系，可以“直呼其名”，也可以“直呼名，不道姓”。我们看一下双方的人员构成：王峰及妻子、女儿，贾征和他的香港生意伙伴，年长的夫妇且已交往多年。王峰现在的职位是部门经理，贾征是老板，两人都是有双重身份的。王峰一家算是家庭聚会，随意性的；贾征一行人算是私人朋友间的聚会，也算是合作伙伴间的聚会。贾征直呼王峰的绰号确实有点不妥。虽然这个绰号听起来还蛮不错的，从绰号的来源来看也确实没有贬损人的意思，但是对于大多数不了解内情的人来讲，这个绰号就有双重含义了，有真诚赞美的成分，也有戏谑的成分，而大多数情况来说戏谑的成分就会更大一点。在你的朋友有第三者或你不熟悉的人的陪同下，一旦不小心脱口而出了，一定要解释绰号的来由，当然一定要突出赞美的一面，给足朋友面子，这样才不算失礼。

2．理论依据

从这则事例中我们可以看到，贾征是不认识王峰的妻子和女儿的，在这种情况下，显然要顾及王峰在妻子和女儿心目中的高大形象。一旦这个外号有揭人伤疤的嫌疑，或是对方不认同的，或是你跟对方不熟，叫了反而让对方觉得不亲切的，最好慎用。贾征的同伴是交往多年的年长的合作伙伴，显然关系还不错，对他的为人处世各方面也应该有所了解，所以应该也不会太在意年轻人的这种行为，但是还是应该注意。一旦这种无意识的行为形成一种习惯，下一次，换个正式的公共场合，换个对象，“有可能在工作上影响你的升迁，在商业上影响你的成交，在生活中影响你的友谊”。

三、见到老朋友就把新朋友晾在一边是很不礼貌的

1．分析

贾征看到了老同学王峰就寒暄了起来，我们不晓得他有没有跟自己的同伴打个招呼就直接冲上去和老朋友聊天了，我们也不晓得他在跟老同学聊天的过程中是怎么安排自己同伴的。贾征是在跟王峰的同伴认识完之后才意识到要向王峰介绍自己的同伴，由此可见，贾征是把同伴晾在一边的。

2．理论依据

在日常工作和交往中，我们经常需要和陌生人打交道，有时候还有故友重逢的情况。不管和老朋友见面，还是新朋友，都需要向对方问候、致意、行礼、介绍，这样的一些细节如果不注意就会很麻烦。

四、如何向对方介绍自己的同伴

1．分析

这则事例中的相互介绍显然是唐突的、随意的，不很正式。那么介绍的先后顺序究竟应该是怎样的呢？贾征可以先把王峰介绍给合作伙伴中的香港男士，然后向王峰介绍男士。接着，王峰把自己的妻子女儿介绍给香港男士，香港男士把自己的妻子介绍给王峰。因为之前，贾征已经和王峰打过招呼了，贾征可以自我介绍，王峰也可以主动将自己的妻子和女儿介绍给贾征。至于王峰的女儿，我们也不是很清楚现在有多大，这则事例中提到“一晃8年过去了”，我们不知道是大学毕业后8年，还是进入美国公司后8年，估计是在8岁左右。跟小孩打招呼就不必那么正式了。

2．理论依据

在自我介绍时，主要介绍自己的姓名、工作单位、身份等，在他人介绍时，要把握介绍的顺序，总的要求是先把被介绍人介绍给你所尊敬的人。在社交场合一般是：先把男士介绍给女士，先把年幼的介绍给年长的，先把儿童介绍给成人，先把未婚女士介绍给已婚女士，先把后到场的介绍给先来的。从公关的

角度来讲，介绍的顺序一般是位低者先。在公关交往中，往往需要介绍别人或向他人介绍，在介绍别人时，要注意谁当介绍人。家里来客人的话，一般是女主人当介绍人。

五、在王峰把自己的妻子介绍给贾征之后，贾征行了个拥抱礼，这显然是不妥的

1．分析

贾征和王峰的妻子不认识，也就是说不是熟人；贾征和王峰是高中同学，也没说关系怎样，交情怎样；在初次见面时，中国人一般行的是握手礼。如果王峰的妻子是外国人，那就另当别论，但是也应该入乡随俗。还有一个问题就是谁主动的问题。男方要等女方主动行礼后才行动的，如果男方是主动的，一定要考虑女方的意愿，不能强制性行礼。这则事例中是这么表述的，“贾征高兴地走上去，给了王峰妻子一个拥抱礼”，也就是说贾征是主动的，我们也不晓得当时王峰妻子的反应，所以也不好做出相应的评判，但基本的原则还是要坚持的。

2．理论依据

礼节性拥抱一般时间是很短的，有些只适用于同性之间，而男女之间是贴脸颊。握手前后顺序是很重要的，一般做法是地位高者首先伸手。男士和女士握手，女士先伸手；长辈和晚辈握手，长辈要先伸手。现代公共礼仪的基本原则也要入乡随俗，香港人士在社交场合与客人相见时，一般是以握手为礼。

【案例思考题】

这个案例给我们什么样的启示？

实训应用

1．实训项目

商务礼仪综合情景模拟。

2．实训目的

运用所学知识，分小组自编、自导、自演礼仪知识情景剧，以巩固所学的知识并提高学生的兴趣及检验教学成果。

3．实训设备与器材

桌、椅、服装及其他道具。

4．实训内容

（1）结合营销实务自己设定情节，编写剧本。

（2）内容包括介绍、握手、递名片、走姿、坐姿、站姿、服饰打扮、语言礼仪等内容。

5．实训要求

（1）每 4 人一组，如需要可另请同学客串，但客串同学不记分。

（2）自己设定一个情景，内容包括介绍、握手、递名片、走姿、坐姿、站姿、服饰打扮、语言礼仪等内容，少一项扣 10 分。

（3）出场后先有同学介绍剧情、人物。

（4）实训结束后参照实训项目单写出实训报告。

6．实训成绩评定

（1）准备实训服装两套以上：10%。

（2）情节合理：30%。

（3）实训记录完整、公平：30%。

（4）实训报告完整：30%。

内容	介绍	握手	递名片	走姿	坐姿	站姿	服饰打扮	语言礼仪	编排	总体印象	总分
分数 / 小组	10	10	10	10	10	10	10	10	10	10	100
1											
2											

参考文献 Reference

[1] 卡特里普，森特．有效公共关系[M]．汤滨，译．北京：中国财政经济出版社，1998．

[2] 余明阳．公共关系学[M]．广州：广东高等教育出版社，1999．

[3] 李道平．公共关系学[M]．北京：经济科学出版社，2000．

[4] 王乐夫．公共关系学概论[M]．北京：高等教育出版社，1994．

[5] 汪秀英．公共关系学[M]．北京：中央广播电视大学出版社，1997．

[6] 卡特里普．公共关系教程[M]．明安香，译．北京：华夏出版社，2001．

[7] 林汉川．公共策划学[M]．上海：复旦大学出版社，1994．

[8] 林盘耸，等．CIS 现代企业形象策略[M]．北京：中国经济出版社，1994．

[9] 董锡健，等．CI 中国企业形象战略[M]．上海：复旦大学出版社，1995．

[10] 谢曙光，等．CI 实务——企业形象设计[M]．北京：知识出版社，1995．

[11] 左章健．企业系统形象策划[M]．广州：中山大学出版社，1994．

[12] 熊源伟．公共关系案例[M]．合肥：安徽人民出版社，1993．

[13] 熊源伟．公共关系学[M]．合肥：安徽人民出版社，1990．

[14] 居延安．公共关系学[M]．上海：复旦大学出版社，2004．

[15] 徐美恒，尹明丽．公共关系理论与技能[M]．天津：天津大学出版社，2000．

[16] 熊超群，潘其俊．公关策划实务[M]．广州：广东经济出版社，2003．

[17] 李磊．公共关系实务[M]．北京：中国广播电视出版社，2004．

[18] 段淳林．公共关系学[M]．广州：华南理工大学出版社，2003．

[19] 方宪轩．公共关系学教程[M]．杭州：浙江大学出版社，1998．

[20] 熊源伟．公共关系学[M]．合肥：安徽人民出版社，2003．

[21] 李兴国．公共关系实用教程[M]．北京：高等教育出版社，2001．

[22] 张百章，何伟祥．公共关系原理与实务[M]．大连：东北财经大学出版社，2002．

[23] 邱伟光．公共关系学原理[M]．上海：华东师范大学出版社，1997．

[24] 朱传贤，等．中国优秀公关案例选评[M]．上海：复旦大学出版社，1996．

[25] 李兴国．公共关系学[M]．北京：中国人民大学出版社，2004．

[26] 谢玉华．公共关系教程[M]．长沙：湖南大学出版社，2004．

[27] 张荷英．现代公共关系学[M]．北京：首都经济贸易大学出版社，2001．

[28] 陶应虎，顾晓燕．公共关系原理与实务[M]．北京：清华大学出版社，2006．

[29] 叶秉喜，庞亚辉．2003 年企业危机公关案例[J]．公关世界，2004（3）．

[30] 张佑青．公共关系实务与礼仪[M]．北京：中国对外经济贸易出版社，2003．

[31] 王博伟．雀巢奶粉的危机公关[J]．公关世界，2005（8）．

[32] 邱伟光．现代公共关系学[M]．上海：华东师范大学出版社，2002．

[33] 周芙蓉．礼仪教程[M]．北京：中国长安出版社，2003．

[34] 李惠中．跟我学礼仪[M]．北京：中国商业出版社，2002．

[35] 任之．教你学礼仪[M]．北京：当代世界出版社，2003．

[36] 李兴国．现代商务礼仪[M]．哈尔滨：黑龙江科学技术出版社，1998．

[37] 周裕新．公关礼仪艺术[M]．上海：同济大学出版社，2004．

[38] 董桂英．公关礼仪教程[M]．南京：东南大学出版社，2003．

[39] 金正昆．公关礼仪[M]．北京：北京大学音像出版社，2010．

高职高专房地产类专业实用教材系列
高职高专精品课系列

课程名称	书号	书名、作者及出版时间	定价
居住区规划	978-7-111-42613-4	居住区规划（第 2 版）（“十二五”职业教育国家规划教材）（苏德利）（2013年）	35
房地产投资分析	978-7-111-39877-6	房地产投资分析（第2版）（高群）（2012年）	30
房地产市场营销	978-7-111-47268-1	房地产市场营销实务（第 3 版）（栾淑梅）（2014年）	35
房地产开发	978-7-111-24092-1	房地产开发（张国栋）（2008年）	28
房地产经营与管理	978-7-111-46876-9	房地产开发与经营实务（第3版）（陈林杰）（2014年）	35
房地产经济学	978-7-111-43526-6	房地产经济学（第2版）（高群）（2013年）	29
房地产经纪	978-7-111-48117-1	房地产经纪实务（第2版）（陈林杰）（2014年）	35
房地产估价	978-7-111-32793-6	房地产估价（第2版）（左静）（2011年）	31
房地产估价	即将出版	房地产估价（第3版）（左静）（2015年）	30
房地产法规	978-7-111-43942-4	房地产法规（第 3 版）（“十二五”职业教育国家规划教材）（王照雯）（2013年）	25
建筑工程造价	978-7-111-46883-7	建筑工程造价（第2版）（孙久艳）（2014年）	35
建筑工程概论	978-7-111-40497-2	房屋建筑学（第2版）（徐春波）（2013年）	35
建筑材料	978-7-111-42753-7	建筑材料（丁以喜）（2013年）	39
建设工程招投标与合同管理	978-7-111-30875-1	建设工程招投标与合同管理实务（第2版）（高群）（2010年）	29
工程监理	978-7-111-38643-8	建设工程监理（王照雯）（2012年）	35
工商管理类专业综合实训	978-7-111-21236-2	工商管理类专业综合实训教程：工商模拟市场实训 （精品课）（阚雅玲）（2007年）	22
职业规划	978-7-111-26991-5	职业规划与成功素质训练 （精品课）（阚雅玲）（2009年）	34
网络金融	978-7-111-46435-8	网络金融（第3版）（张劲松）（2014年）	35
统计学学习指导	978-7-111-22168-5	应用统计学习指导 （精品课）（孙炎）（2007年）	19
统计学	978-7-111-47018-2	应用统计学（第2版）（精品课）（“十二五”职业教育国家规划教材）（孙炎）（2014年）	35
市场营销学（营销管理）	978-7-111-37474-9	市场营销基础与实务（精品课）（肖红）（2012年）	36
管理信息系统	978-7-111-23032-8	管理信息系统 （精品课）（郑春瑛）（2008年）	28

走向职业化高职高专规划教材系列

课程名称	书号	书名、作者及出版时间	定价
高级财务会计	978-7-111-44076-5	高级会计实务（傅秉潇）（2013年）	35
财务会计	978-7-111-33443-9	财务会计实务（赵红）（2011年）	29
财务管理（公司理财）	978-7-111-23417-3	财务管理（刘云丽）（2008年）	30
财务法规	978-7-111-46121-0	财经法规与会计职业道德（第3版）（李立新）（2014年）	39
网络营销	978-7-111-49492-8	网络营销实务（第2版）（高凤荣）（2015年）	35
网络营销	978-7-111-27337-0	网络营销实务（高凤荣）（2009年）	32
电子商务其他专业课	978-7-111-28750-6	电子商务综合实训（肖红）（2009年）	28
电子商务其他专业课	978-7-111-27212-0	计算机网络技术（余棉水）（2009年）	30
电子商务案例	978-7-111-29768-0	电子商务应用案例（邹德军）（2010年）	26
电子商务	978-7-111-39004-6	电子商务实用教程（谢金生）（2012年）	32
管理学	978-7-111-23215-5	管理基础与实务（朱权）（2008年）	30
管理学	978-7-111-38887-6	管理学基础（李立新）（2012年）	35
审计学	978-7-111-35218-1	审计基础与实务（琚兆成）（2011年）	29
审计学	978-7-111-35453-6	审计实务（傅秉潇）（2011年）	32
会计学	978-7-111-35292-1	会计基础（李立新）（2011年）	34
会计学	978-7-111-33292-3	会计基础（刘志娟）（2011年）	29
西方经济学	978-7-111-39029-9	经济学基础（第2版）（李海东）（2012年）	30
统计学	978-7-111-29041-4	应用统计基础（精品课）（曾艳英）（2009年）	38
经济法	978-7-111-13974-4	经济法基础与实务（黄瑞）（2008年）	32
旅游概论	978-7-111-27381-3	旅游概论（石强）（2009年）	28
旅游法规	978-7-111-31434-9	旅游法规与职业素养（蒲阳）（2010年）	28
旅游地理	978-7-111-29023-0	中国旅游地理（余琳）（2009年）	32
饭店市场营销	978-7-111-27282-3	饭店市场营销（陈云川）（2009年）	26
饭店实用英语	978-7-111-24980-1	饭店实用英语（陈的非）（2008年）	38
导游业务	978-7-111-27084-3	导游业务（蒲阳）（2009年）	28
市场营销学（营销管理）	978-7-111-36268-5	市场营销基础与实务（第2版）（高凤荣）（2011年）	35
市场营销学（营销管理）	978-7-111-32795-0	市场营销实务（李海琼）（2011年）	34
市场调研与预测	978-7-111-33916-8	市场调研基础与实训（杨静）（2011年）	38
市场调研与预测	978-7-111-38774-9	市场调研与预测（第2版）（邱小平）（2012年）	29
公共关系学	978-7-111-39846-2	公共关系基础与实务（第2版）（朱权）（2012年）	30
公共关系学	978-7-111-36288-3	公共关系理论与实务（杨再春）（2011年）	36
数据库原理及应用	978-7-111-29203-6	网络数据库应用（李先）（2010年）	28

高职高专房地产类专业实用教材系列
高职高专精品课系列

课程名称	书号	书名、作者及出版时间	定价
居住区规划	978-7-111-42613-4	居住区规划（第 2 版）（“十二五”职业教育国家规划教材）（苏德利）（2013年）	35
房地产投资分析	978-7-111-39877-6	房地产投资分析（第2版）（高群）（2012年）	30
房地产市场营销	978-7-111-47268-1	房地产市场营销实务（第 3 版）（栾淑梅）（2014年）	35
房地产开发	978-7-111-24092-1	房地产开发（张国栋）（2008年）	28
房地产经营与管理	978-7-111-46876-9	房地产开发与经营实务（第3版）（陈林杰）（2014年）	35
房地产经济学	978-7-111-43526-6	房地产经济学（第2版）（高群）（2013年）	29
房地产经纪	978-7-111-48117-1	房地产经纪实务（第2版）（陈林杰）（2014年）	35
房地产估价	978-7-111-32793-6	房地产估价（第2版）（左静）（2011年）	31
房地产估价	即将出版	房地产估价（第3版）（左静）（2015年）	30
房地产法规	978-7-111-43942-4	房地产法规（第 3 版）（“十二五”职业教育国家规划教材）（王照雯）（2013年）	25
建筑工程造价	978-7-111-46883-7	建筑工程造价（第2版）（孙久艳）（2014年）	35
建筑工程概论	978-7-111-40497-2	房屋建筑学（第2版）（徐春波）（2013年）	35
建筑材料	978-7-111-42753-7	建筑材料（丁以喜）（2013年）	39
建设工程招投标与合同管理	978-7-111-30875-1	建设工程招投标与合同管理实务（第2版）（高群）（2010年）	29
工程监理	978-7-111-38643-8	建设工程监理（王照雯）（2012年）	35
工商管理类专业综合实训	978-7-111-21236-2	工商管理类专业综合实训教程：工商模拟市场实训 （精品课）（阚雅玲）（2007年）	22
职业规划	978-7-111-26991-5	职业规划与成功素质训练 （精品课）（阚雅玲）（2009年）	34
网络金融	978-7-111-46435-8	网络金融（第3版）（张劲松）（2014年）	35
统计学学习指导	978-7-111-22168-5	应用统计学习指导 （精品课）（孙炎）（2007年）	19
统计学	978-7-111-47018-2	应用统计学（第2版）（精品课）（“十二五”职业教育国家规划教材）（孙炎）（2014年）	35
市场营销学（营销管理）	978-7-111-37474-9	市场营销基础与实务（精品课）（肖红）（2012年）	36
管理信息系统	978-7-111-23032-8	管理信息系统 （精品课）（郑春瑛）（2008年）	28

走向职业化高职高专规划教材系列

课程名称	书号	书名、作者及出版时间	定价
高级财务会计	978-7-111-44076-5	高级会计实务（傅秉潇）（2013年）	35
财务会计	978-7-111-33443-9	财务会计实务（赵红）（2011年）	29
财务管理（公司理财）	978-7-111-23417-3	财务管理（刘云丽）（2008年）	30
财务法规	978-7-111-46121-0	财经法规与会计职业道德（第3版）（李立新）（2014年）	39
网络营销	978-7-111-49492-8	网络营销实务（第2版）（高凤荣）（2015年）	35
网络营销	978-7-111-27337-0	网络营销实务（高凤荣）（2009年）	32
电子商务其他专业课	978-7-111-28750-6	电子商务综合实训（肖红）（2009年）	28
电子商务其他专业课	978-7-111-27212-0	计算机网络技术（余棉水）（2009年）	30
电子商务案例	978-7-111-29768-0	电子商务应用案例（邹德军）（2010年）	26
电子商务	978-7-111-39004-6	电子商务实用教程（谢金生）（2012年）	32
管理学	978-7-111-23215-5	管理基础与实务（朱权）（2008年）	30
管理学	978-7-111-38887-6	管理学基础（李立新）（2012年）	35
审计学	978-7-111-35218-1	审计基础与实务（琚兆成）（2011年）	29
审计学	978-7-111-35453-6	审计实务（傅秉潇）（2011年）	32
会计学	978-7-111-35292-1	会计基础（李立新）（2011年）	34
会计学	978-7-111-33292-3	会计基础（刘志娟）（2011年）	29
西方经济学	978-7-111-39029-9	经济学基础（第2版）（李海东）（2012年）	30
统计学	978-7-111-29041-4	应用统计基础（精品课）（曾艳英）（2009年）	38
经济法	978-7-111-13974-4	经济法基础与实务（黄瑞）（2008年）	32
旅游概论	978-7-111-27381-3	旅游概论（石强）（2009年）	28
旅游法规	978-7-111-31434-9	旅游法规与职业素养（蒲阳）（2010年）	28
旅游地理	978-7-111-29023-0	中国旅游地理（余琳）（2009年）	32
饭店市场营销	978-7-111-27282-3	饭店市场营销（陈云川）（2009年）	26
饭店实用英语	978-7-111-24980-1	饭店实用英语（陈的非）（2008年）	38
导游业务	978-7-111-27084-3	导游业务（蒲阳）（2009年）	28
市场营销学（营销管理）	978-7-111-36268-5	市场营销基础与实务（第2版）（高凤荣）（2011年）	35
市场营销学（营销管理）	978-7-111-32795-0	市场营销实务（李海琼）（2011年）	34
市场调研与预测	978-7-111-33916-8	市场调研基础与实训（杨静）（2011年）	38
市场调研与预测	978-7-111-38774-9	市场调研与预测（第2版）（邱小平）（2012年）	29
公共关系学	978-7-111-39846-2	公共关系基础与实务（第2版）（朱权）（2012年）	30
公共关系学	978-7-111-36288-3	公共关系理论与实务（杨再春）（2011年）	36
数据库原理及应用	978-7-111-29203-6	网络数据库应用（李先）（2010年）	28